"教育质量与评价"丛书

国家社会科学基金"十三五"规划教育学课题"认证背景下高等工程教育学生学习成果评估现状与改进"（BIA180165）研究成果

认证背景下高等工程教育学生学习成果评估现状与改进

刘声涛　严莉娜　赵万 ◎ 著

湖南大学出版社

·长沙·

图书在版编目（CIP）数据

认证背景下高等工程教育学生学习成果评估现状与改进/刘声涛，严莉娜，赵万著. —长沙：湖南大学出版社，2024.6
ISBN 978-7-5667-3560-7

Ⅰ.①认…　Ⅱ.①刘…　②严…　③赵…　Ⅲ.①高等教育—工科（教育）—研究—中国　Ⅳ.①G649.21

中国国家版本馆 CIP 数据核字（2024）第 091517 号

认证背景下高等工程教育学生学习成果评估现状与改进
RENZHENG BEIJING XIA GAODENG GONGCHENG JIAOYU XUESHENG XUEXI CHENGGUO PINGGU XIANZHUANG YU GAIJIN

著　　者：刘声涛　严莉娜　赵　万
丛书策划：吴海燕
责任编辑：尹　磊
印　　装：长沙市雅捷印务有限公司
开　　本：710 mm×1000 mm　1/16　　印　　张：14.5　字　　数：245 千字
版　　次：2024 年 6 月第 1 版　　　　　印　　次：2024 年 6 月第 1 次印刷
书　　号：ISBN 978-7-5667-3560-7
定　　价：65.00 元

出 版 人：李文邦
出版发行：湖南大学出版社
社　　址：湖南·长沙·岳麓山　　　　　邮　　编：410082
电　　话：0731-88822559（营销部），88821691（编辑室），88821006（出版部）
传　　真：0731-88822264（总编室）
网　　址：http://press.hnu.edu.cn
电子邮箱：779573777@qq.com

目　次

第一章　导　论 …………………………………………………… 001

 第一节　研究问题 ………………………………………… 001

 第二节　核心概念界定 …………………………………… 004

 第三节　我国高校学生学习成果评估研究现状 ………… 010

第二章　工程教育认证标准及毕业要求 ………………………… 018

 第一节　国内外主要认证标准及其毕业要求 ………… 018

 第二节　技术能力与非技术能力 ……………………… 026

第三章　工程教育认证毕业要求达成度评估现状 …………… 041

 第一节　毕业要求达成度评估现状研究设计 ………… 041

 第二节　毕业要求达成度评估现状分析 ……………… 043

第四章　工程教育认证非技术能力评估探索 ………………… 064

 第一节　工程非技术能力评估研究设计 ……………… 064

 第二节　工程非技术能力评估本土化工具的初步形成 … 066

 第三节　第一轮工程非技术能力评估行动研究 ……… 077

第四节　第二轮工程非技术能力评估行动研究 ……………… 092

第五节　总结与展望 ………………………………………… 104

第五章　学生视角下工程教育认证实效 ………………… 110

第一节　学生视角下工程教育认证实效研究设计 ………… 110

第二节　学生视角下工程教育认证现状分析与结论 ……… 116

第六章　教师视角下工程教育认证现状 ………………… 130

第一节　工程教育认证的组织 ……………………………… 131

第二节　工程教育认证的实施 ……………………………… 136

第三节　工程教育认证的积极影响 ………………………… 140

第七章　学生学习成果评估国际发展 …………………… 146

第一节　高校学生学习成果评估变革与发展趋势 ………… 147

第二节　高校学生学习成果评估的组织与实施 …………… 159

第八章　认证背景下高等工程教育学生学习成果评估改进 ……… 169

第一节　改进依据 …………………………………………… 169

第二节　改进路径 …………………………………………… 174

参考文献 ……………………………………………………… 191

附　录 ………………………………………………………… 208

插图索引 ……………………………………………………… 220

表格索引 ……………………………………………………… 221

后　记 ………………………………………………………… 224

第一章 导 论

本章从工程教育认证的历史发展出发，厘清学生学习成果评估在认证中的重要作用，阐述认证背景下高等工程教育学生学习成果评估研究的理论意义和实际意义，继而辨析"认证""评价""评估"间的区别和联系，分析我国高校学生学习成果评估研究现状，致力于将研究建立于清晰的研究问题、明确的概念界定以及对已有相关研究的把握的基础上。

第一节 研究问题

工程教育认证即工程教育专业认证，是专业性的认证机构会同该专业领域的高校、产业界专业人员评价专业的工程教育质量的过程①。

工程教育认证产生于美国，其产生受到医学、法学领域相关工作的影响。1847 年，美国成立医学协会。1905 年，美国医学协会下的医学教育委员会制定了美国医学院校的教育评价标准，并依据此标准评价医学院校②。20 世纪初，亚伯拉罕·弗莱克斯纳（Abraham Flexner）评价了美国和加拿大的 155 所医学院③。1900 年，美国法学院协会成立，建立了实地考查法学院的评估体系。在医学、法学领域的协会工作的影响下，新闻传媒、工商管理等专业认证协会也相继成立。1932 年，美国工程和技术认证委员会（Accreditation

<hr />

① 余寿文. 工程教育评估与认证及其思考 [J]. 高等工程教育研究，2015（03）：1-6.
② 王薇. 美国专业认证制度的起源、组织及特点 [J]. 教育评论，2018（04）：150-153.
③ ［美］乔迪·L. 菲茨帕特里克，［美］詹姆斯·R. 桑德斯，［美］布莱恩·R. 沃森. 改变未来的方案和评价标准 [M]. 4 版. 黄艳，译. 上海：华东师范大学出版社，2020：424.

Board for Engineering and Technology，ABET）成立。1989 年，ABET 代表美国和英国、澳大利亚、加拿大、新西兰、爱尔兰的工程协会签署《华盛顿协议》。1995 年，ABET 出台新的工程认证标准 EC2000，完成从注重输入性要素向注重学生学习成果的转换。

我国工程教育认证自 20 世纪 80 年代中期逐步发展起来，是我国第一个进行认证的专业领域。我国于 2006 年开始全国工程教育认证试点，2013 年成为国际上得到广泛认可并最具影响力的本科工程教育专业互认国际组织——《华盛顿协议》的临时签约组织，并将通过工程教育认证作为"卓越计划"试点专业的基本要求①，2016 年成为《华盛顿协议》正式缔约成员。

教育部于 2011 年 10 月印发《关于普通高等学校本科教学评估工作的意见》，明确提出"建立健全以学校自我评估为基础，以院校评估、专业认证及评估、国际评估和教学基本状态数据常态监测为主要内容，政府、学校、专门机构和社会多元评价相结合，与中国特色现代高等教育体系相适应的教学评估制度"。对该项制度，时任教育部高等教育教学评估中心主任吴岩认为是"'五位一体'评估制度创新"及"新时期高等教育评估制度的整体顶层设计"②。可见，工程教育认证是我国高等教育质量保障体系的重要组成部分。在国家政策引导下，我国高校参与工程教育认证的积极性不断提升。根据中国工程教育专业认证协会、教育部教育质量评估中心发布的已通过工程教育认证专业名单，截至 2022 年底，全国共有 321 所普通高等学校 2385 个专业通过了工程教育认证，涉及机械、计算机、材料等 24 个工科专业类，其中 20 个及以上专业通过工程教育认证的高校有 10 所，10 个及以上专业通过工程教育认证的高校有 108 所。

与美国工程教育认证比，我国工程教育认证处于起步期。若从 ABET 的成立开始算，美国工程教育认证有近百年历史，而且这一历史过程中，还受益于其他专业领域认证发展的影响，以及教育评价及其相关学科领域发展的影响。我国工程教育没有其他专业领域认证经验可借鉴，且教育评价在我国

---

① 林健，郑丽娜. 从大国迈向强国：改革开放 40 年中国工程教育［J］. 清华大学教育研究，2018（02）：1-17.

② 吴岩. 高等教育公共治理与"五位一体"评估制度创新［J］. 中国高教研究，2014（12）：5.

是舶来品，自身也面临着专业化发展的任务，因此我国工程教育认证面临诸多挑战。

挑战之一是学生学习成果评估。这与工程教育认证的目的及其达成方式有关。前已述及，ABET 于 1995 年出台新的工程认证标准 EC2000。在 ABET 的影响下，工程教育专业认证核心理念有三：学生中心、成果导向、持续改进。学生学习成果评估是我国参与认证的工程教育专业必须做、正在做的工作。为做好这项工作，学者讨论成果导向认证理念①，介绍国际知名工学院学生学习成果评估的优良实践②，考查国际知名工程学测量工具③，探索工程教育学生学习成果分类④，建构成果导向毕业要求达成度评价方法⑤，实施成果导向工程教育改革⑥。尽管有上述努力，由于学生学习成果评估的复杂性和难度，加之整体上我国相关研究和实践不足，参与认证的学校在自评报告中对学生学习成果评估过程汇报得很笼统，评估缺乏科学、合理的手段⑦，缺少对能力的评价⑧。解决问题的首要步骤是清晰界定问题，因此，本研究提出研究问题：工程教育认证相关专业的学生学习成果评估工作的现状如何，面临的挑战有哪些，应采取什么样的改进策略？

研究有其学术价值。在认证标准要求下，高质量实施工程教育学生学习成果评估的迫切性和学界对学生学习成果评估认识的有限性成为一对突出矛盾。迫切的现实需求要求学界大力加强研究以指导实践。本研究突破我国已

---

① 李志义. 解析工程教育专业认证的成果导向理念 [J]. 中国高等教育，2014（17）：7-10.

② 顾佩华，胡文龙，陆小华，等. 从 CDIO 在中国到中国的 CDIO：发展路径、产生的影响及其原因研究 [J]. 高等工程教育研究，2017（01）：24-43.

③ 彭湃. 工程教育学习成果的评价与国际比较——对 AHELO 工程学测评的教育评价学考查 [J]. 高等工程教育研究，2016（05）：33-38.

④ 余天佐，刘少雪. 工业界视角的工程教育学生学习成果鉴别及分类研究 [J]. 高等工程教育研究，2017（02）：97-103.

⑤ 孙晶，张伟，任宗金，等. 工程教育专业认证毕业要求达成度的成果导向评价 [J]. 清华大学教育研究，2017（04）：117-124.

⑥ 顾佩华，胡文龙，陆小华，等. 从 CDIO 在中国到中国的 CDIO：发展路径、产生的影响及其原因研究 [J]. 高等工程教育研究，2017（01）：24-43.

⑦ 王玲，盛敏. 深化认证标准理解，提升自评工作质量 [J]. 高等工程教育研究，2014（05）：113-118.

⑧ 彭湃. 工程教育学习成果的评价与国际比较——对 AHELO 工程学测评的教育评价学考查 [J]. 高等工程教育研究，2016（05）：33-38.

有研究以译介为主、实践零星摸索的局面，立足于我国工程教育学生学习成果评估实际工作，了解和理解工程教育学生学习成果评估的实施过程和实际影响，以此增进对学生学习成果评估的内涵、价值、挑战及其复杂影响因素的认识，增进对国际比较视野下工程教育学生学习成果评估特征、学科比较视野下工程教育学生学习成果评估特征的认识，进而反思我国学生学习成果评估发展路径，为满足现实需求做好学术上的准备。

研究也有其应用价值。一是能够支持国家发展战略和重点工作。2015 年国务院发布《中国制造 2025》确定实施制造强国战略。2017 年我国开始新工科建设，提出要关注学生学习成效，完善中国特色、国际实质等效的工程教育专业认证制度。"高起点、高标准、高水平开展本科专业认证，推动实现教育质量评价的国际实质等效"被列入《教育部 2018 年工作要点》。工程教育认证中的实质等效是指经过我国和《华盛顿协议》各签约组织认证的专业培养的毕业生的学习成果有等效性。学生学习成果评估是实质等效的专业认证的核心工作。二是能够支持认证组织和管理机构基于证据的决策。对工程教育学生学习成果评估现状的全面分析能为认证组织和管理机构制定或修订相关政策提供依据。三是能支持认证专业改进学生学习成果评估。低水平的学生学习成果评估不仅难以促进学生学习和发展功能，还将导致大量人、财、物的浪费。本研究有助于应对此现实困境。四是能够支持其他领域学生学习成果评估现状分析与改进。鉴于学生学习成果评估已成为高等教育质量保障新范式，预计通识教育、课程教学将更多使用学生学习成果评估，因此有关人员更需要在相关研究的支持下了解现状并做出改进。

第二节　核心概念界定

一、认证、评价、评估

普拉杜斯等把认证界定为一个以专业评估结果为基础，评价一个机构或项目是否达到规定的教育质量标准的过程，其目的是向未来的学习者和社会公众承诺，通过认证的机构或项目的毕业生已经在选定的研究领域内达到了最低水平的能力，以此作为一种消费者保护的形式①。上述界定中有三个重要要素：一是认证是一种评价活动；二是认证依据一定的教育质量标准，且要求评价对象达到基本标准；三是认证的目的是质量保障。我国学者也有类似的表述。王孙禹等将认证界定为一种资格认定，是保障和改善高等学校教育质量的一种方式和渠道②。韩晓燕等指出认证开始于 20 世纪初，最初是学术和专业教育界自愿的、公社性质的自我管理活动，具体做法是评价高校或专业是否达到或超过特定教育质量标准，以达到保障和提升教育质量的目标③。

评价是人类的一种基本的认知活动。"从本质上来说，评价是一种价值判断的活动"④，而判断是人类基本心理现象之一。在普通心理学中，人的认知活动包括感觉、知觉、记忆、思维、想象、推理、判断、决策等。在教育领域，布鲁姆（Benjamin Bloom）将认知领域的活动分为知识、领会、运用、分析、综合、评价。安德森（Lorin W. Anderson）等进一步修订的教育目标分类学中将认知维度分为记忆、理解、应用、分析、评价、创造。这些研究成果都表明评价是人类基本的认知活动。评价也是人类社会的一种常见的社会活动，每个人在生活中都会评价，如饭菜是否好吃，旅游景点是否好玩；每个人在生活中也都会被评价，如长相是否漂亮，衣着是否得体。尽管评价是人类的基本认知活动，也是人类社会常见的社会活动，但要做到高质量评价并非易事。因为主观或客观的原因，人类的认知活动（包括评价）都存在各种偏差。教育评价的对象是教育活动或教育相关主体，由于教育和人的复杂性，教育评价较之其他评价要更为复杂。

教育评价概念的提出者是美国著名教育评价专家泰勒（R. W. Tyler），他从 1930 年开始使用评价一词，在之前一般评估学习常用的术语是考试

① Prados J W，Peterson G D，Lattuca L R. Quality Assurance of Engineering Education through Accreditation：The Impact of Engineering Criteria 2000 and Its Global Influence ［J］. Journal of Engineering Education，2005（01）：165-184.

② 张文雪，王孙禹，李蔚. 高等工程教育专业认证标准的研究与建议 ［J］. 高等工程教育研究，2006（05）：22-26.

③ 韩晓燕，张彦通，王伟. 高等工程教育专业认证研究综述 ［J］. 高等工程教育研究，2006（06）：6-10.

④ 陈玉琨. 教育评价学 ［M］. 北京：人民教育出版社，2019：13.

（examining）和测验（testing）。① 一般认为，评价对应的英文为"evaluation"，一些教育评价重要著作中"教育评价"的翻译体现了这一点。例如，在陈玉琨所著的《教育评价学》中，教育评价即翻译为 educational evaluation②。在田中耕治著，高峡、田辉、项纯翻译的《教育评价学》中，评价对应的英文是"evaluation"③。在《改变未来的方案和评价标准》中，评价对应的英文也是"evaluation"④。总体而言，在我国学界，评价对应英文"evaluation"由来已久且深入人心。

20 世纪 80 年代以后，欧美等国的相关文献中越来越多地使用另一个和 evaluation 很相近的概念——assessment。关于 assessment 的翻译，学界有不同观点。一是将 assessment 翻译成"评估"。这种翻在法当前中文文献中最为常见。如常桐善主编译的《美国大学本科教育：学习成果评估》一书，书名中"评估"对应的就是 assessment⑤。二是将 assessment 翻译成"评价"，学者赵炬明等持此观点，认为 assessment 的翻译可与教育部保持一致⑥。2004 年，教育部设立教育部高等教育教学评估中心，该中心于 2022 年更名为教育部教育质量评估中心，其英文全称为 Education Quality Evaluation Agency，Ministry of Education，P. R. China（EQEA）。因为教育部将 evaluation 与"评估"对应，那么 assessment 就与"评价"对应。三是认为 assessment 应翻译为"考评"。学者高凌飚和王萍持此观点，主要原因是"考评"有"通过稽核、检查、推求和研究来对事物进行评论、批评、评判"的含义，符合 assessment

① Stufflebeam D L, Madausgfkellaghant. Evaluation Models：Viewpoints on Educational and Human Services Evaluation. Kluwer Academic Publisher，2000. 转引自王萍，高凌飚."教育评价"概念变化溯源［J］. 华南师范大学学报（社会科学版），2009（04）：39-43.

② 陈玉琨. 教育评价学［M］. 北京：人民教育出版社，2019：2.

③ ［日］田中耕治. 教育评价学［M］. 高峡，田辉，项纯，译. 北京：北京师范大学出版社，2011：15.

④ ［美］乔迪·L. 菲茨帕特里克，［美］詹姆斯·R. 桑德斯，［美］布莱恩·R. 沃森. 改变未来的方案和评价标准（第 4 版）［M］. 黄艳，译. 上海：华东师范大学出版社，2020：424.

⑤ 常桐善. 美国大学本科教育：学习成果评估［M］. 北京：科学出版社，2020.

⑥ 赵炬明，高筱卉. 关注学习效果：建设全校统一的教学质量保障体系——美国"以学生为中心"的本科教学改革研究之五［J］. 高等工程教育研究，2019（03）：5-20.

的内涵①。本研究中，笔者选择将 assessment 翻译成"评估"。正如前文所言，"评价"对应 evaluation 由来已久且深入人心，在此情况下，不宜将"评价"对应 assessment。另外，目前将 assessment 翻译为"考评"的文献很少。

除了翻译外，关于 assessment 和 evaluation 的区别，学界也有不同的看法。一是认为 assessment 和 evaluation 的对象不同。胡森（Husen T.）等在其主编的《简明国际教育百科全书：教育测量与评价》中认为 assessment 的适用对象是人，而 evaluation 的适用对象是事物，如教学计划、课程以及组织②。二是认为 assessment 和 evaluation 的概念范畴不同。高凌飚等认为，assessment 包含了评价这一概念的核心：价值判断，但它更为关注的是判断依据形成过程、判断后的反思和改进，以及课程、教学、考评的交互作用，assessment 的概念范畴较 evaluation 有所扩大③。三是认为 assessment 和 evaluation 针对的活动不同。如前所述，evaluation 是一种判断活动，而 assessment 只是收集、分析、解释、使用信息，并不做价值判断④。笔者更认同高凌飚等人的观点。因为 assessment 在实际工作中面对的对象并非只有人，同时，在一项完整的 assessment 活动中，也很难不涉及价值判断，因为教育教学活动本身就是充满着价值判断的活动。

二、工程教育认证

工程教育认证即工程教育专业认证，这两种表述同时出现在我国官方表述中，我国负责工程教育认证的协会是中国工程教育专业认证协会，与此同时，我国于 2022 年发布的认证标准是《工程教育认证标准》。

专业认证是高等教育认证的重要组成部分。与专业认证相关的一个概念是院校认证（Institutional Accreditation）。院校认证的质量保障对象是整个学

① 王萍，高凌飚."教育评价"概念变化溯源 [J]. 华南师范大学学报（社会科学版），2009（04）：39-43.

② [瑞典] 胡森. 简明国际教育全书：教育测量与评价 [M]. 许建钺，译. 北京：教育科学出版社，1992：15.

③ 王萍，高凌飚."教育评价"概念变化溯源 [J]. 华南师范大学学报（社会科学版），2009（04）：39-43.

④ 赵炬明，高筱卉. 关注学习效果：建设全校统一的教学质量保障体系——美国"以学生为中心"的本科教学改革研究之五 [J]. 高等工程教育研究，2019（03）：5-20.

校，而专业认证的对象是培养工程人才的专业或专业教育计划，通常是与社会生活相关且专业化程度较高的专业，如化学、机械、建筑、电气、土木等。专业认证是合格评估和标准参照评估，我国的工程教育认证依据《工程教育认证标准》评价参与认证的专业是否达到行业认可的要求，判断专业培养的人才是否达到进入专业职业界从业的要求，是否和国际人才培养实质等效，以此来保障专业教育质量。

本书对专业认证的界定使用国内学者林健的定义，即"以工程专业为对象，由专业性认证机构或协会组织工程技术专业领域的教育界学术专家和相关行业的技术专家，依据国际公认的、统一的标准，对工程技术领域的相关专业的培养目标、毕业生质量以及课程设置等方面进行评价、认可并提出改进意见的质量认证过程"①。

三、学生学习成果评估

在教育目标分类学中，学者们主要讨论教育目标与教学目标，如安德森等修订的布鲁姆教育目标分类学即研究这两类目标，随着建构主义学习理论的影响不断扩大及对学生中心教学范式的强调，学生学习成果（Student Learning Outcomes）这一词汇得到越来越广泛的使用。20世纪80年代中期，美国的评估运动主张直面学生学习成果，学生学习成果评估（Student Learning Outcomes Assessment）成为关注的焦点。

心理学家将学习界定为基于经验而导致行为或行为潜能发生相对一致变化的过程。据此，可将学生学习成果评估定义为对学生基于学习经验而导致的行为或行为潜能的相对一致变化的评估。

学生学习成果可以指认知的、情感的、行为的成果，可以指毕业时的成果、毕业若干年后的成果，可以指课程层次、专业层次、院校层次的成果，可以指预期的、非预期的成果，可以指课内的、课外的成果，也可以指高阶成果、非高阶成果。尤厄尔（Peter T. Ewell）指出，理解学生学习成果这一

---

① 林健. 卓越工程师培养质量保障——基于工程教育认证的视角［M］. 北京：清华大学出版社，2017：26.

复杂的概念需要建立一个适当的概念分析框架①。在阿斯汀（Alexander W. Astin）的研究中，学生学习成果的分类框架由成果类型、数据类型、时间类型三个维度构成。成果类型维度包括认知和情感，数据类型维度包括心理和行为，时间类型维度包括大学期间和毕业后。表1-1所示为阿斯汀学生学习成果分类中成果类型、数据类型两维度下的若干成果。

表1-1 阿斯汀学生学习成果分类

数据类型	成果类型	
	情感	认知
心理	自我概念 价值观 态度 信仰 成就动机 满意度	知识 批判性思维能力 基本技能 特殊能力 学术成就
行为	个人习惯 职业选择 心理健康 公民职责和权力 人际关系	职业发展 获得的学位 职业成就（职位、收入、获奖）

资料来源：Astin A W. What Matters in College? Four Critical Years Revisited [M]. Jossey-Bass Higher and Adult Education Series. Jossey-Bass Inc. 1993：12.

在《华盛顿协议》中，学生学习成果根据其具体化程度的不同分成培养目标及毕业要求，其中毕业要求包括工程知识、问题分析、设计/开发解决方案、研究、使用工具、工程师与世界、伦理、个人与团队、沟通、项目管理与财务、终身学习等。我国的工程教育认证标准基本沿袭了《华盛顿协议》对学生毕业要求的界定。

学生学习成果评估方式多样。美国学习成果评估研究中心（National

---

① Ewell P T. Accreditation and Student Learning Outcomes：A Proposed Point of Departure. CHEA Occasional Paper [J]. Council on Higher Education Accreditation，2001：24.

Institute for Learning Outcomes Assessment，NILOA）的调查显示，学生学习成果评估的常用方法包括全国性的学生调查、量规、基于课堂的表现性评估、校友问卷调查、入校学生安置测验、院校自行开发的调查问卷、顶点课程、院校自行开发的知识和技能测试、通识知识和技能测试、雇主问卷调查、档案袋、外部表现性评估等①。李奇从两个维度对学生学习成果评估活动进行分类：一是评估层面，包括学校、专业、课程层面；二是评估方式，包括直接测量法和间接测量法②。虽然目前高校中大量使用以问卷为代表的间接测量法来评估学生学习成果，但是有学者指出只有直接测量才能真正反映学生学习成果。

第三节　我国高校学生学习成果评估研究现状

本节选取我国高校学生学习成果评估相关文献，采用文献计量法，对样本文献信息进行可视化分析，分析该领域研究基本学术状况，同时结合高频关键词揭示研究主题和研究热点，剖析研究的不足之处，并展望未来发展。

一、数据来源

在中国知网中以"学习成果评估"和"学习成果评价"为检索词，并限定为高等教育领域，时间范围为"不限—2022 年"，得到 239 篇文献。剔除关联度较低的文献，得到有效文献 192 篇。采取 Refworks 格式，以纯文本格式导出有效文献，方便后续使用 CiteSpace 进行分析。同时将 CiteSpace 中整理的样本文献的发文年份、作者、单位、地区和关键词等信息复制到 Excel 文档中，进行数据整合处理。

---

① Kuh G D, Jankowski N, Ikenberry S O, & Kinzie J. Knowing What Students Know and Can Do: The Current State of Student Learning Outcomes Assessment in US Colleges and Universities [R]. National Institute for Learning Outcomes Assessment, 2014: 13.

② 李奇. 学习成果评估：本科教学质量保障的底层设计 [J]. 复旦教育论坛, 2012 (04): 56-60.

二、分析结果

（一）文献类型

我国学生学习成果评估文献类型如表 1-2 所示。文献主体为学术期刊论文，占样本文献的比重最大，研究主题较为多样。硕博学位论文的数量约占样本文献总和的 12%，发表时间集中在 2017—2022 年间，研究内容集中于学习成果评估指标体系构建、本科生学习成果影响因素、我国学习成果评估现状和国外相关经验等方面。

表 1-2　文献类型统计

文献合计	文献类型		
数量（192 篇）	学术期刊论文	博士学位论文	硕士学位论文
	169 篇（88.02%）	2 篇（1.04%）	21 篇（10.94%）

（二）发文量

如图 1-1 所示，2008—2010 年，"学生学习成果评估"研究发文量年均一篇，随后保持加速增长并在 2016 年达到最快增速。2019—2022 年这四年发文量均保持在 25 篇及以上，这表明经过国内学者前期对"学习成果评估"的介绍后，学界逐步加强了对该主题的关注。

（三）发文作者

使用 CiteSpace 分析 192 篇文献作者，作者分布如图 1-2 所示，这一主题中，李晓虹、黄海涛、刘声涛及陈光发文较多。192 篇文献中有 103 篇为独撰，占比为 54%；有 89 篇为合著，占比为 46%。现将合著论文第一作者之外的其他作者全部列为作者，总计 209 位，基本情况如表 1-3 所示。

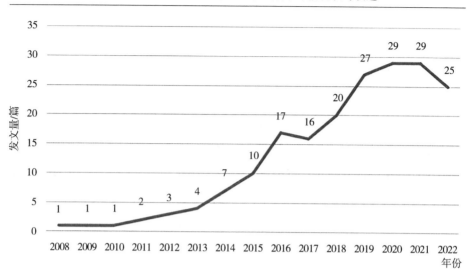

图1-1　"学生学习成果评估"主题不同年份发文量

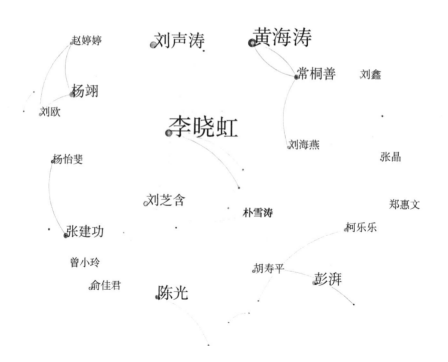

图1-2　"学生学习成果评估"主题的发文作者

表1-3　作者发文量

作者数	作者	篇数
1	李晓虹	10
1	黄海涛	7
1	刘声涛	5
1	陈光	4
5	常桐善、刘芝含、彭湃、杨翙、张建功	3
12	刘欧、刘海燕、俞佳君、曾小玲、赵婷婷、郑惠文、胡寿平、刘鑫、张晶、杨怡斐、柯乐乐、朴雪涛	2
188	……	1

（四）高被引学者

192篇文献的总被引频次为1821次，篇均被引9.48次。普莱斯定律中高被引文献的最低引用频率的计算方法为：$N = 0.749 \times N_{max}$。其中N为高被引文献最低被引频次，N_{max}为高被引文献最高引用频次，确定被引频次$\geqslant 11$的文献为本研究的高被引文献，共有43篇，其中以黄海涛2010年发表的《美国高等教育中的"学生学习成果评估"：内涵与特征》为最高被引文献，共235次。在表1-3中文献产出量不低于两篇的作者中，常桐善、杨翙、赵婷婷的文章的高被引率为100%，黄海涛的高被引率为86%，彭湃的高被引率为33%，可将他们视为"学习成果评估"和"学习成果评价"研究重要学者。

（五）文献来源单位

文献来源单位如表1-4所示，文献来源单位主要是高校。国内单位和国外单位发文比例约为13∶1，其中国外单位与国内单位合作发文占87.5%，说明国内单位积极和国外单位合作，以深入、准确把握"学生学习成果评估"这一主题。在国内单位中，发文量排名前十的分别是沈阳师范大学、湖南大学、北京航空航天大学、华南理工大学、四川外国语大学、上海师范大学、厦门大学、长春大学、天津大学、华中科技大学。这十所高校的发文量占样本文献总数的37%左右。这些单位包括师范类、综合类高校，其中双一流建设高校6所，说明不同类别高校均对学习成果评估有所关注。国外单位主要位于美国，说明在高等教育学习成果评估国际合作领域，中国学者与美国学者联系更为紧密，这与美国拥有较为成熟的学生学习成果评估经验密不可分，但同时也反映出我国在该领域研究的国际视野仍有待拓宽。

表1-4 文献来源单位

文献来源单位		单位数	篇数
国内单位	沈阳师范大学	1	15
	湖南大学	1	10
	北京航空航天大学	1	6
	华南理工大学、四川外国语大学、上海师范大学、厦门大学	4	5
	长春大学、天津大学、华中科技大学	3	4
	大连理工大学、南京大学、南京师范大学、上海交通大学	4	3
	西南大学、东北师范大学、汕头大学、西安外国语大学、西安工业大学、贵州理工学院、齐齐哈尔工程学院、上海建桥学院	8	2
	……	125	1
国外单位	加州大学、佛罗里达州立大学	2	3
	美国教育考试服务中心	1	2
	南安普敦大学、詹姆斯麦迪逊大学、东卡罗来纳大学、耶鲁大学、艾姆赫斯特学院、意大利特兰托省教育研究与实验研究院、特兰托大学、广岛大学	8	1

（六）关键词分析

关键词凝练了一篇论文的核心，关键词共现分析能直观地展示某学科领域的研究热点。使用 CiteSpace 对192篇文献绘制关键词共现网络视图，选择其中频次大于等于7的13个重点关键词进行可视化，结果如图1-3所示。图中字的大小代表关键词出现次数的多少，字越大，表明关键词出现的频次越多，越能体现研究热点；节点之间的连线代表关联强度，线越粗表明连线两端的关键词越多在共同一篇文章中出现。为了更清晰呈现关键词的情况，将频次不小于 6 的高频关键词制作成表 1-5，从图 1-3 和表 1-5 可以看出，学习成果、美国、高等教育、成果导向、评价体系、质量保障、学生中心等构成该领域的代表性词汇。

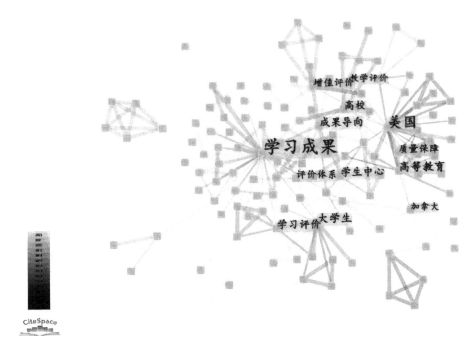

图 1-3　关键词共现图

表 1-5　关键词频次表

关键词	出现频次	关键词	出现频次
学习成果	44	高校	8
美国	25	本科教育	7
高等教育	13	教学评价	7
成果导向	12	学习评价	7
评价体系	10	学生中心	7
大学生	9	加拿大	7
质量保障	9	持续改进	6

由于本研究是以"学习成果评估"和"学习成果评价"为检索词，并限定为高等教育领域，在这样的检索条件下，"学习成果""高等教育"成为高频关键词是很自然的。除这两个关键词之外，频率高的关键词还有"美国""成果导向""评价体系""质量保障"。

在高等教育成熟的国家中，美国的学生学习成果评估更强调"对学习的评估"。英国的学生学习成果评估则更多与课程教学结合，更强调"为了学习的评估"。从关键词频数来看，我国学者更熟悉的、向国内介绍更多的是具有美国模式的学生学习成果评估。但我国在学习美国模式时有一个非常不利的因素：我国的教育测量专业发展水平不高，研究力度小，相关人员评估素养普遍不高，缺乏高质量的学生学习成果评估工具，在高质量评估学生学习成果工作上面临巨大的挑战。

"成果导向"一般指的是成果导向教育，美国学者斯帕迪（Spady W. G.）最先提出并使用这一概念。学生学习成果评估和成果导向教育被同时提及，乍一听这两者含义似乎差不多，但实际上两者有很大的不同。顾名思义，学生学习成果评估是评估，关注的是评估的主体、内容、方法、过程以及评估的质量；而成果导向教育是教育，关注的是教育的目的、前提、执行原则、实践以及范例。当然两者也存在相同之处，比如学生学习成果评估和成果导向教育都是成果导向，都需要设定成果、课程和成果匹配、评估学生学习成果。

在学生学习成果评价体系方面，研究者介绍了加拿大安大略省高校学生学习成果评价的实施主体、内容标准、实施程序[①]，也有学者尝试在高校、课程层面构建学生学习成果评价体系。但不论是了解、介绍国外的体系，还是尝试自行构建体系，都需要研究者达到一定的专业化程度。

学生学习成果评估目前已经成为一个影响广泛的新范式[②]，我国也强调将学生学习成果评估作为重要的质量保障方式。我国加入《华盛顿协议》就意味着接受成果导向理念。2017年《新工科研究与实践项目指南》指出要树

---

① 周琪琪. 加拿大安大略省高校学生学习成果评价体系研究 [D]. 西南大学，2021.
② 彭江. "学生学习成果"在发达国家高等教育中的使用及其启示 [J]. 高等教育研究，2016（12）：103-109.

立创新型、综合化、全周期工程教育理念，全面落实"学生中心、成果导向、持续改进"工程教育认证理念。2020 年，中共中央、国务院印发《深化新时代教育评价改革总体方案》，方案中明确指出要"改进结果评价"。因此，我们需要加强学生学习成果评估研究，为相关的实践与改革提供支撑。

第二章　工程教育认证标准及毕业要求

在教育测量中，通常将测验分为常模参照测验和标准参照测验。按此分类思路，工程教育认证属于标准参照评价。实施标准参照评价及标准参照评价元评价，首先要做好的工作就是明确标准。本章对我国工程教育认证标准及其相关标准的关联和内容进行了梳理，可为后续研究奠定基础。

第一节　国内外主要认证标准及其毕业要求

我国是《华盛顿协议》的正式成员，工程教育认证要符合《华盛顿协议》，因此，深入学习、深度了解《华盛顿协议》及相关标准是做好工程教育认证的基础。

一、国际工程联盟及《华盛顿协议》

国际工程联盟（International Engineering Alliance，IEA）为促进工程教育质量提升和工程人才国际互认，发布了七大协议，如表2-1所示。七大协议分为两个层次、三个类型①。两个层次是指：个人工程实践能力竞争力评估、学位教育水平基础；三个类型是指工程师、工程技术专家、工程技术员②，三种类型人员的区别如表2-2所示。

---

① 戴先中. 对工程教育专业认证标准的再认识［J］. 中国大学教学，2022（11）：4-11.
② 戴先中. 工程师：工程教育专业认证标准中的"培养目标"［J］. 中国大学教学，2021（12）：28-34.

《华盛顿协议》于 1989 年由美国、英国、加拿大、爱尔兰、澳大利亚、新西兰六个国家的工程专业团体签署。该协议是工程教育本科专业认证的国际互认协议，致力于建立共同认可的工程教育认证体系，实现各国工程教育水准的实质等效，奠定工程师资格国际互认基础。《华盛顿协议》所有签约成员均为本国或本地区独立的、政府授权的非政府专业性团体。在多个国际工程师互认协议中，《华盛顿协议》体系完整，权威性及国际化程度较高。

表 2-1 表明，在七大协议中，《华盛顿协议》属于学位教育层次的专业工程师类型的协议，因此理解《华盛顿协议》要把握两个要点：①《华盛顿协议》是针对工程教育本科学位而非个人的国际互认；②《华盛顿协议》为本科教育培养未来的工程师，而非工程技术专家、工程技术员服务。

表 2-1　国际工程联盟的协议

	工程师	工程技术专家	工程技术员
个人工程实践能力竞争力评估	国际专业工程师认证亚太工程师认证	国际工程技术专家认证	国际工程技术员认证
学位教育水平基础	华盛顿工程教育认证	悉尼工程教育认证	都柏林工程教育认证

资料来源：戴先中. 对工程教育专业认证标准的再认识［J］. 中国大学教学，2022（11）：4-11.

表 2-2　工程人才的分类

工程人才类型	职业活动特点	公众责任
工程师	研究开发科学，应用工程原理，创造有用产品、流程和服务，是发明家和革新家，常需管理和监督别人工作	负主要技术责任、经济责任、法律责任、道义义务
工程技术专家	应用生产、施工和运行的工程原理，与工程设计的局部打交道，偶尔参加管理和监督	负次要技术责任
工程技术员	执行科学家或工程师的计划，绘制设计图样，从事运行设备的检测和保养，安装科学实验装置，很少参与组织管理，但有时也要监督别人工作	负次要技术责任

资料来源：戴先中. 工程师：工程教育专业认证标准中的"培养目标"［J］. 中国大学教学，2021（12）：28-34.

二、ABET 认证标准及其学生学习成果

1932 年，美国工程师职业发展委员会（Engineers' Council for Professional Development，ECPD）成立，这是致力于工程专业教育、认证、规范和职业发展的机构。1980 年，ECPD 改名为美国工程和技术认证委员会（ABET），以更准确地突出该组织的重点工作是在美国及其他国家进行认证。

ABET 是《华盛顿协议》的重要发起组织，1989 年代表美国签署《华盛顿协议》。"持续改进"是工程教育认证的核心理念之一，ABET 多年的发展，尤其是认证标准的几次大的改革都充分体现了这一理念。这一理念的特点如下。

（1）由注重输入性要素向注重输出性要素的转变。1995 年之前，ABET 认证标准注重课程、教师等教育教学的输入性要素。1995 年，ABET 发布了新的注重输出性要素的标准 EC2000，该标准经过认证试点后于 2001 年正式实施。

（2）重视输出性要素的优化。ABET 认证标准的标准 3 为"学生学习成果"，ABET 于 2010—2011 年的调研表明，"标准 3"中"标准某些部分是非独立的、范围广泛且含糊不清，或无法衡量的"[①]。经过优化后的新标准于 2018 年正式颁布。表 2-3 为 ABET 认证标准（2019—2020 年）中"标准 3"与之前版本的比较。

表 2-3　ABET 认证标准（2019—2020 年）中"标准 3"与之前版本比较

2009 年审议通过的版本	2019—2020 年修订版本
（a）应用数学、科学和工程知识的能力 （e）识别、确定和解决工程问题的能力	1. 应用工程、科学和数学原理来识别、确定和解决复杂工程问题的能力
（b）设计和进行实验，以及分析和解释数据的能力	6. 开发和进行适当实验、分析和解释数据、使用工程判断得出结论的能力

---

① 潘海生，姜永松，王世斌. 新工业革命背景下工程教育认证标准变革何以可能——美国 ABET 标准变革的启示［J］. 高等工程教育研究，2020（05）：64-70.

续表

2009 年审议通过的版本	2019—2020 年修订版本
（c）在经济、环境、社会、政治、道德、健康和安全、可制造性和可持续性等现实约束下，设计满足所需的系统、组件或过程的能力	2. 考虑公共健康、安全和福利，以及全球、文化、社会、环境和经济因素，应用工程设计得出满足特定需求的解决方案
（d）在多学科团队中发挥作用的能力	5. 在一个成员共同领导、创建协作和包容环境、建立目标、计划任务和实现目标的团队中有效发挥作用的能力
（f）了解职业和道德责任 （h）具有理解工程解决方案对全球、经济、环境和社会环境的影响所必需的宽广知识面 （j）了解当代问题	4. 考虑工程解决方案在全球、经济、环境和社会环境中的影响，明确工程领域的道德和职业责任并做出明智判断的能力
（g）有效沟通的能力	3. 与系列受众进行有效沟通的能力
（i）终身学习必要性的认知和能力	7. 使用适当学习策略，获取和应用所需新知识的能力
（k）使用工程实践所需的技术、技能和现代工程工具的能力	包含在 1、2、6 中

资料来源：潘海生，姜永松，王世斌. 新工业革命背景下工程教育认证标准变革何以可能——美国 ABET 标准变革的启示［J］. 高等工程教育研究，2020（05）：64-70.

ABET 的持续改进使得它成为工程教育认证制度最完善的组织，吸引了世界上多个高校的工程教育专业参与认证。比如，我国华东理工大学化学工程与工艺专业曾于 2013 年接受并通过 ABET 认证，获得最长期限为 6 年的有效期。

三、中国工程教育认证标准及其毕业要求

2013 年 6 月 19 日，国际工程联盟大会在韩国首尔召开，中国科学技术协会成为《华盛顿协议》的预备成员。2015 年 4 月，中国工程教育专业认证协会（China Engineering Education Accreditation Association，CEEAA）成立，负责工程教育专业认证的组织实施。2016 年 6 月 2 日，国际工程联盟大会在

吉隆坡召开，《华盛顿协议》全会全票通过中国科学技术协会代表由《华盛顿协议》预备会员"转正"，我国成为该协议第 18 个正式成员。自此，通过中国工程教育专业认证协会（CEEAA）认证的中国大陆工程专业本科学位得到了美国、英国、澳大利亚等所有《华盛顿协议》正式成员的承认。

《华盛顿协议》中包含 12 条毕业要求，表 2-4 为《华盛顿协议》、中国工程教育认证标准、ABET 认证标准毕业要求的对比，对比结果显示我国基本上把《华盛顿协议》的 12 条毕业要求作为我国工程教育认证的毕业要求。尽管如此，研究者认为我国工程教育认证标准和《华盛顿协议》仍存在如下不同之处。

（1）《华盛顿协议》对 12 条毕业要求所涉及的知识的内涵有具体的描述，而我国认证标准中没有①。

（2）《华盛顿协议》对复杂工程问题有明确描述，我国认证标准中没有②。

（3）《华盛顿协议》是质量标准，而我国认证标准是质量管理标准③。

表 2-4　《华盛顿协议》、中国工程教育认证标准、ABET 认证标准毕业要求对比

《华盛顿协议》 （2013）	中国工程教育认证标准 （2022）	ABET 认证标准 （2019—2020）
WA1 工程知识： 能够将 WK 1 至 WK 4 详述的数学、自然科学、工程基础和专业知识用于解决复杂工程问题	工程知识： 能够将数学、自然科学、工程基础和专业知识用于解决复杂工程问题	1. 应用工程、科学和数学原理来识别、确定和解决复杂工程问题的能力

① 李志义.《华盛顿协议》毕业要求框架变化及其启示［J］. 高等工程教育研究，2022（03）：6-14.

② 李志义.《华盛顿协议》毕业要求框架变化及其启示［J］. 高等工程教育研究，2022（03）：6-14.

③ 戴先中. 对工程教育专业认证标准的再认识［J］. 中国大学教学，2022（11）：4-11.

续表

《华盛顿协议》 （2013）	中国工程教育认证标准 （2022）	ABET 认证标准 （2019—2020）
WA2 问题分析： 能够应用数学、自然科学和工程科学的基本原理（WK 1 至 WK 4），识别、表达并通过文献研究分析复杂工程问题，并得出有根据的结论	问题分析： 能够应用数学、自然科学和工程科学的基本原理，识别、表达并通过文献研究分析复杂工程问题，以获得有效结论	
WA3 设计/开发解决方案： 为复杂工程问题设计解决方案，并设计系统、部件或过程，以满足需求，同时适当考虑公共健康和安全、文化、社会和环境因素（WK5）	设计/开发解决方案： 能够设计针对复杂工程问题的解决方案，设计满足特定需求的系统、单元（部件）或工艺流程，并能够在设计环节中体现创新意识，考虑社会、健康、安全、法律、文化以及环境等因素	
WA4 调查研究： 能够采用用于研究的知识（WK8）和研究方法对复杂问题进行调查研究，包括设计实验、分析与解释数据、并通过信息综合得到有效结论	研究： 能够基于科学原理并采用科学方法对复杂工程问题进行研究，包括设计实验、分析与解释数据并通过信息综合得到合理有效的结论	6. 开发和进行适当实验，分析和解释数据，使用工程判断得出结论的能力
WA5 现代工具的应用： 能够针对复杂工程问题，开发、选择与使用恰当的技术、资源、现代工程工具和信息技术工具，包括对复杂工程问题的预测与模拟，并能够理解其局限性（WK6）	使用现代工具： 能够针对复杂工程问题，开发、选择与使用恰当的技术、资源、现代工程工具和信息技术工具，包括对复杂工程问题的预测与模拟，并能理解其局限性	

续表

《华盛顿协议》 （2013）	中国工程教育认证标准 （2022）	ABET 认证标准 （2019—2020）
WA6 工程师与社会： 能够基于与工程相关的环境或背景知识进行合理分析，评价专业工程实践和复杂工程问题解决方案对社会、健康、安全、法律以及文化的影响，并理解应承担的责任（WK 7）	工程与社会： 能够基于工程相关背景知识进行合理分析，评价专业工程实践和复杂工程问题解决方案对社会、健康、安全、法律以及文化的影响，并理解应承担的责任	2. 考虑公共健康、安全和福利，以及全球、文化、社会、环境和经济因素，应用工程设计得出满足特定需求的解决方案
WA7 环境和可持续发展： 能够在社会和环境大背景下，理解和评价解决复杂工程问题的工程实践的可持续性和影响（WK7）	环境和可持续发展： 能够理解和评价针对复杂工程问题的工程实践对环境、社会可持续发展的影响	
WA8 职业道德： 能够恪守伦理准则，理解与遵守工程实践中的职业道德和规范，履行责任（WK7）	职业规范： 具有人文社会科学素养、社会责任，能够在工程实践中理解并遵守工程职业道德和规范，履行责任	4. 考虑工程解决方案在全球、经济、环境和社会环境中的影响，明确工程领域的道德和职业责任并做出明智判断的能力
WA9 个人和团队： 能够在不同、多学科背景下的团队中作为个体、团队成员或负责人有效发挥作用	个人和团队： 能够在多学科背景下的团队中承担个体、团队成员以及负责人的角色	5. 在一个成员共同领导、创建协作和包容环境、建立目标、计划任务和实现目标的团队中有效发挥作用的能力
WA10 沟通： 能够就复杂工程活动与业界同行及社会公众进行有效沟通和交流，包括撰写报告和设计文稿、陈述发言、清晰表达和回应指令	沟通： 能够就复杂工程问题与业界同行及社会公众进行有效沟通和交流，包括撰写报告和设计文稿、陈述发言、清晰表达或回应指令，并具备一定的国际视野，能够在跨文化背景下进行沟通和交流	3. 与系列受众进行有效沟通的能力

续表

《华盛顿协议》 （2013）	中国工程教育认证标准 （2022）	ABET 认证标准 （2019—2020）
WA11 项目管理与财务： 能够认识和理解工程管理原理与经济决策方法，作为团队成员和领导者，在多学科交叉环境中将其应用于项目管理	项目管理： 理解并掌握工程管理原理与经济决策方法，并能在多学科环境中应用	
WA12 终身学习： 能意识到在技术更迭日新月异大背景下，进行自主学习和终身学习的必要性，具备相应的准备与能力	终身学习： 具有自主学习和终身学习的意识，具有不断学习和适应发展的能力	7. 使用适当学习策略，获取和应用所需新知识的能力

资料来源：①戴先中. 对工程教育专业认证标准的再认识 [J]. 中国大学教学，2022（11）：4-11.

②工程教育认证通用标准解读及使用指南（2022 版）.

　　值得关注的是，三个认证标准中对"毕业要求"的表述不尽相同（见表2-5）。《华盛顿协议》中的毕业要求为"graduate attributes"。中国工程教育认证标准中的毕业要求基本按《华盛顿协议》拟定，毕业要求也译为"graduate attributes"。我国学者在工程教育毕业要求相关研究中，也一般将毕业要求翻译为"graduate attributes"。而在美国 ABET 的认证标准文件中，毕业要求为"student outcomes"。这意味着，毕业要求和"student outcomes"内涵相同。我国学者明确指出，毕业要求即学生成果或学习成果[1]。笔者认为，意识到毕业要求即学生学习成果是很重要的。一方面，可以避免因英文表述不同而带来的困惑或混乱；另一方面，因为"成果导向"已成为世界范围内新的教育范式，国内外以"student outcomes"为关键词的研究成果远远多于以"graduate attributes"为关键词的研究成果，将毕业要求和"student outcomes"建立直接的联系，有助于从"student outcomes"相关研究中获得

---

　①　孟祥红. 从课程支撑到能力整合：工程教育专业认证"毕业要求"指标研究 [J]. 高等工程教育研究，2021（05）：64-70.

借鉴与启示。

表 2-5 《华盛顿协议》、中国工程教育认证标准、ABET 认证标准对毕业要求的表述

华盛顿协议（2013）	中国工程教育认证标准（2022）	ABET（2019—2020）
Graduate Attributes	Graduate Attributes	Student Outcomes

总之，工程教育专业认证是非常专业的工作，需要相关人员对相关的组织及认证标准有清晰的认识和了解。图 2-1 描述了国际工程联盟、《华盛顿协议》、ABET 认证标准和中国工程教育认证标准之间的关系。国际工程联盟包含《华盛顿协议》，在《华盛顿协议》的基础上产生了美国 ABET 认证标准和中国工程教育认证标准。厘清其中的关系有助于准确地掌握、深入地理解我国工程教育专业认证标准，并基于此更好地将我国工程教育专业认证标准应用于实践。

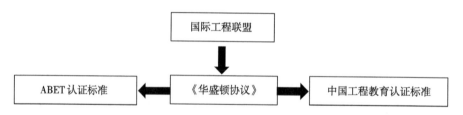

图 2-1 国际工程联盟、《华盛顿协议》、ABET 认证标准、
中国工程教育认证标准的关系

第二节 技术能力与非技术能力

工程教育认证以学生中心、成果导向、持续改进为理念，主张工程专业实施成果导向教育（Outcome-Based Education，OBE）。在工程教育认证标准中，共有七方面的标准：学生、培养目标、毕业要求、持续改进、课程设置、教师、支撑条件。在上述标准中，毕业要求即学生学习成果。工程教育认证的毕业要求可进一步分为技术能力和非技术能力，下面介绍不同能力的内涵与构成。

一、技术和非技术能力的概念

随着产业革命的变迁与科学技术的发展，当前所需人才的素质也随之发生改变。然而，重知识轻技能、与实际行业需求脱节的教育使学生无法适应快速变化的环境，满足企业发展需求的人才严重短缺。在民用航空等行业，人们发现如果操作和系统维护相关人员表现出更好的非技术技能，大多数事故是可以避免的，由此，欧洲民航监管机构针对飞行员在驾驶舱上的行为提出非技术能力的概念。随后，这一概念被医学领域广泛使用，用于指代任务管理、团队合作、态势感知、决策制定，还涉及对自身压力和疲劳程度的管理①。

实际上，多数职业所需的能力都可以分为两大类：技术能力与非技术能力。技术能力一般指个体在执行任务时所应具备的专业技术知识和能力，而非技术能力更多涉及性格类型、社交能力和个人习惯等特征②，是用于补充技术能力并有助于安全、高效地完成任务的认知、社会和个人资源。

在许多文献中，技术能力和非技术能力最初更多表述为 technical skills 和 non-technical skills。目前，文献中非技术能力的英文表述有多种。修光利③、王秀彦④将非技术能力翻译为 non-technical capability，在王秀彦的另一篇文章中，也将非技术能力翻译为 professional skills⑤。玛丽安娜·莱安德罗·克鲁兹（Mariana Leandro Cruz）指出，工程教育领域中与非技术能力等同的专门术语繁多，包括横向能力（transversal competencies）、就业技能（employability skills）、通用技能（generic skills）、关键能力（key competencies）、非传统技能（non-traditional skills）、专业技能（professional skills）、软技能（soft skills）、

①　Flin R, Patey R, Glavin R, et al. Anaesthetists' Non-Technical Skills [J]. British Journal of Anaesthesia, 2010（01）：38-44.

②　Ahmed F. Software Requirements Engineer：An Empirical Study about Non-Technical Skills [J]. J. Softw., 2012（02）：389-397.

③　修光利，郭宇杰，侯丽敏. 工程教育专业认证中非技术能力达成的教学研究——以环境工程专业为例 [J]. 高等工程教育研究，2020（03）：74-79.

④　王秀彦，张景波，毛江一. 工程教育非技术能力中"个人和团队"的多源多尺度表征 [J]. 北京工业大学学报，2021（12）：1395-1402.

⑤　韩宇，王秀彦. 工程教育非技术能力中职业规范的多源表征研究 [J]. 高等工程教育研究，2022（02）：74-80.

可转移技能（transferable skills）和 21 世纪技能（twenty-first century skills）等①。总体而言，当前对非技术能力中的"能力"的表述主要有两个，一是 competencies，二是 skills。

根据经济合作与发展组织（Organization for Economic Co-operation and Development，OECD）在"能力的定义与选择：理论与概念的基础"（Definition and Selection of Competencies：Theoretical and Conceptual Foundations，DeSeCo）研究计划中对"技能"（skills）"能力"（competencies）等相关术语的界定，二者并非为同义词。"技能"用于帮助个体轻松、精确地完成复杂运动和/或认知行为，并适应不断变化的环境。"能力"则指代包含认知技能、态度和其他非认知成分的复杂系统②。杨小丽、雷庆将二者之间的关系表示为：Competence/Competency（能力）= Skills（技能）+Knowledge（知识）+ Attitude（态度）/Aptitude（天赋）③。在《华盛顿协议》、ABET 认证标准及我国工程教育认证标准中，非技术能力都超越了上文中定义的"skills"，笔者认为，工程教育专业认证中非技术能力中的"能力"宜翻译及理解为"Competence"，即 Skills（技能）、Knowledge（知识）、Attitude（态度）/Aptitude（天赋）的综合。

二、非技术能力的构成

本部分主要关注工程教育认证标准中的非技术能力的构成。本书对《华盛顿协议》、ABET 认证标准及我国工程教育认证标准中的非技术能力进行对比，帮助读者建立对工程教育领域中的非技术能力的整体认识。表 2-6 是三个标准中非技术能力的构成，可以看到三个标准非技术能力的构成相似度较高。ABET 制定的认证标准事实上就是《华盛顿协议》标准的简化版，它未专门设置"问题分析""设计/开发解决方案"和"项目管理和财务"标

---

① Cruz M L, Saunders-Smits G N, Groen P. Evaluation of Competency Methods in EnginEering Education：A Systematic Review [J]. European Journal of Engineering Education, 2020 (05)：729-757.

② Rychen D S, Salganik L H. Definition and Selection of Competencies (DeSeCo)：Theoretical and CoNceptual Foundations. Strategy Paper [R]. OECD, 2002：7.

③ 杨小丽，雷庆. 工科本科生跨学科能力评价框架构建 [J]. 清华大学教育研究，2022 (06)：104-109.

准①。中国工程教育专业认证协会发布的 2022 版《工程教育认证标准》与 2021 版《华盛顿协议》高度一致，只是在部分表述上有细微差异。

表 2-6　ABET 认证标准、《华盛顿协议》、中国工程教育认证标准非技术能力要求对比

ABET 认证标准 2009 版	《华盛顿协议》 2021 版	中国工程教育认证标准 2022 版
（d）在多学科团队中发挥作用的能力	WA10 项目管理和财务：应用对工程管理原则和经济决策的知识和理解，并将其应用于自己的工作，作为团队的成员和领导者，管理项目和多学科环境	GA11. 项目管理：理解并掌握工程管理原理与经济决策方法，并能在多学科环境中应用
	WA8 个人和协作的团队工作：在多元化和包容性的团队中，以及多学科、远程和分布式的环境中，作为个人、成员或领导有效地发挥作用	GA9. 个人和团队：能够在多学科背景下的团队中承担个体、团队成员以及负责人的角色
（f）了解职业和道德责任	WA7 伦理：运用伦理原则，致力于职业伦理工程实践和规范；并遵守相关的国家和国际法律。表现出理解多元化和包容性的必要性	GA8. 职业规范：具有人文社会科学素养、社会责任感，能够在计算机系统工程实践中理解并遵守工程职业道德和规范，履行责任
（g）有效沟通的能力	WA9 沟通：在复杂的工程活动中与工程界和整个社会进行有效和包容的沟通，包括撰写和理解有效的报告和设计文件，并进行有效的介绍；能够考虑到文化、语言和学习差异	GA10. 沟通：能够就计算机系统复杂工程问题与业界同行及社会公众进行有效沟通和交流，包括撰写报告和设计文稿、陈述发言、清晰表达或回应指令。并具备一定的国际视野，能够在跨文化背景下进行沟通和交流

---

① 林健. 新工科人才培养质量通用标准研制［J］. 高等工程教育研究，2020（03）：5-16.

续表

ABET 认证标准 2009 版	《华盛顿协议》 2021 版	中国工程教育认证标准 2022 版
（h）理解工程解决方案对全球、经济、环境和社会的影响所必需的素养	WA6 工程师与世界：分析和评估可持续发展的成果，社会、经济、可持续性、健康、安全、法律和环境等因素在解决复杂工程问题中的影响	GA6. 工程与社会：能够基于工程相关背景知识进行合理分析，评价计算机专业工程实践和计算机系统复杂工程问题解决方案对社会、健康、安全、法律以及文化的影响，并理解应承担的责任
（j）了解当代问题		GA7. 环境和可持续发展：能够理解和评价针对计算机系统复杂工程问题的工程实践对环境、社会可持续发展的影响
（i）终身学习必要性的认知和能力	WA11 持续的终身学习：认识到其需要，并有准备和能力开展独立和终身学习，适应新技术和新兴技术，以及在最广泛的技术变革背景下进行批判性思考	GA12. 终身学习：具有自主学习和终身学习的意识，有不断学习和适应发展的能力

资料来源：①潘海生，姜永松，王世斌. 新工业革命背景下工程教育认证标准变革何以可能——美国 ABET 标准变革的启示［J］. 高等工程教育研究，2020（05）：64-70.

②工程教育认证通用标准解读及使用指南（2022 版）.

③工程教育认证标准（2022 版）.

我国学者也对我国工程教育认证标准中的技术与非技术能力进行了分析。

李志义将我国毕业要求的整体结构理解为"543"结构，即 5 项专业技术能力、4 项约束处置能力、3 项非处置能力。根据李志义对约束处置能力的阐述——"事实上，对于复杂工程活动而言，这些能力不仅需要个人修养，更需要很强的技术支撑①"——可知，约束处置能力相当于技术能力和非技

---

① 李志义. 对毕业要求及其制定的再认识——工程教育专业认证视角［J］. 高等工程教育研究，2020（05）：1-10.

术能力的综合（见表2-7）。值得关注的是，李志义认为我国毕业要求之间并非简单并列关系。在5项专业技术能力中，"3.3设计/开发解决方案"是核心，"3.2问题分析"和"3.4研究"分别是"3.3设计/开发解决方案"的前端和后端必要环节，而"3.1工程知识"和"3.5使用现代工具"是上述3项工作的基础。4项约束处置能力/技术和非技术能力"该不该做""可不可做""值不值做"的分析和行为有关。3项非处置能力是个人开展复杂工程活动的必备素养。李志义的分析揭示了毕业要求间的结构关系，有利于读者对毕业要求的深入理解。与此同时，在成果导向的教育中，毕业要求间存在内在联系，或者说交叉、重叠，也给按毕业要求来培养和评价学生带来了挑战。事实上，ABET最近的一次标准的修订正是和标准间存在重叠有关。

王秀彦等认为《华盛顿协议》中有5项毕业要求为技术能力，3项为耦合能力（即技术能力与非技术能力的融合），4项为非技术能力[1]。

杨小丽等认为我国《工程教育认证标准》对本科生的毕业要求可以分为三大类：一是专业领域的知识和能力，包括"工程知识""问题分析""设计/开发解决方案""研究""现代工具应用""项目管理"；二是对工程与社会关系的认识，包括"工程与社会""环境和可持续发展"，还有"职业规范"；三是非技术能力，包括"个人和团队""沟通"以及"终身学习"[2]。

上述三位学者对非技术能力的构成的认识具体内容如表2-7所示。比较表2-7可以发现，李志义和王秀彦对毕业要求分类的唯一区别在于对"3.8职业规范"的划分。"职业规范"的英文表述是"Ethic"，在国外文献中，更多的是被归类为非技术能力。杨小丽和李志义对毕业要求分类的唯一区别在于对"3.11项目管理"的划分。笔者认为，"项目管理"对专业领域知识和能力素养的要求更加宽泛，更宜将其归入技术和非技术能力的融合。

---

① 王秀彦，单晴雯，张景波，于德鳌. 工程教育专业认证指标赋权研究——基于技术能力与非技术能力指标的实证分析 [J]. 中国高校科技，2022（C1）：82-86.
② 杨小丽，雷庆. 工科本科生跨学科能力评价框架构建 [J]. 清华大学教育研究，2022（06）：104-109.

表 2-7 毕业要求的结构

李志义		王秀彦		杨小丽	
3.1 工程知识	技术能力	3.1 工程知识	技术能力	3.1 工程知识	专业领域的知识和能力
3.2 问题分析		3.2 问题分析		3.2 问题分析	
3.3 设计/开发解决方案		3.3 设计/开发解决方案		3.3 设计/开发解决方案	
3.4 研究		3.4 研究		3.4 研究	
3.5 使用现代工具		3.5 使用现代工具		3.5 使用现代工具	
3.11 项目管理	约束处置能力/技术和非技术能力	3.11 项目管理	耦合能力/技术和非技术能力	3.11 项目管理	对工程与社会关系的认识/技术和非技术能力
3.6 工程与社会		3.6 工程与社会		3.6 工程与社会	
3.7 环境和可持续发展		3.7 环境和可持续发展		3.7 环境和可持续发展	
3.8 职业规范		3.8 职业规范		3.8 职业规范	
3.9 个人和团队	非技术能力	3.9 个人和团队	非技术能力	3.9 个人和团队	非技术能力
3.10 沟通		3.10 沟通		3.10 沟通	
3.12 终身学习		3.12 终身学习		3.12 终身学习	

三、非技术能力的作用

目前，我国劳动力市场对非技术能力也越来越重视。根据智联招聘网站上与计算机程序员岗位相关的招聘信息，劳动市场对劳动者的团队合作能力和社交能力方面的素质要求越来越高，且岗位越高对这些能力就越重视[1]。

学界已有很多研究论证了非技术能力和就业之间的关系。孙国府和张羽对 2000 多名已就业的装备制造业工程师展开研究，发现工科生在大学期间参与非技术能力培养活动与其职业发展水平（年收入和晋升为工程师所需时间）有显著的正相关关系，且参与社工程度越深，职业发展水平越高[2]。刘钊对 2014 年全国"高等理科教育（本科）改革"学生调查的毕业生数据进行分析后，发现除了核心认知技能和专业平均成绩等因素外，职业价值观和人际交往技能对于本科生毕业去向具有显著影响，进而影响其进入的工作单位和起薪水平[3]。由此可见，非技术能力对个体职业发展的重要性已获得多项研究支持。

在某些特定情况下，非技术能力的重要性甚至超过了技术能力。领导力、创造力、沟通能力、管理能力、职业道德等非技术能力能够使专业人士有能力去把握市场需求，从而更好地掌握自己的职业发展[4]。一些 IT 公司也表示，如果劳动者展现出扎实出众的非技术能力，即便其技术能力较差，他们也更倾向于雇佣这样的人[5]。

① 孙旭，杜屏，张言平. 非认知技能在劳动力市场的需求及其对高等教育供给的启示——以计算机程序员岗位为例 [J]. 教育经济评论，2021（06）：43-63.

② 孙国府，张羽. 非认知能力培养对工程师职业发展水平的实证分析——以工科生大学期间参与学生社工为例 [J]. 高等工程教育研究，2014（04）：43-49.

③ 刘钊. "非认知"视角下本科生毕业去向和求职结果的实证研究——基于"高等理科教育（本科）改革"调查数据的分析 [J]. 教育学术月刊，2016（05）：56-64.

④ Caten C S, Silva D S, Aguiar R B, et al. Reshaping engineering learning to promote innovative entrepreneurial behavior [J]. Brazilian Journal of Operations & Production Management, 2019（01）：141-148.

⑤ Bailey J L. Non-Technical Skills for Success in A Technical World [J]. International Journal of Business and Social Science, 2014（04）：1-10.

四、非技术能力的培养

多项研究表明，劳动力市场对非技术能力很重视，但是高校培养的人才与产业界需求失配，成为大学生"就业难"现象的重要原因之一。余天佐等以《工程通用能力需求量表》对已就职的工科毕业生进行调查，发现工科毕业生在工程知识、领导力、问题解决、工程设计、学习和沟通、职业态度六方面均和企业需求明显失配[①]。

在解答"如何培养学生的非技术能力"的问题之前，尼卡拉斯·安德森（Niclas Andersson）首先对"学生非技术能力的提升是在什么情况下发生的"进行了思考。他认为在传统的工程教育中，学生往往是在解决技术问题、做项目和观察该领域其他专家时，得到非技术能力的隐性提升。但是，这些情况导致非技术能力的发展变成了一种无意识行为，使提升的特定能力无法被明确描述与评估，如此获得的非技术能力往往需要在师徒关系中学习，即由一个已掌握了某项技能的人向未掌握的人展示如何去做[②]。然而，这种内隐学习可能需要很长时间，并且取决于相关指导者是否有足够的时间对学生进行培训。这样的方法不仅需要花费巨大的人力和时间，而且无法明确学生的非技术能力是否得到了提高、有哪方面的提高、提高了多少等。基于此，尼卡拉斯·安德森采用角色扮演模拟（Role Play Simulation）的方法让学生在真实的工业环境中与专业工程师互动，理解一系列现实的工程需求与隐含规则，实现以较低的成本有效提升学生非技术能力。

詹姆斯·沃尔诺克（James Warnock）等学者通过开展基于问题的学习（Problem-Based Learning）项目，发现采用该方法能够有效培养学生的一系列

---

① 余天佐，顾希垚. 工科毕业生通用能力失配的现状与影响因素 [J]. 高等工程教育研究，2022 (05)：43-49.

② Andersson N, Andersson P H. Teaching professional engineering skills-industry participation in realistic role play simulation ［C］//In Making Change Last：Sustaining and Globalizing Engineering Educational Reform (Vol. Proceedings of the 6th International CDIO Conference.). Montréal, Canada：École Polytechnique. 2010.

非技术能力，包括沟通、合作、解决问题和自主学习等非技术能力①②。

拉里·理查兹（Larry Richards）和迈克尔·戈尔曼（Michael Gorman）通过案例研究法教授学生工程设计和伦理方面的知识。两位学者在弗吉尼亚大学共同研究并撰写了一套案例，用于发明与设计、全面质量工程和工程伦理课程。案例包含对事态、背景、多个问题与决策点的叙述，呈现开放式的工程问题（设计、分析、选择、计划）、伦理问题和商业决策情况。他们认为一个好的案例应具有相关性（Relevance）、提供讨论动机（Motivation）、帮助学生对现有知识进行巩固/整合（Consolidation/ Integration），激发学生积极参与（Active Involvement），促进知识和技能的迁移（Transfer）③。

许多高校同样为工科生提供所需的全球和社会经验做出了努力。伍斯特理工学院在爱尔兰、丹麦、澳大利亚等多个国家建立了项目中心，致力于让学生在全球与社会背景下学习和应用其专业知识与技能④。密歇根大学创建了全球工程中心，注重对学生的文化知识、国际视野方面的培训，使其更好地做好应对全球供应链的准备⑤。美国普渡大学与德国卡尔斯鲁厄理工学院于2003年发起国际工程研究与教育联盟项目，通过课程学习与实习实践相结合的方式，培养具有全球视野的创新型工程技术人才⑥。

我国学者于志海等尝试引入顶点课程教学模式，将知识、技能与实践培训融为一体，对酿酒工程专业的学生展开非技术能力的培养与评价。通过在两届学生中的实施，于志海等在研究中发现学生在团队协调、沟通、汇报展

①　Warnock J N, Mohammadi-Aragh M J. Case study: use of problem-based learning to develop students' technical and professional skills [J]. European Journal of Engineering Education, 2016 (02): 142-153.

②　Beagon Ú, Niall D, Ní Fhloinn E. Problem-based learning: student perceptions of its value in developing professional skills for engineering practice [J]. European Journal of Engineering Education, 2019 (06): 850-865.

③　Richards L. Using Case Studies to Teach Engineering Design and Ethics [C] //2004 Annual Conference. Salt Lake City, Utah: American Society for Engineering Education, 2004: 1-7.

④　Vaz R F, Pedersen P C. Experiential learning with a global perspective: Overseas senior design projects [C] //32nd Annual Frontiers in Education. Boston, MA: IEEE, 2002: 1-4.

⑤　Mazumder A, Bean J. A Global Concentration in Engineering [C] //2001 Annual Conference. Albuquerque, New Mexico: American Society for Engineering Education, 2001: 1-12.

⑥　Hirleman E. GEARE: A Comprehensive Program for Globalizing Engineering Education [C] //2004 Annual Conference. Salt Lake City, Utah: American Society for Engineering Education, 2004: 1-10.

示、文字和语言组织、逻辑思维和系统思维等非技术能力方面都有显著提高①。

总的来说，国内外学者总结了非技术能力形成的机制，使用多样化的非技术能力培养方式，包括角色扮演、基于问题的学习、案例教学等，注重社会经验及全球视野。另外，大多数学者都是将学生置身于真实的问题场景中，让其将习得的理论和技术知识运用到真实场景中，来解决在现实生活中可能遇到的问题。这些方法努力避免机械性学习，使学生在现实背景下思考特定问题，考虑多方面因素做出关键决策。

五、非技术能力的评估

随着我国高等院校对工程教育认证越发重视，诸多学者对非技术能力的评估提出了不同看法。修光利等建议完善和优化支撑毕业要求中与非技术能力达成相关的教学环节，并提出基于过程考核的形成性评价②。刘会娥等通过分解非技术能力指标，确定能力指标达成的直接评价方式，生成了四级描述性评价标准③。王秀彦等学者对中国工程教育专业认证标准提出的 12 项毕业要求进行了划分，并基于层次分析法对职业规范、个人和团队、终身学习、3 项融合元素（工程师与社会、可持续发展、项目管理）指标进行权重赋值，构建了三级指标体系，在一定程度上，为优化工程专业培养方案提供了实施路径，并为有效开展工程教育专业认证提供了考查依据④⑤⑥⑦。

---

① 于志海，黄名正，唐维媛，等. 酿酒工程专业开设顶点课程的探索与实践［J］. 食品与发酵工业，2021（04）：317-320.

② 修光利，郭宇杰，侯丽敏. 工程教育专业认证中非技术能力达成的教学研究——以环境工程专业为例［J］. 高等工程教育研究，2020（03）：74-79.

③ 刘会娥，李军，金鑫，等. 工程教育中非技术能力培养与评价方法探索［J］. 中国多媒体与网络教学学报（上旬刊），2021（01）：156-158.

④ 王秀彦，张景波，毛江一. 工程教育非技术能力中"个人和团队"的多源多尺度表征［J］. 北京工业大学学报，2021（12）：1395-1402.

⑤ 韩宇，王秀彦. 工程教育非技术能力中职业规范的多源表征研究［J］. 高等工程教育研究，2022（02）：74-80.

⑥ 王秀彦，单晴雯，张景波，等. 工程教育专业认证指标赋权研究——基于技术能力与非技术能力指标的实证分析［J］. 中国高校科技，2022（Z1）：82-86.

⑦ 王秀彦，钟名扬，韩宇. 基于工程教育非技术能力终身学习的指标体系研究［J］. 中国高等教育，2022（01）：47-49.

但是，我国有关非技术能力的评估实践还处在探索阶段。林妙真等学者发现我国台湾省各工程系所教师对于学生非技术能力的评估仍感到陌生，多数系所尚未发展适当的评估工具。大部分系所的评估就是将各个非技术能力作为问卷的题项，运用五级量表让学生自主判断其能力的达成度[①]。近年来，学生学习投入研究中也广泛使用问卷调查，如全美大学生学习投入性调查（NSSE）、研究型大学本科生就读经历调查（SERU），均采用学生自评的方式测量学生的能力水平。但这些间接评估工具对测量学生能力有一定局限性。

拉里·舒曼（Larry Shuman）指出建立有力的测量非技术能力的方法是十分必要的，但是当前评估工具开发存在三大挑战[②]。首先，不同的工程教育领域、行业对非技术能力的内涵及表现缺乏共识。其次，学习成果的评估范围难以确定。以往的技术能力可以通过特定的课程来学习，所以学生的学习成果评估可以在很大程度上限制于该课程范围内。然而，像"团队合作"这样的非技术能力可能是通过参加多门课程中的小组作业以及各种课外活动共同提升的，所以可能需要通过多方面的信息来综合评估。最后，单独测量非技术能力是困难的，因为非技术能力与技术能力是相辅相成的。尽管面临上述障碍，但鉴于学者们的不懈探索，拉里·舒曼依旧对非技术能力评估持积极态度。

玛丽安娜·莱安德罗·克鲁兹（Mariana Leandro Cruz）等对非技术能力评估相关文献进行梳理之后，发现当前常用于非技术能力评估的方法主要有六种，分别是问卷调查、量规、测试、观察、访谈、档案袋，其中问卷调查和量规运用得最为广泛[③]。

问卷调查可用于自我评估、他人评估、同伴互评。问卷调查可以在短时间收集大量信息，但容易受主观因素影响。量规详细描述了表现水平，整体型量规整合所有维度详细描述不同表现水平，分析型量规分维度描述不同表

①　林妙真，张佩芬. 工程及科技教育认证制度下的学生核心能力与评估：大学教师，系主任，院长的观点 [J]. 教育科学研究期刊，2013（04）：37-68.

②　Shuman L J, Besterfield-Sacre M, McGourty J. The ABET "professional skills" —Can they be taught? Can they be assessed? [J]. Journal of engineering education, 2005（01）：41-55.

③　Cruz M L, Saunders-Smits G N, Groen P. Evaluation of competency methods in engineering education：a systematic review [J]. European Journal of Engineering Education, 2020（05）：729-757.

现水平。量规是评分标准，为评估者提供指导，可以提高评估一致性①，提高评估者信度；量规也可用于教与学，因为量规清楚地说明了不同的学习表现属于何种水平。目前量规常用于评估书面和口头报告、设计项目和顶点课程等。编制高质量量规有一定难度，在我国还没有得到广泛、高质量的应用。测试通常用来考查知识掌握水平，工程教育中也经常用于衡量学生的职业伦理②，使用前测和后测有助于提高评估效度③。观察法可使用标准框架或量规指导观察，也可以结合其他方法使用，例如访谈④。观察法能够直接有效地捕捉学生的行为，但对资源和时间投入要求高。访谈法和观察法一样，学生要投入的时间多。观察有助于收集相对真实的行为和态度的信息，访谈有助于收集有深度且较为灵活的信息。档案袋能够展示学生有意义的学习过程和结果，有研究将其用于终身学习的相关评估⑤。

相关研究显示，当前的非技术能力评估存在如下不足之处：

一是大多数工具一次只能用于评估一项能力，评估效率低。

二是直接测量方法使用过少，间接测量方法使用过多。直接测量通过测量工具直接量化并展示学生的知识、技能、能力等学习成果，常用的方法有客观测验、论文、报告、课堂作业等。间接测量要求学生反思学习，而不是直接展示学习成果，一般通过调查或访谈的方式实现⑥。间接的评估方法（如问卷）不一定能准确测量出学生的非技术能力，因为它们可能会错误捕

① Eichelman K M, Clark R M, Bodnar C A. Assessing the Impact of Game Based Pedagogy on the Development of Communication Skills for Engineers [C] //2015 ASEE Annual Conference & Exposition. Seattle, Washington: American Society for Engineering Education, 2015: 1-13.

② Borenstein J, Drake M J, Kirkman R, et al. The Engineering and Science Issues Test (Esit): A Discipline-Specific Approach to Assessing Moral Judgment [J]. Science and Engineering Ethics, 2010, 16: 387-407.

③ Davis M, Feinerman A. Assessing Graduate Student Progress in Engineering Ethics [J]. Science and engineering ethics, 2012, 18: 351-367.

④ Dohaney J, Brogt E, Kennedy B, et al. Training in Crisis Communication and Volcanic Eruption Forecasting: Design and Evaluation of an Authentic Role-Play Simulation [J]. Journal of Applied Volcanology, 2015, 4: 1-26.

⑤ Martinez-Mediano C, Lord S M. Lifelong Learning Competencies Program for Engineers [J]. International Journal of Engineering Education, 2012, 28 (1): 130-143.

⑥ 刘声涛. 高校学生学习评估国际比较研究 [M]. 长沙：湖南大学出版社，2016：3.

捉到学生对某一工程概念的认知情况①。ABET副执行主任格洛丽亚·罗杰斯（Gloria Rogers）建议，在选择评估方法时，可以通过使用多种方法来减少任何一种方法的偏差，提高测量效度。同时，至少要用一种直接的方法，因为间接评估固然有其优势，但是相较于直接评估，仍难以提供学习本身的准确信息。莫里斯·达纳赫（Maurice Danaher）等赞同以上观点，并进一步表示同时评估多项能力可以提高评估效能，直接的评估方法则能够提高评估的可信度②。

三是表现性测量方法使用过少，纸笔测验方法使用过多。传统的纸笔测验，尤其是选答反应的测试，只能用于测量学生浅层的识记能力，无法全面评价能够体现学生高阶思维的非技术能力③。表现性评价（Performance Assessment）通过让学生解决真实且有意义的问题，测评一系列复杂且高阶的非认知能力，能够实现直接评估，并满足同时测量多项能力的需求。

2007年，华盛顿州立大学开发出工程非技术能力评估（Engineering Professional Skill Assessment，EPSA），该工具采用表现性评价方法，测量学生群体在情景讨论过程中展现出来的非技术能力，是一种创新整合的评估方式。EPSA可以作为教学与学习的工具，让学生基于真实的工程问题在讨论过程中提升非技术能力；也可以作为评估工具，在课程层面和专业层面评估学生表现，以此判定专业课程设计的有效性及培养目标的达成度。经过多年的研究，EPSA被证明具有良好的信度与效度，是一个较为成熟的非技术能力评估工具。

至此，本节完成了对工程教育认证机构及其标准，以及毕业要求中技术能力，尤其是非技术能力的梳理，现小结如下：

国外学者围绕工程教育中非技术能力的内涵、作用、培养与评估等开展了较为丰富的研究，为工程教育中非技术能力的培养与评估奠定了坚实基础。

---

① Hadisantono, Rowe G, Giacaman N. Assessment of Engineering Professional Skills Through EPSA Rubric Class Administrations [C] //29th Australasian Association for Engineering Education Conference 2018 (AAEE 2018). Hamilton, New Zealand: Engineers Australia, 2018: 277-283.

② Danaher M, Schoepp K, Kranov A A. A New Approach for Assessing ABET's Professional Skills in Computing [J]. World Transactions on Engineering and Technology Education, 2016 (03): 355-361.

③ 周文叶，董泽华. 表现性评价质量框架的构建与应用 [J]. 课程·教材·教法，2021 (10): 120-127.

通过对文献的梳理，笔者发现非技术能力的概念起源于行业需求，用于指代补充技术技能并有助于安全高效地执行任务的一系列能力。随着各国工程教育的不断发展，国内外学者逐渐意识到非技术能力和技术能力一样，都是工程专业学生的必备能力，对其职业发展能够起到重要作用。在某些情况下，劳动力市场对非技术能力的需求甚至超过了对技术能力的需求。

《华盛顿协议》列出了工程专业毕业生应掌握的技术能力和非技术能力，中国《工程教育认证标准》除了在部分表述上有所差异之外，大体内容与《华盛顿协议》保持高度一致性。国内工程教育领域普遍认为，工程知识、问题分析、设计/开发解决方案、调查研究、现代工具应用属于技术能力，职业规范、个人和团队、沟通、终身学习属于非技术能力，而工程师与社会、可持续发展、项目管理则是融合能力[①]。

多年以来，工程教育领域的学者为培养学生的非技术能力做出了各种尝试，包括角色扮演模拟、基于问题的学习项目、案例研究法、顶点课程等。这些方法将学生置于真实的场景中，让学生运用所学的理论知识和技术来解决工程问题，以此有效提升学生的非技术能力。

但是，比起培养学生的非技术能力，评估学生的非技术能力更为困难。当前有六种常用于评估非技术能力的方法：问卷调查、量规、测试、观察、访谈、档案袋。目前非技术能力评估研究和实践中的大多数工具一次只能评估学生的某一项能力，且多数是间接测量，不仅评估效率低，而且对准确测量出学生的非技术能力有一定局限性。表现性评价通过让学生解决现实问题，实现直接评估并同时测量多项能力。华盛顿州立大学使用该评价方法开发出了工程教育领域首个可以直接并同时测量多项非技术能力的评估工具——EPSA。经过多年在不同国家的实践，EPSA 被证实是一个可信且有效的评估工具。鉴于我国非技术能力评估领域仍处于起步阶段，笔者尝试将 EPSA 工具应用于我国工程专业学生，探究该工具在我国的可行性，相关研究工作将在第四章进行详细介绍。

---

① 李红明，沈薇，宋学臣，等. 专业课程中非技术能力培养路径研究与实践——以"高层建筑结构"课程为例［J］. 高等工程教育研究，2023（3）：96-101.

第三章 工程教育认证毕业要求 达成度评估现状

　　毕业要求达成度评估是工程教育认证的核心，是一项高度技术化、专业化的工作。为了分析我国工程教育认证毕业要求达成度评估的现状，本章选择国际上受认可的框架，展现理想状态的毕业要求达成度评估的过程和特征，回答什么是高质量的毕业要求达成度评估，在此基础上通过内容分析，审视我国高等工程教育专业的毕业要求达成度评估实践。

第一节 毕业要求达成度评估现状研究设计

　　毕业要求达成度评估是专业认证的核心环节，同时也是我国高等教育评价改革的薄弱环节及改革难点。毕业要求由技术能力和非技术能力构成，毕业要求达成度评估应是对这两类能力的评估。在我国《工程教育认证通用标准解读及使用指南（2022版）》"4. 持续改进"中的"建立毕业要求达成情况评价机制，定期开展毕业要求达成情况评价"部分提道，该项工作的常见问题是"毕业要求达成评价方法单一，主要采用根据课程考试成绩的算分法"。基于课程考试成绩的算分法主要评估学生的技术能力，对非技术能力的评估不足。本节对毕业要求达成度评估现状进行元评估，主要技术能力评估的元评估，对于非技术能力评估的探索将在第四章中详细介绍。

　　元评估即对评估的评估。三类相关资料被用于我国工程教育认证毕业要求达成度评估的元评估，一是学者关于毕业要求达成度评估的研究文献，二是相关专业为参与认证而准备的自评报告，三是笔者就毕业要求达成度评估的访谈资料。为了对我国工程教育认证毕业要求达成度评估进行元评估，有必要确定元评估标准。经比较分析后，笔者选择美国詹姆斯麦迪逊大学（James Madison University，JMU）的学者开发的专业评估量规作为元评估标准。

JMU 的学生学习成果评估工作在美国享有盛誉，获得了多个奖项。2022年10月，JMU 的评估与研究中心（Center for Assessment & Research Studies，CARS）在印第安纳波利斯（Indiana University-Purdue University Indianapolis，IUPUI）的评估研究所被授予 2022 年特鲁迪·W. 班塔终身评估成就奖（Trudy W. Banta Lifetime Achievement in Assessment Award），以表彰 CARS 在评估和改进中的贡献。

JMU 的每个专业每年都进行自我评估，为了评估专业自我评估的质量，CARS 开发了元评估量规。该量规使用要素分析法，解析了六个元评估要素，即学习目标、学习经验、评估、结果、结果分享、结果用于改进。每个要素有 0~5 项不等的二级要素。JMU 专业评估量规结构如表 3-1 所示。

表 3-1　JMU 专业评估量规结构

一级要素	二级要素
1. 学习目标	1A. 清晰具体 1B. "学生中心"导向
2. 学习经验	
3. 评估	3A. 测量和目标的关系 3B. 测量类型 3C. 详细说明期待的结果 3D. 数据收集和研究设计一体化 3E. 更多的效度证据
4. 结果	4A. 呈现结果 4B. 历年结果 4C. 解释结果
5. 结果分享	
6. 结果用于改进	6A. 专业改进 6B. 评估改进

JMU 专业评估量规针对每个二级要素界定了几个水平，除"改进"中的

"专业发展"外，其他二级要素均包括起步（Begin）、发展（Developing）、良好（Good）、范例（Exemplary）四个水平。"改进"中的"专业发展"在上述四个水平外还有"接近为了学习发展的国家典范""为了学习发展的国家典范"两个水平。JMU专业评估量规描述了每个二级要素的各级水平，使用者可以根据描述判断自我评估在每个二级要素上处于哪个水平。后文将具体呈现每个二级要素的各级水平。

JMU专业评估量规并非专门为了工程教育认证毕业要求达成度评估而开发，而是针对各专业年度自我评估进行元评估而开发。本书以JMU专业评估量规作为标准评价工程教育专业认证毕业要求达成度评估，其适用性与价值在于：一是JMU专业评估量规是对专业的自我评估工作进行评估的标准；二是JMU的专业也以"学生中心、成果导向、持续改进"为理念选择专业教育教学模式；三是JMU专业评估量规是对专业成果导向教育的评估，其要素完整地呈现了成果导向教育的重要环节；四是JMU专业评估量规的开发者是JMU的评估与研究中心的测量和评价专家，在量规中充分体现了当代测量评价研究领域的重要成果；五是JMU的专业评估量规建构的是学习成果评估要素的通用框架。

第二节　毕业要求达成度评估现状分析

JMU专业评估量规考虑了6个一级要素，每个一级要素又包含0~5个二级要素。为了更好地使用JMU专业评估量规，我们有必要厘清为什么要考虑这一要素，在这一要素上不同水平的评价标准是什么，目前在这一要素上我国工程教育认证毕业要求达成度评估现状如何。

一、学习目标

JMU专业评估量规中的学习目标指的是学生学习成果，为保持和原量规的一致性，此处继续使用学习目标这一表述。对于学生学习中的目标设定，学界对其利弊存在争议。反对者认为目标设定预设、固化、窄化了学习。支持者则认为目标设定是为了构建一个有组织的框架来提高准确性，同时也是为了促进理解①。

目标设置理论是关于目标影响行为的机制的理论，目标影响绩效的基本因素和高绩效循环模型如图 3-1 所示。

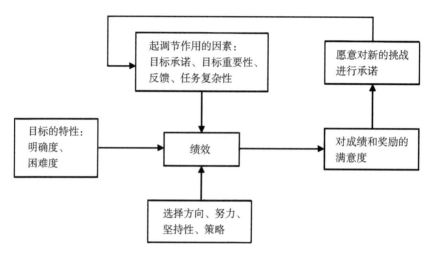

图 3-1　目标设置理论的基本因素和高绩效循环模型

资料来源：转引自杨秀君. 目标设置理论研究综述［J］. 心理科学，2004，27（1）：153-155.

图 3-1 表明，目标的特性（明确度、困难度）是影响绩效的基本因素，同时目标和绩效的关系还会受到目标承诺、目标重要性、反馈、任务复杂性、选择定向、努力、坚持性、策略的影响。对成绩和奖励的满意度会使个体愿意对新的挑战进行承诺。根据目标设置理论，高质量的目标使得人类的活动更有组织性、更高效。

1. 清晰具体（1A）

目标设置理论指出，目标本身的特性影响行为成效，JMU 专业评估量规首先对目标的特性做了规定，如表 3-2 所示。

---

① ［美］洛林·W. 安德森，等. 布鲁姆教育目标分类学：分类学视野下的学与教及其测评［M］. 蒋小平，张琴美，罗晶晶，译. 北京：外语教学与研究出版社，2009：3.

表 3-2　目标清晰具体的评价标准

水平	评价标准
起步	没有陈述目标
发展	陈述了目标，但使用了不精确的动词（如知道、理解）对内容/技能/态度领域的模糊的描述，没有明确谁被评估（如学生）
良好	总体上，目标包括精确的动词，内容/技能/态度领域的丰富的描述，明确了谁应该被评估（如生物专业毕业班学生）
范例	所有的目标清楚而详细，包括精确的动词，内容/技能/态度领域的丰富的描述，明确了谁应该被评估（如生物专业毕业班学生）

资料来源：The Assessment Progress Template（APT）and Rubric。后文中除表 3-6、表 3-13，本节所有表格均来源于该资料。

　　表 3-2 表明，目标清晰具体意味着：使用精确的动词；清晰描述内容/技能/态度领域；明确评估对象。精确的动词在实践中一般指教育目标分类学研究者为描述学习成果而整理的动词。JMU 的评估与研究中心在提升教师评估素养时使用的是布鲁姆（Benjamin Samuel Bloom）教育目标分类体系中的动词。安德森（Lorin W. Anderson）等修订了布鲁姆的教育目标分类体系，美国知名教育评价研究者班塔（Trudy W. Banta）建议使用修订后的布鲁姆教育目标分类体系中的动词来撰写目标[①]。内容/技能/态度领域是目标中的名词，表明行为动词的对象。李志义指出目标中的动词决定了目标是否"可评价"，而目标中的名词决定了是否准确体现专业特色，是否"可落实"[②]。

　　目前总体上我国各专业在努力地用"动词+名词"的方式表述目标，但是依然能看到专业较频繁地使用并不明确清晰的动词，以"掌握""理解"的使用最为常见。阿德曼（Clifford Adelman）在其文章中专门批评了学习成果描述中对"理解"等词语的应用，认为"理解"是抽象的，"不会告诉学

　　① Banta T W, Palomba C A. Assessment Essentials：Planning, Implementing and Improving Assessment in Higher Education [M]. Jossey-Bass, Inc. San Francisco，2014.
　　② 李志义. 对毕业要求及其制定的再认识——工程教育专业认证的视角 [J]. 高等工程教育研究，2020（05）：1-10.

生以何种行动实际操作'理解'的过程"①。我国学者认识到了"理解"使用的不合理性，但是对于不用"理解"又该使用哪些词语依旧没有定论，甚至有学者在文章中批评了"理解"的使用后，在将自己的工作作为例子时依然出现"理解"的情形。

事实上，不仅在我国，在全世界"理解"和"掌握"的高频使用都是常见现象，这也表明要用精确的语言来表述学生复杂的学习成果并非易事。安德森等修订的布鲁姆教育目标分类体系中，理解属于认知过程的一个类别，它具体包括解释、举例、分类、总结、推断、比较、说明这七类认知活动。用这些词去取代"理解"更能清楚地表述希望学生学会什么。

前已述及，JMU 专业评估量规并非专门为了工程教育专业认证自我评估而开发，其实对于工程教育专业认证而言，在学习目标撰写方面还存在毕业要求是不是要分解为指标点，若分解应如何撰写指标点等问题。对于毕业要求是不是要分解为指标点，范瑜在进行国际比较后，指出 2011 年之后，国际上对毕业要求进行分解的专业数量逐渐增多②。这背后的原因是，目标本身按其具体程度是分层次的，毕业要求较笼统，不利于指导教学和评估，因此有必要通过分解指标点的方式使其更具体。若要将毕业要求分解为指标点，则指标点本身除了要清晰具体外，针对毕业要求还要有对应性、不可逆性、不可复制性、准确性③。

2."学生中心"导向（1B）

旧三中心是以教师为中心、以教材为中心、以教室为中心，新三中心是以学生为中心、以活动为中心、以经验为中心。建构主义心理学认为，以学生为中心是因为学生是学习的建构者，只有以学生为主体的学习过程才能更好地让学习在学生身上真正发生。JMU 专业评估量规在"学生中心"导向这个二级要素上的评价标准如表 3-3 所示。

---

① Clifford Adelman. 构建动词意向：学习成果表述语言及其结构 [R]. 常桐善，编译. 美国大学本科教育学习成果评估 [M]. 北京：科学出版社，2020：26.

② 范瑜. 工程教育认证毕业要求达成评价的国际比较 [J]. 高等工程教育研究，2023（2）：80-86.

③ 李志义. 对毕业要求及其制定的再认识：工程教育专业认证的视角 [J]. 高等工程教育研究，2020（05）：1-10.

表 3-3　"学生中心"导向的评价标准

水平	评价标准
起步	没有任何目标的表述是"学生中心"导向
发展	一些目标的表述是"学生中心"导向
良好	大多数目标的表述是"学生中心"导向
范例	所有目标的表述是"学生中心"导向（比如，学生应该知道、思考或做什么）

表 3-3 表明，学习目标的表述应以学生为主语。由于《华盛顿协议》秉持"学生中心"导向，《华盛顿协议》中的 12 条毕业要求遵循了"学生中心"要求，其表述均省略了"学生"的学习成果。我国工程教育专业认证标准中的毕业要求和《华盛顿协议》一致，也是以学生为中心。因此，在"学生中心"导向方面，我国参与认证专业的做法总体上达到"范例"水平。尽管如此，也还是有部分专业在撰写目标时依然以"教师"为主语，大多数情况下，这种主语是省略的，但依然能从句子意思中推断其主语是"教师"。

二、学习经验

成果导向教育是用学生学习成果引导教育教学过程，课程是高校教育教学的基本单元，活动是高校教育重要组成部分，学生学习成果需要学生通过课程、活动来实现。JMU 专业评估量规在学习经验这个二级要素上的评价标准如表 3-4 所示。

表 3-4　学习经验的评价标准

水平	评价标准
起步	没有列出课程/活动
发展	列出了课程/活动，但没有描述和目标的联系
良好	大多数目标有课程和/或活动且描述了它们的联系
范例	所有目标有课程和/或活动且描述了它们的联系

表 3-4 表明，所有的目标都应有课程和/或活动支撑。我国工程教育专业认证的逻辑是课程体系、毕业要求、培养目标间的支撑关系，课程支撑毕

业要求达成，毕业要求支撑培养目标达成。从表面上看，参加认证的工程教育专业都构建了课程体系、毕业要求、培养目标间的对应支撑关系，做到了有课程和/或活动和所有目标联系，属于"范例"水平。

但是，有学者进一步追问："课程体系、毕业要求与培养目标之间到底有没有实现内在的实质性联系？毕业要求指标点与课程目标的关联到底有没有起到促进人才培养模式和教学方式转变的作用？"[1] 美国学者 Swain 等提出实施忠诚度（Implementation Fidelity）概念，用来强调项目的实施和项目的设计要一致。学生学习成果评估是包含成果设定、教育活动和目标匹配、选择或开发评估工具、实施评估、数据分析、使用评估结果的循环往复的过程，这里面的每一环节的质量都会影响到学生学习成果评估结果能不能真正代表学生成果，能不能真正在人才培养质量保障中发挥作用。相对其他环节而言，教育活动和目标是否真正匹配最终要看实践中是否真的匹配了，而不仅是从理论上分析是否能匹配，这就需要对课程活动本身进行更密切的关注和分析。

仔细阅读我国工程教育专业在自评报告中的课程体系和毕业要求的支撑关系表格，可以发现几个值得深思的现象。一是毕业要求全部由第一课堂的课程来支撑。然而，研究表明，第二课堂对学生学习与发展，尤其是非技术能力的发展，能起到十分重要的作用。二是专业对课程进行了分解，仅某几门课程对应一个指标点。事实上所有课程都对学生能力的发展有作用，而非部分课程对部分能力的发展起作用。比如所有课程都有可能对学生的自主学习、终身学习能力有影响。三是自评报告中存在相同的课程组合支撑不同的毕业要求指标点的情况。学者孟祥红等指出，课程支撑的认证逻辑制约了毕业要求达成，认证逻辑应"从课程支撑到能力整合"[2]。能力整合逻辑下的认证面临着课程设置、教学设计、评估技术等方面的挑战，尽管如此，它依然是值得探索的方向。

---

① 孟祥红，齐恬雨，张丹. 从课程支撑到能力整合：工程教育专业认证"毕业要求"指标研究[J]. 高等工程教育研究，2021（5）：64-70.
② 孟祥红，齐恬雨，张丹. 从课程支撑到能力整合：工程教育专业认证"毕业要求"指标研究[J]. 高等工程教育研究，2021（5）：64-70.

三、评估

认证属于评估，工程教育专业认证通过评估来循证决策，实现不断改进。评估这一要素不仅重要，而且在技术上有其复杂性，JMU 专业评估量规将"评估"要素进一步分解为五个二级要素以引导和评估专业的评估实践。

1. 测量和目标的关系（3A）

在评估中，测量作为研究手段而包含在评估活动中。测量的英文表述是"measure"。在胡森（Husen T.）等主编的《简明国际教育百科全书：教育测量与评价》中，把测量界定为"对……赋予一个数值量"①。胡森等的界定表明测量是要量化研究结果。但是，有些学生学习目标达成或学生学习成果获得情况很难量化，因此评估者在定量评估学生学习成果的同时，也需要高度重视定性评估，收集学生的描述性质的信息。JMU 专业评估量规在测量和目标的关系这个二级要素上的评价标准如表 3-5 所示。

表 3-5　测量和目标的关系的评价标准

水平	评价标准
起步	看起来目标和测量间没有关系
发展	表面上，测量评估的内容和目标是匹配的，但是缺乏解释
良好	总体上，有关于目标和测量间是如何联系的细节。比如，教师编写项目来匹配目标，或工具被选择是"因为工具的总体描述看起来适合目标"
范例	有关于目标和测量间是如何联系的细节。测验中的特定项目和目标联系。学科专家确认了测量和目标间的匹配（比如，通过回溯式翻译）

表 3-5 表明，评估中要详细说明测量以及特定项目和目标是如何联系的，并且这种联系应得到学科专家的认可。

在实际的工程教育认证报告中，测量和目标间的关系没有得到清晰的、明确的描述。下面一段话选自某专业在自评报告中报告学生学习成果测量时

---

① ［瑞典］胡森，等. 简明国际教育百科全书：教育测量与评价［M］. 许建钺，等译. 北京：教育科学出版社，1992：14.

的内容：

专业课程目标达成情况采用定量评价和定性评价相结合的方法。定量评价方法的数据主要由平时成绩和期末考试成绩组成，课程的平时成绩包括课堂讨论和展示、课后书面作业、实验报告、大作业技术报告等。所有考核内容全面体现了该课程的教学目标。课程负责人在课程教学大纲中指定了平时成绩和期末考试成绩的占比，确定了课堂讨论和展示、课后书面作业、实验报告、大作业技术报告、期末考试试题与课程目标的对应关系。期末考试试卷确保题量适中且三年内课程试卷重复率不超过 30%。定性评价方法主要是依据课程老师在与学生交往中获得的情况，以及诸如学生和督导人员对课程的评价情况。

在这段话中，该专业的自评报告仅给出了评估学生学习成果时使用的评估方法，这是笼统的介绍，而对于不同的评估方法对应怎样的目标缺乏详尽的报告及深入的分析论证。参照 JMU 专业评估量规，在我国工程教育专业认证中，大部分专业对测量和目标间的关系的报告基本处于"起步"水平。

我国工程教育认证专家指出要着力建立三个产出（培养目标、毕业要求、课程目标），三个关系（培养目标与毕业要求的关系、毕业要求与课程体系的关系、毕业要求与课程目标的关系），以及三个产出的评价与改进机制[①]。赵炬明等学者在介绍美国本科教学质量保障体系时，认为该体系由一个使命、三个矩阵、两个辅助机构构成，三个矩阵指通识教育矩阵、专业教育矩阵、课程教学矩阵，在通识教育矩阵和课程教学矩阵中，包含学生学习成果评估设计[②]。因此，构建教育目标、教育活动及测量活动三者间的匹配关系是工程教育专业要花大力气做的事。

2. 测量类型（3B）

JMU 专业评估量规在测量类型这个二级要素上的评价标准如表 3-6 所示。

---

① 李志义. 中国工程教育专业认证的"最后一公里"［J］. 高教发展与评估，2020（03）：1-13.

② 赵炬明，高筱卉. 关注学习效果：建设全校统一的教学质量保障体系——美国"以学生为中心"的本科教学改革研究之五［J］. 高等工程教育研究，2019（03）：5-20.

表 3-6 测量类型的评价标准

水平	评价标准
起步	没有指出测量方法
发展	没有直接测量评估目标（只有间接测量）
良好	直接测量评估大多数目标
范例	所有的目标都至少使用一种直接测量方法进行评估（如测验、论文）

表 3-6 表明，对于测量类型，JMU 强调要进行直接测量。直接测量（也指直接评估）是直接测试和评定学生是否掌握了应该掌握的知识和技能，间接测量是学生自己以及其他有关人员对学生是否掌握了应该掌握的知识和技能进行评价①。我国工程专业的评估方式主要是课程考试，属于直接测量。虽然在形式上，我国工程教育领域因为更多使用考试这一直接测量工具而在 JMU 专业评估量规的测量类型这一维度上总体上处于"良好"水平，但是依然存在诸多问题。

一是各专业都使用了直接测量，但是否使用高质量的直接测量方法则值得关注。这一点在后文讨论评估信效度时有更深入的讨论。二是参加工程教育认证的专业在自评报告中对所使用的测量方法的介绍存在较为突出的概念混乱问题。例如，某专业认证报告中有这样一个表述："本专业选定标准化测试成绩分析法及形成性考核法等定量评价法为主要的课程目标达成评价方法。"首先，教师课程考试不一定就是标准化测试。其次，形成性考核法并不仅是定量评估，也可以是定性评估。再如"评价方法主要有标准化测试成绩分析法、形成性考核法、口头测试法、行为观察法和问卷调查法等方法"，该表述中的测量方法分类混乱。与总结性评价相对的是形成性评价，形成性评价可以包括多种方式，如标准化测试、口头测试、行为观察、问卷调查等，形成性评价并不局限于考核。三是参加工程教育认证的专业在自评报告中报告的测量方法不丰富。美国学习成果评估研究中心（National Institute for Learning Outcomes Assessment，NILOA）2013 年面向各类型院校的主要学术领

---

① 常桐善. 建构主义教学与学习评估方法的探讨 [J]. 高教发展与评估，2008（03）：47-55.

导，如教务长，进行问卷调查，结果表明高校常用的学生学习成果测量方法有全国性学生调查、量规、基于课堂的表现性评估、校友问卷调查、院校自行开发的问卷调查、顶点课程、院校自行开发的知识和技能测试、通用知识和技能测试、雇主问卷调查、档案袋、外部表现性评估①等。上述方法中既有直接测量法，又有间接测量法；既有课程层面使用的方法，又有院校层面使用的方法；既有标准化测验，又有表现型评估。这些方法可供我国工程教育领域在选择评估方法时进行参考。上述问题的存在表明我国认证参与者的评估素养急需提高。

3. 详细说明期待的结果（3C）

期待结果表明了专业对学生学习成果更具体、明确的努力方向。按照目标设置理论，目标越明确则对行为的调节作用越大。JMU 专业评估量规在详细说明期待的结果这个二级要素上的评价标准如表 3-7 所示。

表 3-7　详细说明期待的结果的评价标准

水平	评价标准
起步	没有对目标的期待结果
发展	有对期待结果的表述（比如，学生成长，和去年相比较的数据，和教师标准相比较，基于表现和基于标准），但是不详细（比如，学生会成长，学生会比去年表现得更好）
良好	详细描述期待结果（比如，我们的学生从低年级到高年级将有 1/2 标准方差的增长，我们的学生将获得高于教师定的标准的分数），可以"收集基线数据"
范例	详细描述期待结果而且阐述其合理性（比如，去年学生在测验 X 上平均得分为 20，现在学生完成了有深度的课程作业，所以我们期待学生平均得 22 分)

表 3-7 表明，评估中要不仅要有目标的期待结果，而且要对期待结果进行详细描述，还要说明期待结果的合理性。在我国专业认证报告中一般会提及毕业要求达成度的最低接受水平，但一般不会呈现希望达成的水平。因此，

---

① Kuh G D, Jankowski N, Ikenberry S O, et al. Knowing What Students Know and Can Do: The Current State of Student Learning Outcomes Assessment in US Colleges and Universities [R]. National Institute for Learning Outcomes Assessment, 2014: 13.

在这一量规上，我国工程教育专业的水平总体上为"起步"。JMU 专业评估量规中举例说明了表述期待的结果的优秀做法，值得参考。

4. 数据收集和研究设计一体化（3D）

就如同要素的名称所表达的，对数据收集过程的设计相当于研究设计，要尽量控制无关因素的影响，否则会影响数据质量。JMU 专业评估量规在数据收集和研究设计一体化这个二级要素上的评价标准如表 3-8 所示。

表 3-8 数据收集和研究设计一体化的评价标准

水平	评价标准
起步	没有提供数据收集过程的信息或没有收集数据
发展	只提供数据收集的有限的信息，如谁以及多少人参加了评估，但是不足以判断过程的真实性（比如，35 个高年级学生参加了测验）
良好	提供了足够的信息来理解数据收集过程，如样本描述、测验协议、测验条件和学生动机。然而，方法学的瑕疵显而易见，如样本代表性不足，不合适的测验条件，只有一个评定者，和期待的结果不匹配
范例	清楚解释了数据收集过程，适合期待的结果的细节，例如，有代表性的样本，动机水平高，在表现性评价中有两个或更多的受过训练的评定者，前后测设计用于测量获得，有表现标准或准则

表 3-8 表明，高质量的评估要清楚地解释数据收集过程，如量规中提到的样本的代表性，测试的动机水平，表现性评价中是否有两个或更多的受过训练的评定者，测量获得时是否有前后测设计，是否有表现标准或准则，都会影响数据质量。

我国工程教育专业的自评报告中缺乏对这些细节的交代。以表现标准或准则为例，相关学者指出认证中缺乏准则，并建议重视和大力开发准则[1]。

5. 更多的效度证据（3E）

信效度是检验和保障学生学习成果评估质量的重要指标，学生学习成果评估要服务于循证决策，评估的信效度决定了学生学习成果评估有没有应用

① 孟祥红，齐恬雨，张丹. 从课程支撑到能力整合：工程教育专业认证"毕业要求"指标研究[J]. 高等工程教育研究，2021（5）：64-70.

价值。JMU 专业评估量规在更多的效度证据这个二级要素上的评价标准如表 3-9 所示。

表 3-9　更多的效度证据的评价标准

水平	评价标准
起步	没有提供更多的心理计量学特征
发展	大多数的分数都提供了信度估计（如内部一致性、重测、评定者一致性），尽管信度不高（小于 0.60）。或者，作者陈述了改进信度的努力（如培训评分者使用量规）
良好	大多数的分数都提供了信度估计，大多数的信度都大于可接受值（大于 0.60）
范例	提供了信度估计，大多数的信度都大于可接受值（大于 0.60），另外还有更多的证据，如分数和其他变量的关系以及这些关系是如何加强或减弱测验分数效度论证的

表 3-9 表明，在学生学习成果评估中，信度是基本的质量证据。JMU 专业评估量规在"更多的效度证据"这一要素名称下，量规具体内容多和信度有关，这是因为新的效度观点认为信度也应是效度的一部分。美国心理学会、美国教育研究协会、美国国家教育测量学会共同发布的《教育与心理测量标准》中确立的信度、效度的内涵及估计方法是世界标准。信度是对测量结果的解释的可靠程度，信度估计方法有再测信度、复本信度、内部一致性信度、评分者信度。对教育测验，尤其是构建类项目而言，评分者信度受到关注。同时，JMU 专业评估量规还提到了效度论证。效度指证据和理论支持测验分数的解释的程度，《教育与心理测量标准》提倡收集基于不同来源的效度证据。五种效度证据来源包括基于测验内容的证据、基于反应过程的证据、基于内部结构的证据、基于和其他变量的关系的证据、基于测验后果的证据[①]。

在我国工程教育专业的自我评估报告中，很少看到信度、效度分析。下面是某专业对评估质量保障工作的叙述：

---

① American Educational Research Association, American Psychological Association, National Council on Measurement in Education. Standards for educational and psychological testing. Washington, D. C.: American Educational Research Association, 2014: 14.

毕业要求达成评价工作组对提供的评估依据进行合理性确认，评估课程考核内容与毕业要求指标点的对应关系，并结合过程性考核要求一起评价合理性。具体课程（实践环节）评价依据合理性判定的内容包括：①考核内容是否能够完整体现相应的毕业要求指标点；②考核的形式是否合理，除了期末考试外，是否采用过程性考核（阶段测试、大作业、论文）等形式考核学生具备相应指标点的能力；③结果判定是否严谨，避免试卷难度与学生分数不匹配等现象。

参照《教育与心理测量标准》中确立的信度、效度估计方法，上述毕业要求达成评价仅涉及内容效度。另外，上述报告中专业认证毕业要求达成质量评估的主体是毕业要求达成评价工作组。实际上，评估设计者、实施者应该承担收集评估信度、效度证据的任务。

四、结果

在 JMU 专业评估量规中，针对专业评估的结果，不仅需要呈现专业评估结果本身，还需要呈现以往的结果，并对专业评估结果加以解读。

1. 呈现结果（4A）

JMU 专业评估量规在结果呈现这个二级要素上的评价标准如表 3-10 所示。

表 3-10　结果呈现的评价标准

水平	评价标准
起步	没有呈现结果
发展	呈现了结果，但是不清楚它们如何和目标或期待的结果联系
良好	呈现了结果，它们直接和目标以及期待的结果联系，但是呈现随意或难以理解。统计分析有或没有呈现
范例	呈现了结果，它们直接和目标以及期待的结果联系，统计方法适当

表 3-10 表明，高质量的学生学习成果评估结果呈现不仅仅要求呈现结果，还要求结果直接和目标以及期待的结果有联系，统计方法适当。目前，我国参与工程教育认证的专业一般都会报告毕业要求达成评估结果，并且会

详细描述毕业要求达成计算方法，通常是根据课程考试成绩的算分法。

2. 历年结果（4B）

JMU 专业评估量规在历年结果这个二级要素上的评价标准如表 3-11 所示。在 JMU 专业评估量规中，要求除了今年的结果外，还要提供大多数评估的往年（比如去年）的结果。

表 3-11　历年结果的评价标准

水平	评价标准
起步	没有呈现结果
发展	只有当年的结果呈现
良好	除了今年的结果外，还提供了一些评估的往年（比如去年）的结果
范例	除了今年的结果外，还提供了大多数评估的往年（比如去年）的结果

表 3-12 是呈现"历年结果"的一个范例。表 3-12 中的数据是三个小组 2011、2012、2013 年在口头汇报量规的三个维度上的得分，还有 2012、2013 年的结果的独立样本 T 检验（表 3-12 最后一列），该检验分析 2013 年相对 2012 年是否有显著差异。

表 3-12　三个小组的口头陈述项评估结果

口头汇报量规	2011 年结果平均数	2012 年结果平均数	2013 年结果平均数（标准差）期待的平均数=3	2012、2013 年分数差
A. 沟通技能	2.8	2.5	2.6（.42）	NO
B. 介绍	2.7	2.9	2.8（.55）	NO
C. 主体	3.1	2.9	3.0（.38）	NO
D. 结论	2.9	2.7	2.7（.49）	NO

资料来源：Sanchez, Elizabeth R H. Return of the Pig：Standards for Learning Improvement ［J］. research & practice in assessment, 2017：10-40.

从表 3-12 中可以看到，三年中分数有些许波动，这种情况一般来讲是正常的，因为分数本身影响因素很多，包括学生特征、教师特征、试卷特征等。我国工程教育专业近年来也重视呈现历年的结果，呈现出来的结果是一年比一年好。比如，某专业连续四年某支撑指标点毕业要求达成度评估的结果为 0.154、0.162、0.169、0.172，这是因为"达成度评价结果必须体现专业课程建设的持续改进，其评价依据就是课程达成度计算结果逐年递增"，但是实践者也意识到，因为分数受诸多因素影响，"要保证达成度必须逐年递增，唯一的办法恐怕只有逐年降低试卷难度"①。如果专业仅根据课程考试成绩的算分法来得到毕业要求达成度，同时又希望这样得到的达成度逐年递增，确实会面临不如意的状况。《工程教育认证通用标准解读及使用指南（2022 版）》明确将"毕业要求达成评价方法单一，主要采用根据课程考试成绩的算分法"作为毕业要求达成度评估的常见问题之一，并指出"可以采用定性和定量相结合的方法对毕业要求达成进行评价"。因此，想证明专业持续改进也可寻找多方面的证据，而不是仅仅寄希望于毕业要求达成度逐年递增。

3. 解释结果（4C）

JMU 专业评估量规在解释结果这个二级要素上的评价标准如表 3-13 所示。

表 3-13 解释结果的评价标准

水平	评价标准
起步	没有尝试解释
发展	尝试解释，但解释没有指向目标或目标的期待结果，或者方法和/或结果明显不能支撑解释
良好	对照目标、目标的期待结果以及方法，对结果的解释看上去是合理的推测
范例	对照目标、目标的期待结果以及方法，对结果的解释看上去是合理的推测。另外，有多个教师解释结果（而不只是一个）。解释包括课程/活动对结果的可能影响

---

① 聂仁仕，陈雄. 论工程教育专业认证课程达成度评价体系之缺陷——以西南石油大学为例 [J]. 西南石油大学学报（社会科学版），2017，19（1）：74-81.

在 JMU 专业评估量规中，要求对照目标、期待的结果以及方法来解释结果，对结果的解释看上去是合理的推测。另外，有多个教师解释结果（而不只是一个）。解释包括课程/活动对结果的可能影响。

此处的结果指的就是学生学习成果评估结果，也即毕业要求达成度评估结果。在我国工程教育专业的认证自评报告中，往往会呈现各毕业要求达成的计算结果，并指出最低的毕业要求达成度，但是对于毕业要求达成度评估结果本身意味着什么，其影响因素是什么则少有解释。

五、结果分享

JMU 专业评估量规在结果分享要素上的评价标准如表 3-14 所示。表 3-14 表明，学生学习成果信息应尽可能提供给所有相关人群，包括教师、咨询委员会、利益相关者、参加会议者等。另外，要清楚说明交流的方式和细节。

表 3-14　结果分享的评价标准

水平	评价标准
起步	没有交流的证据
发展	信息提供给有限的教师或交流过程不明
良好	信息提供给所有教师，方式（如专业会议、电子邮件）以及交流细节是清楚的
范例	信息提供给所有教师，方式（如专业会议、电子邮件）以及交流细节是清楚的。另外，信息和咨询委员会、利益相关者以及参加会议者分享

按照 JMU 专业评估量规，总体而言，目前我国工程教育专业在结果分享方面的工作处于"发展"水平，即信息提供给有限的教师或交流过程不明。就分享而言，因为认证标准中明确要求有公开的培养目标和毕业要求，因此我国工程教育专业非常注意向学生、教师及其他相关群体分享培养目标和毕业要求，并通过座谈、问卷等调研方式收集他们对培养目标和毕业要求的意见和建议，据此改进。然而，不少专业只是简单地提及把毕业要求达成评估结果反馈给任课教师等人，至于通过什么方式反馈、反馈是否有作用以及如何改进则语焉不详。这将导致评价的结果被用于专业的持续改进相当有限。

这种状况可能和我国认证标准中相关要求有关。我国《工程教育认证通用标准解读及使用指南（2022 版）》中要求检查"专业是否有明确的措施保证内外部评价结果及时反馈给相关责任人"，较之 JMU 专业评估量规，这一表述中要求的反馈对象更少，仅限于相关责任人，且对方式和交流细节未提出明确要求。

六、评估结果用于改进

凯斯顿·H. 富尔彻是 JMU 的 CARS 的主任，也是 JMU 专业评估量规的主要开发者之一，他在一篇名为《学习改进的简单模式：评估、干预、再评估》的文章中，将评估比喻为"称猪"，他指出称猪本身并不会导致猪体重增长，需要在称猪以后喂猪，然后再称猪看猪的体重。同样地，评估本身并不会直接导致学习改进，需要使用评估结果，根据评估结果对学生进行干预、改进，再通过评估看是否有改进[1]。

1. 专业改进（6A）

JMU 专业评估量规在专业改进这个二级要素上的评价标准如表 3-15 所示。

表 3-15 专业改进的评价标准

水平	评价标准
起步	没有提到任何调整
发展	记录调整的案例，但是案例和评估之间的联系不清楚
良好	调整（或计划调整）的案例记录下来，直接和评估联系。这些调整不具体
范例	调整（或计划调整）的案例记录下来，直接和评估联系。这些调整非常具体（比如，实施的大概日期以及课程中什么时候调整）

---

[1] Fulcher K H, Good M R, Coleman C M & Smith K L. A Simple Model for Learning Improvement：Weigh Pig, Feed Pig, Weigh Pig [R]. National Institute for Learning Outcomes Assessment. 2014：1.

续表

水平	评价标准
接近为了学习发展的国家典范	从直接测量中得到的证据表明专业改进带来了学习改进。被评估的专业对以前的评估结果做出反应，改进课程和/或教学方法，再进行评估，发现学生学习进步了。在干预或方法论方面（如抽样代表性、学生动机等）缺乏清晰性，改进的解释难以回答他人合理的质疑
为了学习发展的国家典范	从直接测量中得到的强有力的证据表明专业改进带来了学习改进。被评估的专业对评估结果做出反应，改进课程和/或教学方法，再进行评估，发现学生学习进步了。清楚地呈现了导致变化的合理性以及改进的解释。方法足够优质，大多数其他合理的假设能被排除（比如，抽样、工具和学生动机有关的效度）。本质上，改进解释能经受住来自教师、课程专家、评价专家以及外部利益相关者的合理的批判

在 JMU 专业评估量规中，第六个要素为"结果用于改进"，该要素又包括两个二级指标，一是考虑学生学习和发展的专业调整和改进，二是评估过程的改进。在最新版的 JMU 专业评估量规（2015 版）中，除"专业改进"这一指标外，所有的指标都有"起步""发展""良好""范例"四个评分等级，而"专业改进"在这四个评分等级的基础上，还有"接近为了学习发展的国家典范""为了学习发展的国家典范"两个评分等级，这样做的目的是强调将学生学习成果评估结果用于以学生学习和发展为目标的专业改进，因为学生学习成果评估研究专家发现使用评估结果是学生学习成果评估的薄弱环节。最高等级的"专业改进"有以下要点：①使用直接测量；②基于以前的评估结果循证决策，再评估发现学生学习有改进；③改进的解释清楚、合理。

对照 JUM 的量规，我国专业认证报告在考虑学生学习和发展的专业调整和改进上处于"发展"阶段，也就是说专业有改进，但是改进和评估发现之间的联系不清楚。下面以某校某专业认证自评报告中持续改进的内容为例，说明为何处于"发展"阶段。

某专业认证自评报告中持续改进部分的内容一是用表格和图的方式列出了评价结果用于持续改进机制的相关信息，包括责任机构、数据来源与收集办法、数据使用、评价内容、被评价对象、评价记录、结果使用说明。例如，学生评教的责任机构是教务办、教学督导委员会，数据使用者是教师、系、学院和学校相关管理部门，评价内容是课程教学，被评价对象是教师，评价记录方式是网上评价表、座谈会记录，结果用于教师自查、系主任督察与改进、职称评定、年度考核、评优评先等。这样的表格，充其量是给出了评价结果用于持续改进的设计，至于评价结果到底是怎样的，基于评价结果的教师自查等到底是怎样的等问题，完全没有具体展开阐述。

内容二是基于评价结果的培养目标持续改进。此处的评价即该专业面向往届毕业生、用人单位、行业专家、应届毕业生就培养目标的合理性进行的问卷调查、座谈及走访。这部分内容虽多，但是细读就会发现并没有清晰阐述培养目标如何基于评价结果而改进。一是因为报告中语言表述不严谨。报告中培养目标调查结果为被调查者认为"培养目标合理"，继而又报告被调查者提出培养目标的若干修改建议。二是基于被调查者提出的培养目标修改建议并没有针对性的改进。如对于"建议在特色上适当体现"，专业对此的"改进内容与效果"是"增加了人才定位和专业特色方面"的表述。

内容三是基于评估结果的毕业要求持续改进。在该专业的自评报告中，此处的评估指的是毕业要求达成评估，报告中呈现了学生在毕业要求达成评估中最低达成度指标点及其具体数据，并报告改进措施是"对毕业要求相关的文字表述进行了修改"或者"对毕业要求的相关内容进行了修改"。毕业要求其实是更具体的培养目标，培养目标的来源一般有三个，学生毕业要求达成情况一般不能成为修改毕业要求的依据。另外，即便是学生毕业要求达成情况能成为修改毕业要求的依据，报告中完全没有呈现两者间到底是如何关联，似乎仅仅是为了"凑内容"。

内容四是基于评价结果的课程体系持续改进。在该专业的自评报告中，此处的评价指的是面向本院的教学管理人员、教师、兄弟院校专家、企事业单位专家以及本院学生代表的调研。这部分内容篇幅近两页，较为详细介绍了对专业方向、课程体系、实践环节等的改进。这种状况表明专业在课程设置上投入的时间精力多。

内容五是基于评价结果的课程质量持续改进。在该专业的自评报告中，此处的评价指教学环节质量监控，报告中并未具体指出教学环节质量监控结果如何，只是说根据教学环节质量监控，教师改进了教学，获得了良好成效，包括学生竞赛获奖、教师获奖、获得省一流课程、完成教材编写等。

总之，在该专业自评报告的持续改进部分，仅内容三中的毕业要求达成度评价可能用到了直接评价，间接评价得到大量使用。

2. 评估改进（6B）

JMU 专业评估量规在评估改进这个二级要素上的评价标准如表 3-16 所示。

表 3-16　评估改进的评价标准

水平	评价标准
起步	没有提到评估如何持续改进
发展	一些关于过去和现在的评估的批判性评价，包括承认不足，但是没有基于过去的评估的改进证据或计划在未来的工作中改进评估
良好	一些关于过去和现在的评估的批判性评价，包括承认不足，有基于过去的评估的改进证据或在未来的工作中改进评估的总体计划
范例	一些关于过去和现在的评估的批判性评价，包括承认不足，提供了详细的包含重要修订的当前或计划中的改进

按照 JMU 的等级划分，目前我国工程教育专业在评估改进方面的工作总体上处于"发展"阶段，虽然在报告中有提及，但目前我国工程教育专业对专业使用的评估的批判性评价及改进设想都非常简单甚至是缺乏，如某专业认证报告中相关内容只有一句话"优化了考核方式，强调了考核方法的多样性"。

至此，本节完成了对工程教育认证毕业要求达成度评估现状的分析。总的来讲，我国工程教育认证促进了工程教育的规范性发展，但离促进工程教育的高质量发展还有距离。目前专业认证中毕业要求达成度评估，即学生学习成果评估，呈现出如下特征：一是目前专业所言的评估更多是收集意见工作，而非测量工作；二是目前专业还是更多聚焦于输入，而非成果；三是目前专业更多是自上而下完成任务，而非自下而上积极参与。综合上述三个方面，可以得出结论：我国认证背景下高等工程教育学生学习成果评估实际上还不是真正的学生学习成果评估。参照 JMU 专业评估量规中的理想状态，可以发现有些工作环节缺失，完全做到位的工作环节很少。对此，我国学者用"形似"而非"神似"来描述这种状态，也有学者用"婴儿状态"来形容。事实上，教育评价作为一个世界性、历史性难题，学生学习成果评估在美国也被认为是"艺术状态"，但这种"艺术状态"相对我国来讲，还是值得学习的。另一方面，"艺术状态"也提醒我们，高质量学生学习成果评估难度颇高，必须高度重视，精心对待。在客观现实中，真正要达到理想的状态面临评估文化、教育体制机制、技术发展、能力发展的影响，现实状态总是与理想状态有一定的差距。正因为有差距，所以我们有必要不断改进，缩小和理想状态的距离。

第四章　工程教育认证非技术能力评估探索

各认证标准的毕业要求都包括技术能力和非技术能力。我国工程教育专业目前主要采用基于课程考试成绩的算分法，这种方法主要用于评估技术能力。极少数高校能够拿出学生非技术能力发展的有效证据，同时非技术能力评估相关研究也较为匮乏。为探索工程专业学生非技术能力评估方案，本章致力于将国外工程教育领域用于测量非技术能力的表现性评价工具 EPSA 应用于国内评估实践，探讨其用于我国的可行性及使用注意事项。

第一节　工程非技术能力评估研究设计

本研究探索认证背景下工科学生非技术能力评估方案，研究围绕以下两个问题展开：

第一，本土化的工程非技术能力评估工具能否在一定程度上可信且有效地测量中国工程教育专业学生的非技术能力？

第二，本土化的工程非技术能力评估工具应用于我国时，为保证评估质量，有哪些实施策略及重点注意事项？

围绕上述两个研究问题，本研究的具体研究内容如下。

（1）工程非技术能力评估工具本土化。一是工具的翻译。因为不同国家的国情存在差异，所以在翻译时需要注意表达方式的本土化。二是确保工具要适用于我国工程教育认证。中外工程教育认证标准存在一定的差异，需要对这些标准进行比较，分析测量工具和中国工程教育认证标准的匹配度。三是形成适用于本研究的评估配套材料，包括培训材料、评估者评分表格、被试体验问卷等。

（2）本土化的工程非技术能力评估工具测量中国工程教育专业学生的信度与效度。信度与效度反映根据测量工具来推测被试能力的可信度和有效性。本研究实施两轮行动研究，在行动研究中观察被试反应，关注被试感知，收集被试活动反馈数据，继而综合上述信息来考查工程非技术能力评估工具实施的信度与效度。

（3）本土化的工程非技术能力评估工具测量中国工程教育专业学生的实施策略及实施改进的注意事项。在行动研究中，研究者考查工具及实施的细节对信度和效度的影响，并据此反思改进注意事项。

研究中使用的方法有行动研究法和问卷调查法。行动研究法是将教育研究与教育实践相结合，在具体行动中进行研究的一种研究方法。本研究采用行动研究法，制订计划并采取行动，招募高校计算机专业大三和大四的学生参与研究，观察并记录参与者在行动中的表现，继而分析和反思表现和数据，探讨本土化后的工程非技术能力评估工具在中国的适用性，并提出相应的对策和建议。问卷调查法是通过让被调查者填写问卷的方式进行资料搜集的方法。本研究在每次行动研究接近尾声时，就研究关注的问题面向讨论者和评估者分别展开问卷调查，旨在获得参与者对评估工具使用的反馈，并将其作为进一步改进工具及实施细节的依据。问卷在形式上分为两个部分，即李克特（Likert）五点量表和开放性问题，请参与者对活动环节和核心要素等方面的设计进行评价，并提出改进建议。

本研究在某高校信息科学与工程学院招募了共 13 名修读过信息安全类课程的大三和大四学生，部分学生两轮工程非技术能力评估活动都参加，实际参与两轮评估活动的总人次为 18 人次，详见表 4-1。第一轮和第二轮的评估活动中都有 9 名被试者参与，其中，第二轮评估活动的 4 位评估者中，有 3 位在第一轮中充当了评估者的角色，1 位在第一轮中充当讨论者的角色。

表 4-1　工程非技术能力评估活动参与者信息

	讨论者 （人数）	评估者 （人数）	男 （人数）	女 （人数）
第一轮活动	5	4	8	1
第二轮活动	5	4	6	3

第二节　工程非技术能力评估本土化工具的初步形成

2007 年，美国华盛顿州立大学开发了一种基于表现性评价的工程非技术能力评估工具——EPSA，本节首先对该工具进行介绍。为探讨将其引进到我国的必要性及高质量使用策略，需要对 EPSA 进行适应于我国使用环境的调整，本节将对工具调整工作进行介绍。

一、美国工程非技术能力评估工具 EPSA

（一）概况

EPSA 以基于情景讨论的表现任务为主，要求学生群体面对面，就一个与工程学科相关的开放式问题进行讨论，随后由评估者根据量规在不同维度上对学生表现进行分析和评估，是工程领域内首个可以同时测量多项非技术能力的评估工具。

2011 年起，美国国家科学基金会（National Science Foundation）为 EPSA 研究项目提供为期四年的支持。自 EPSA 评估工具问世以来，相关研究很多，包括小型研讨会①、信效度研究②③、实践探索④⑤⑥、情景和评分标准的开发策略⑦⑧、案例研究⑨等。总体而言，学者们认为 EPSA 是非技术能力评估的值得探索的解决方案，在不同的文化或不同的情境下推广使用需要做出适应性的调整。

（二）核心要素

EPSA 由三个核心部分组成，分别是情景（scenario）、指示性问题（prompt）和量规（rubric）。

情景是一篇简短的文章，展现的是真实、多维度且跨学科的工程问题，具有地方和全球相关性。情景不是关于特定主体的全面深入描述，包含引自

①　Beyerlein S, Kranov A A, McCormack J, et al. Mini Workshop—Exploration of a Direct Method for Measuring ABET Professional Skills［C］//2011 Frontiers in Education Conference（FIE）. Rapid City, SD: IEEE, 2011: 1-2.

②　Kranov A A, Zhang M, Beyerlein S W, et al. A Direct Method for Teaching and Measuring Engineering Professional Skills: A Validity Study［C］//2011 ASEE Annual Conference & Exposition. Vancouver, BC: American Society for Engineering Education, 2011: 1-21.

③　Kranov A A, Williams R L, Pedrow P D, et al. A Direct Method for Teaching and Measuring Engineering Professional Skills: A Validity Study for the National Science Foundation's Research in Evaluation of Engineering and Science Education（REESE）［C］//2013 ASEE International Forum. Atlanta, Georgia: American Society for Engineering Education, 2013: 1-18.

④　Ater-Kranov A, Beyerlein S W, McCormack J P, et al. Using the EPSA Rubric to Evaluate Student Work in a Senior Level Professional Issues Course［C］//2014 ASEE Annual Conference & Exposition. Indianapolis, Indiana: American Society for Engineering Education, 2014: 1-19.

⑤　Schmeckpeper E R, Kranov A A, Beyerlein S W, et al. Using the EPSA Rubric and EPSA Score to Evaluate Student Learning at the Course and Program level［C］//2015 ASEE Annual Conference & Exposition. Seattle, Washington: American Society for Engineering Education, 2015: 1-23.

⑥　Schmeckpeper E R, Kelley M, Beyerlein S. Using the EPSA Rubric to Evaluate Student Work on Ethics Case Studies in a Professional Issues Course［C］//Proceedings of the 2014 Zone 1 Conference of the American Society for Engineering Education. Bridgeport, Connecticut: IEEE, 2014: 1-6.

⑦　McCormack J P, Beyerlein S W, Kranov A A, et al. Scenario and Scoring Sheet Development for Engineering Professional Skill assessment［C］//2014 ASEE Annual Conference & Exposition. Indianapolis, Indiana: American Society for Engineering Education, 2014: 1-18.

⑧　Zhang M, Kranov A A, Beyerlein S W, et al. Investigating a Scenario-Based Performance Assessment of Engineering Professional Skills［C］//2015 IEEE Integrated STEM Education Conference. Princeton, NJ: IEEE, 2015: 230-235.

⑨　McCormack J, Kranov A A, Beyerlein S W, et al. Methods for Efficient and Reliable Scoring of Discussion Transcripts［C］//2013 ASEE Annual Conference & Exposition. Atlanta, Georgia: American Society for Engineering Education, 2013: 1-19.

正规期刊的可靠信息，是供学生开始讨论的一个起点。学生需要在小组互动中根据其理解和假设对材料进行进一步的分析与阐释，从而深入理解情景呈现的问题，并给出解决问题的方案或思路。情景在 EPSA 工具中起着关键作用，基于合格情景的有效讨论能够培养学生的批判性和创新性思维，提高问题解决能力，有利于知识迁移。麦柯马克（McCormack）认为一个合格的 EPSA 情景应满足的标准[1]如表 4-2 所示。

表 4-2　情景标准

标准	描述
跨学科范围	情景涉及一个以上工程领域内、外部学科。情景中的问题能够由相关专业内任何水平的跨学科小组来解决
相关问题	情景含有尚未解决的问题，体现紧张局势和分歧，或包含对如何解决该问题的竞争性观点。该问题不应干扰学生的情绪，且在五到十年内具有相关性
非技术复杂性	复杂且多方面的情景有多个涉及公共、私人、全球、团体或个人的利益相关者。利益相关者的多样性代表问题关乎道德、社会、文化、经济、环境和全球等方面。任何的解决方案都需要所有关键的利益相关者参与到解决方案中
技术复杂性	情景包括一些技术数据，供学生在解决问题时参考。情景中要有一个核心技术性问题
激发参与感	情景要吸引读者，并使学生群体参与到深度讨论中，因为其呈现的问题是复杂、多方面的，没有明显且快速解决的方案
参考文献	该方案有多个参考文献，来源各异，如经审定的期刊文章、可靠的新闻和专业协会的出版物。参考文献的选择是客观且均衡的
适用于课堂	工程专业本科生可以用 5~7 分钟阅读和理解情景，然后开始 30~40 分钟的小组讨论。情景不应包含图片或表格，可以包含列表。书面文字篇幅不应超过 1.5 页（12 号字体，1.5 倍行间距）

哈迪桑托诺（Hadisantono）进一步补充了三个标准，他认为情景材料中

---

① McCormack J P, Beyerlein S W, Kranov A A, et al. Scenario and Scoring Sheet Development for Engineering Professional Skill Assessment [C] //2014 ASEE Annual Conference & Exposition. Indianapolis, Indiana：American Society for Engineering Education，2014：1-18.

还应该体现不同利益相关者之间的冲突，提供不完整信息以及开放性问题①。

为学生设置一个可自由发挥的情境，让其根据情景信息学会独立发现、提出、分析与解决问题固然重要，但在有限的时间内，这样的做法可能很难达到预期效果。这种情形下，EPSA 通过列举一系列指示性问题作为讨论的提示，为学生提供一定指导，帮助其有效管理讨论时间并解决问题。EPSA 的指示性问题不仅能在评估过程中引导学生展现相应的非技术能力，而且也是现实生活中解决复杂工程问题时应该考虑的重要因素。

EPSA 量规是一种分析性量规，它将要评估的能力分解成一个或多个指标点并给出详细的语言描述，供评估者针对每个指标点对表现水平做出分析性判断。该量规在表现性评价中具有突出优势，因为它能让学生直观地感受到自己的表现处于何种水平，并明确自身存在的不足以及未来要努力的方向。最早的 EPSA 量规由 ABET 标准 3 中的六个非技术能力构成，并划分了六个标准等级（0—缺失，1—显露，2—发展，3—练习，4—成熟，5—掌握）来评判学生的非技术能力。华盛顿州立大学工程与建筑学院评估委员会要求该校毕业生达到 4 级（成熟）的标准。

（三）评估流程

一般地，EPSA 的评估流程如图 4-1 所示。

在评估活动准备阶段，活动组织者需要将相关材料准备齐全，确定活动时间及地点并获得评估活动参与者的许可。评估活动前，评估专家或研究者会对评估者进行培训，让评估者提前熟悉量规的构成及评估流程，对量规和学生的具体表现的关系达成初步共识，这个过程被称为"规范化"，是建立评估者间信度（Inter-rater Reliability）的重要组成部分。

评估活动正式开始后，首先由组织者对活动流程及相关注意事项进行详细介绍。紧接着，由 5~7 人随机组成的讨论组开始阅读情景材料，并就一个复杂且真实的工程问题展开讨论。在约 40 分钟的讨论时间内，讨论组要识别出所给情景中呈现的问题，深度剖析利益相关者的观点，思考情景涉及的道德、法律和安全问题，在分析一系列潜在后果之后给出解决问题的方案或

① Hadisantono. Formalising and Evaluating the Assessment of Engineering Professional Skills [D]. The University of Auckland，2020：37.

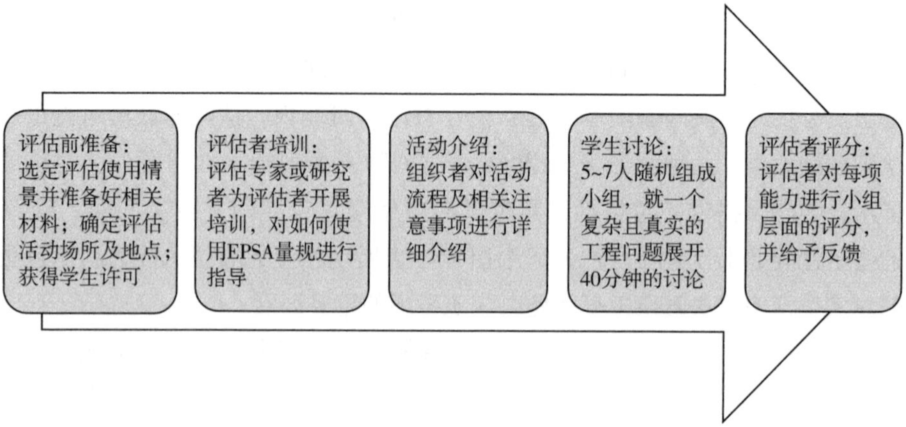

图 4-1　EPSA 的评估流程

思路。

最终，评估者根据转录文稿进行评分①或是根据学生表现进行现场评分②。具体来讲，评估者需要在量规的六个维度上给出与学生表现相匹配的分数。在某些由几个指标点构成的维度上，评估者需要先在每个指标点上进行评分，取其平均数作为该维度的最终分数。通常建议评分者之间给出的分数相差不超过 1 分。倘若存在不一致评级（评分相差超过 1 分），评分者继续讨论和评估，直到意见达成一致。这样的讨论可以用于进一步完善评估量表，在实践中持续提升信度和效度③。

（四）国际传播

2014 年，阿拉伯联合酋长国的扎耶德大学（Zayed University）与 EPSA 的研究者合作，将 EPSA 调整为适用于该国计算机领域的计算机非技术能力

---

①　McCormack J P, Kranov A A, Beyerlein S W, et al. Methods for Efficient and Reliable Scoring of Discussion Transcripts［C］//2013 ASEE Annual Conference & Exposition. Atlanta, Georgia：American Society for Engineering Education, 2013：1-19.

②　Schmeckpeper E R, Kranov A A, Beyerlein S W, et al. Using the EPSA Rubric and EPSA Score to Evaluate Student Learning at the Course and Program Level［C］//2015 ASEE Annual Conference & Exposition. Seattle, Washington：American Society for Engineering Education, 2015：1-23.

③　Kranov A A, Hauser C, Olsen R, et al. A Direct Method for Teaching and Assessing Professional Skills in Engineering Programs［C］//2008 Annual Conference & Exposition. Pittsburgh, Pennsylvania：American Society for Engineering Education, 2008：1-20.

评估（Computing Professional Skills Assessment, CPSA）工具①。CPSA 和 EPSA 的评估方法相似，都是创设真实情景供学生讨论，并通过相应的量规同时测量多项非技术能力的工具。但是两个工具在情景、评估方式及量规方面存在些许差异。

EPSA 的情景基于广泛的工程背景，而 CPSA 的情景适用于计算机领域，并补充了与阿联酋相关的本土内容，主题大多与密码学、网络攻击、大数据、非法下载和隐私信息等内容相关。两种工具的情景材料都以英文呈现，但由于 CPSA 的被试为非英语母语者，情景材料控制了语言难度水平以确保学生能够充分理解文本信息。

相较于 EPSA 时长 40 分钟的面对面讨论，CPSA 采用线上讨论方式。在为期 12 天的线上讨论中，学生们要对情景材料不断进行深入剖析与研究，在线输入文字相互交流并探讨出最终的解决方案。这样可以直接将学生的讨论内容转成文稿，便于评估者进行评估，而且对以英语为第二语言的学习者来说，他们也能有更充裕的时间阅读和思考情景中的信息，能最大限度地展示他们的真实技能，为评估提供依据。讨论期间，每个学生至少要发布五篇 200 个单词左右的帖子，最终的转录文稿通常由约 25 个帖子的发言组成。经过近十年的迭代发展和多轮实施，现已有超过 10 名教师在其课堂上使用过 CPSA 工具，900 多名学生参与过 CPSA 的评估活动②。

EPSA 与 CPSA 的量规维度构成也不同。EPSA 量规由五个维度构成，源自 ABET 工程标准 3 中的 3f、3g、3h、3i 和 3j 项。CPSA 量规是基于 ABET 计算机认证委员会（CAC）的标准中的 b、d、e、f、g、h 项，构成了六个维度。此外，由于 CPSA 工具主要在线上运行，所以该工具仅评估学生的书面交流能力，不考查口头交流能力。

2016 年，哈迪桑托诺根据印度尼西亚的国情和课程要求，对 EPSA 做了

---

① Kranov A A, Danaher M, Schoepp K. A Direct Method for Teaching and Measuring Engineering Professional Skills for Global Workplace Competency: Adaptations to Computing at a University in the United Arab Emirates [C] //2014 International Conference on Interactive Collaborative Learning (ICL). Dubai: IEEE, 2014: 29-36.

② Computing Professional Skills Assessment (CPSA), Zayed University, United Arab Emirates. Introduction [EB/OL]. https://www.cpsa.ae/about/, 2023-01-05.

本土化开发，包括创设适合当地的情景及调整量规内容等，并开发了 EPSA 课堂管理（EPSA Class Administration）工具，对阿德玛嘉雅大学（Universitas Atma Jaya Yogyakarta）工业工程专业的学生开展了两轮的行动研究①②。由于两轮研究的参与者皆反馈量规过于复杂，哈迪桑托诺根据可观察的学习成果结构（SOLO Taxonomy）的不同认知层次再次修订了量规的评分标准。

在工程教育领域里，EPSA 属于新兴工具，还需要持续的完善和改进，但是已有的研究证明了它在非技术能力评估中的有效性③④⑤。作为一种评估工具，EPSA 除了可以测评一系列高阶、复杂的非技术能力之外，还具有促进课堂教学和学生学习的教育性功能。

二、本土化工具 EPSA-H 的初步形成

考虑到本研究的研究对象为计算机专业的学生，笔者以 EPSA 的衍生工具——CPSA 为基础，在情景、量规、指示性问题和问卷等方面做出调整后，初步形成本土化工具 EPSA-H，该工具在后续行动研究过程中将持续改进。

（一）情景

鉴于 CPSA 针对计算机专业学生已经开发了成熟且满足一系列标准的情景，本研究选用 CPSA 使用手册中的《苹果公司和美国联邦调查局》情景作为评估活动的情景材料。笔者邀请一名计算机专业的本科毕业生及一名高校

① Hadisantono, Rowe G, Giacaman N. Customizing the EPSA Rubric to Cover Local Curriculum Content for Assessment of Engineering Professional Skills ［C］//27th Annual Conference of the Australasian Association for Engineering Education: AAEE 2016. Lismore, NSW: Southern Cross University, 2016: 311-319.

② Hadisantono, Rowe G, Giacaman N. Assessment of Engineering Professional Skills Through EPSA Rubric Class Administrations ［C］//29th Australasian Association for Engineering Education Conference 2018 (AAEE 2018). Hamilton, New Zealand: Engineers Australia, 2018: 277-283.

③ Kranov A A, Zhang M, Beyerlein S W, et al. A Direct Method for Teaching and Measuring Engineering Professional Skills: A Validity Study ［C］//2011 ASEE Annual Conference & Exposition. Vancouver, BC: American Society for Engineering Education, 2011: 1-21.

④ Danaher M, Schoepp K, Rhodes A. Reliability and validity of the Computing Professional Skills Assessment ［J］. Global Journal of Engineering Education, 2019 (03): 214-220.

⑤ Kranov A A, Williams R L, Pedrow P D, et al. A Direct Method for Teaching and Measuring Engineering Professional Skills: A Validity Study for the National Science Foundation's Research in Evaluation of Engineering and Science Education (REESE) ［C］//2013 ASEE International Forum. Atlanta, Georgia: American Society for Engineering Education, 2013: 1-18.

教育学专业的教师阅读翻译后的文本，以确保语言表述符合计算机学科且适合作为学生讨论的情景材料。

（二）量规

本研究综合借鉴了 CPSA 及 EPSA 的量规形成 EPSA-H 的量规。

CPSA 基于 ABET 计算机认证委员会（CAC）的学生学习成果要求设定量规维度，并将量规维度分解为指标点（见表 4-3）。值得注意的是，由于 CPSA 采用线上发帖的讨论方式，学生在 12 天内以文字的方式交流，故量规中对应"沟通能力"的"CPSA4"仅考查书面形式的交流能力，评估学生对英语词汇量、语法、单词拼写及标点符号的使用情况。同时，学生可以在评估开展期间不断查询信息来形成、反思、佐证自己的观点，故量规中对应"终身学习能力"的"CPSA6"中还包括"搜寻信息"的能力指标。考虑到面对面的方式比线上的方式能更好地考查沟通交流能力，本研究采用面对面的讨论方式。此外，让学生全身心投入讨论中，为了测量学生当下的非技术能力，本研究禁止学生使用电子设备查询信息，以免影响和干扰讨论。

笔者借鉴了华盛顿州立大学使用的 EPSA 量规的指标分类方式[①]，在"终身学习能力"维度下设置"审查信息"和"识别知识状态"两个指标点，考查学生是否具备对信息可靠性的辨别能力，以及审查自身知识的元认知能力等。同时，本研究参考了哈迪桑托诺在印度尼西亚的阿德玛嘉雅大学使用的 EPSA 课堂管理的量规[②]，将"沟通能力"分为日常生活中必然会使用到的"言语方面"的能力和较容易被忽视的"非言语方面"的能力。目光接触、面部表情及手势等无声语言，有时能够在交谈过程中传达更有力、生动、具体的信息和情绪，对建立良好的人际关系和成功的沟通至关重要。调整后的 EPSA-H 的量规见附录一。

---

① McCormack J P, Beyerlein S W, Kranov A A, et al. Scenario and Scoring Sheet Development for Engineering Professional Skill Assessment ［C］//2014 ASEE Annual Conference & Exposition. Indianapolis, Indiana：American Society for Engineering Education，2014：1-18.

② Hadisantono. Formalising and Evaluating the Assessment of Engineering Professional Skills ［D］. The University of Auckland，2020：56.

表 4-3　ABET 计算机学习成果与 CPSA 量规维度及指标的比较

ABET 计算机学习成果	CPSA 量规维度	指标点
（b）分析问题，识别和确定解决该问题所需计算机学科素养的能力	CPSA1. 学生们从计算机学科的角度解决问题	问题识别
		对解决方案的建议
		利益相关者的观点
（d）有效参与团队合作，以实现共同目标的能力	CPSA2. 学生们作为一个团体共同合作	讨论
（e）对职业、道德、法律、安全和社会相关问题及责任的理解	CPSA3. 学生们能够考虑道德、法律和安全等方面的问题	道德、法律、安全方面
（f）有效沟通的能力	CPSA4. 学生们以书面形式进行专业交流	语法、标点符号、拼写
		词汇
（g）分析计算机学科对个人、组织和社会的地方和全球影响的能力	CPSA5. 学生们在地方和全球背景下分析现有计算机领域解决方案会带来的后果	计算机领域解决方案的后果
（h）具有参与持续专业发展的意识和能力	CPSA6. 学生们对信息进行解释、表述和搜索	解释、表述信息
		参考资料的信息来源
		搜寻额外的信息

注：ABET 计算机学习成果有 11 条，但是表内仅选取其中的非技术能力的指标。

（三）指示性问题

原 CPSA 情景材料中共设有五项指示性问题①，分别引导学生展示出相应的非技术能力。这五项指示性问题详见表 4-4 中的指示性问题 1 至指示性问题 5。表 4-4 中的指示性问题 6 来自华盛顿州立大学使用的 EPSA②。表 4-4

---

① Danaher M, Schoepp K, Kranov A A. Effective Evaluation of the Non-Technical Skills in the Computing discipline［J］. Journal of Information Technology Education：Research，2019，18：1-18.

② McCormack J P, Beyerlein S W, Kranov A A, et al. Scenario and Scoring Sheet Development for Engineering Professional Skill Assessment［C］//2014 ASEE Annual Conference & Exposition. Indianapolis, Indiana：American Society for Engineering Education，2014：1-18.

中的非技术能力二和非技术能力四，即"团体合作"和"沟通能力"不需要引导，学生能自然展现出来，因此不设有相应的指示性问题。本研究新设置了一个问题"你怎么评价情景中的信息？"作为"审查信息"的指示性问题。最终，EPSA-H 中共设置了七个指示性问题。

表 4-4　指示性问题及其对应的非技术能力指标点

非技术能力		对应指示性问题
非技术能力一	问题识别	1. 情景中的问题都有什么？是否有一个更本质的问题？
	提出解决方案	5. 你可以提供哪些可能的解决方案？
	利益相关者的观点	2. 情景中涉及的主要利益相关者都有谁？他们的观点是什么？
非技术能力二	讨论	无
非技术能力三	道德、法律、安全方面	3. 该情景涉及哪些道德、法律和安全问题？
非技术能力四	言语方面	无
	非言语方面	无
非技术能力五	计算机领域问题解决方案的后果	4. 针对该情景的现有解决方案的预期和非预期后果是什么？请在地方和全球背景下考虑该解决方案对个人、组织和社会的影响。
非技术能力六	审查信息	7. 你怎么评价情景中的信息？
	识别知识状态	6. 你是否需要更多的信息或知识来有效解决这个问题？如果是的话，需要哪些信息或知识？

（四）问卷

本研究在第一轮工程非技术能力评估中使用的问卷包含李克特五点量表和开放性问题。李克特五点量表要求参与者针对特定表述选择自己的态度：非常不同意（1）、不同意（2）、一般（3）、同意（4），非常同意（5）。参与者在问卷中对评估活动的指示性问题、情景、量规、时间分配、角色分配等方面给出的评价。同时，参与者可以在开放性问题部分具体指出对评估活动的喜欢和不喜欢之处，并对评估如何进一步改进提出建议。完整问卷见附录二。

三、本土化工具 EPSA-H 质量审思

美国斯坦福大学学习、评价和公平中心（SCALE）为高质量表现性评价提出了六条标准，包括：①任务清晰且有价值的表现结果；②任务聚焦且清晰，连贯一致；③具有相关性与真实性；④学生有机会做出选择和决定；⑤所有学生都可参与；⑥与课程关联①。其中，第三、第四、第五个特点都围绕学生参与，这符合学者倡导的将"对学习的评估（Assessment of Learning）"转变为"为了学习的评估（Assessment for Learning）"，并最终转变为"作为学习的评估（Assessment as Learning）"的观念②，让学生成为评估的主体、学习的主人。基于斯坦福大学提出的六条标准，EPSA-H 是否符合高质量表现性评价的质量标准可得到检视。

首先，本研究选用的情景——《苹果公司和美国联邦调查局》——为2015 年发生于美国的真实案例，该案例关乎数字化时代信息和隐私安全，涉及政府、企业和群众多方的利益，是复杂且无明显解决方案的工程问题。同时，本研究的评估活动参与者为修读过信息安全类课程的大三和大四学生，因此本研究的评价任务设计具有相关性与真实性，适合学生的发展水平，能够有效吸引学生参与讨论。总之，本研究选用的情景满足第三条和第五条标准，即"具有相关性与真实性"与"所有学生都可参与"。

其次，EPSA-H 除了确定的讨论时长和主题，没有对讨论方式和内容范围给出限制，对于讨论结果也没有限定正确或唯一的解决方案。学生们可以畅所欲言，自主计划讨论进度。讨论结束后，学生还可以在反馈和提问环节发表意见和提出疑问，故评估满足第四条标准，即"学生有机会做出选择和决定"。

再次，在情景讨论的过程中，讨论者要置身于真实情景之中，根据已知

---

① 周文叶，董泽华. 表现性评价质量框架的构建与应用 [J]. 课程·教材·教法，2021 (10)：120-127.

② Earl L M. Assessment as Learning：Using Classroom Assessment to Maximize Student Learning [M]. Corwin Press，2012：25-29.

信息深度挖掘背后的道德、法律和安全问题，并从多方利益相关者视角出发衡量解决方案的预期及非预期后果，给出相对可行的建议。任务具有一定的挑战性，学生要在有限的时间内运用相关的知识和能力来解决问题，并非简单地复述和总结情景材料。这一过程能够促进学生深度学习并激发学生展现出相应的非技术能力。情景、任务提示及任务回应方式与任务目的相一致，满足第二条标准，即"任务聚焦且清晰，连贯一致"。

最后，EPSA-H 主要考查的非技术能力基于 ABET 计算机认证委员会（CAC）的六条标准而确定，与学科内容和课程目标也紧密关联。同时，任务要求明确，参与者清楚自己在本次评估活动中所担任的角色及要完成的任务，满足"任务清晰且有价值的表现结果""与课程关联""任务聚焦且清晰，连贯一致"的要求。

在行动研究前，笔者邀请一位教育评价研究者及一位本科阶段在计算机专业就读的教育系研究生对 EPSA-H 进行全局或局部审阅工作，两位均无异议。综上分析，初步判定 EPSA-H 符合表现性评价工具要求。

第三节　第一轮工程非技术能力评估行动研究

在第一轮工程非技术能力评估行动研究中，研究者首先做好了招募被试、场地设计等准备工作，安排了评估流程。第一轮行动研究后，研究者对指示性问题设计、情景设计、量规设计、时间分配、角色分配、评估者评分以及信效度进行了讨论。

一、评估准备

首先，本研究在某大学信息科学与工程学院招募了若干名修读过信息安全类课程的志愿者，在招募的志愿者中确定了参与第一轮工程非技术能力评估活动（后文缩写为"第一轮评估活动"）的 9 名学生，并根据参与者的意愿将其分为讨论组成员（5 名）与评估组成员（4 名）。

考虑到参与者的空闲时间一般集中在周末，且上午的精神状态较为饱满，评估时间定为周日上午 9：30。评估地点安排在图书馆的会议室，并对场地进行了简单的布置，使讨论组成员的座位集中在一起，评估者的座位在讨论组的外围且保持一定的距离，以确保评估者间在毫无交流的情况下独立完成评分。

最后，准备了一系列评估活动所需物品，包括纸质版材料（活动流程介绍、情景、量规、问卷）、角色名牌、笔、水以及赠送给参与者的小礼物等。

二、流程安排

第一轮评估活动分为评估前的培训环节与评估环节两个部分。

（一）培训流程

为了让评估者提前熟悉量规内容，能依据量规精确评估讨论者的表现，在评估活动开展前设置了培训环节，要求评估者们提前半小时到场，了解评估的相关事宜。具体培训流程如表 4-5 所示。

表 4-5　培训流程

评估培训时长：约 30 分钟
1. 系统介绍量表的构成（5 分钟）
2. 评估者仔细阅读量表（10 分钟）
3. 展现真实的学生讨论片段，让评估者试测（15 分钟）

首先，笔者对量表构成、评分流程及注意事项进行了详细介绍，随后给评估者约 10 分钟的时间仔细阅读量表。接着，笔者选取几个扎耶德大学计算机专业学生们的真实讨论片段，供评估者们进行试评，以帮助评估者深入理解评估标准。最后，笔者向评估者们强调本次评估活动结果不会上交到参与者们所在学院，务必要公正、客观地根据讨论者的能力表现进行打分。

（二）评估流程

施梅克佩珀（Schmeckpeper）等人在美国诺威奇大学开展的 EPSA 评估活动是较为成功的实践案例之一[①]，其中有两处出彩的活动设计：一是为提

---

① Schmeckpeper E R, Kranov A A, Beyerlein S W, et al. Using the EPSA Rubric and EPSA Score to Evaluate Student Learning at the Course and Program Level ［C］//2015 ASEE Annual Conference & Exposition. Seattle, Washington：American Society for Engineering Education，2015：1-23.

升讨论质量而设置的讨论角色，包括计时员（Time-keeper）、辅助者（Facilitator）/调停者（Moderator）及对立者（Antagonist）；二是相对减少的评估者工作量，即由所有评估者针对量规的所有维度进行评分，修改为每位评估者分别负责评估一个主要维度和次要维度。这是由于该项实践中的参与者反馈评估工作量过大，容易遗漏部分讨论内容。

本研究采纳了上述实践中的大部分流程环节设计，同时也对部分细节做了适当的调整。在笔者看来，辅助者主要负责补充观点与思路，调停者则是在产生矛盾分歧时起到协调作用，两个讨论角色的职责不同，需要进行明确的划分。因此，本研究在第一轮评估活动的讨论角色设置中，将辅助者和调停者明确划分为两种角色。同时，增加了总结者的角色，以帮助小组阶段性地理清思路，对达成共识或存在分歧的问题进行梳理。至于评估者的工作量，笔者保留了原始的设计，即所有评估者针对量规的所有维度进行评分。虽然这种做法可能会让评估者承担较多的工作量，但是讨论者的能力会因此得到多方评估者的评价，从而获得更为可信的评估结果。

此外，由于该评估活动是EPSA-H工具在我国的第一次探索实践，故增加了介绍活动、填写问卷以及总结活动的环节，让参与者更好地了解活动实施的目的及意义，并通过问卷反馈获取其活动体验数据，便于研究者更好地了解与分析参与者的感知。

第一轮评估活动的实际流程如下：所有参与者到场之后，笔者介绍了活动流程、评估内容以及每个环节的注意事项，并再次强调评估结果仅用于研究，不会对任何参与者造成影响（活动导语见附录四）。确认参与者对环节流程没有任何疑问之后，评估活动正式开始。由一位讨论组成员朗读情景说明以及七个指示性问题之后，所有参与者开始自行阅读情景材料。

随后，讨论组的成员有3分钟的时间选择讨论角色。讨论角色分为计时员、辅助者、调停者、对立者、总结者五种角色。讨论者们可以在讨论过程中灵活转换角色，一人饰多角或多人饰一角。

选定角色后开启录音。讨论者们开始共同探讨情景材料中的问题，深度剖析一系列因素之后给出解决方案。评估者们则不参与讨论，而是将有关六项能力的关键信息记录下来，独立完成评分，并给出反馈意见。

评估者逐一陈述完个人观点之后，讨论组可对评估组的部分评分提出异议。双方共同进行复盘讨论之后，评估组根据相关依据对分数进行修改，确保评分的一致性（评分相差不超过 1 分)[①]。

最后，笔者邀请参与者填写问卷，对活动中使用的情景、量规及整个活动流程给出评价，并将以上描述评估流程的文字整理成表格，如表 4-6 所示。

表 4-6 工程非技术能力评估（第一轮）活动评估流程设计

活动时长：约 100 分钟 活动流程：
环节一，介绍活动（10 分钟）
环节二，朗读说明与指示性问题（2 分钟）
环节三，阅读情景（10 分钟） ＊讨论者和评估者阅读情景。
环节四，分配角色（3 分钟） ＊讨论组成员自愿选择讨论中的角色。
环节五，开展讨论（30~40 分钟） ＊讨论者动员所有组员参与讨论。 ＊评估者不参与讨论。 ＊评估者记录涉及各维度的内容，为之后的结果反馈环节做准备。
环节六，反馈结果（10~15 分钟） ＊评估者在 2 分钟内进行评分。 ＊每位评估者作总结（1~2 分钟），为讨论组在六个方面的表现依次给出评分结果。 ＊评估者之间给出的六个分值差不超过 1 分。 ＊讨论者就有异议的分数向评估者提问。

---

① Kranov A A, Hauser C, Olsen R, et al. A Direct Method for Teaching and Assessing Professional Skills in Engineering Programs ［C］//2008 Annual Conference & Exposition. Pittsburgh, Pennsylvania: American Society for Engineering Education, 2008: 1-20.

续表

环节七，填写问卷（15分钟） *讨论者和评估者填写问卷。
环节八，总结活动（5分钟）

三、研究结果与讨论

基于问卷结果与实践观察，本节内容对 EPSA-H 工具本身与评估实施过程展开分析与讨论。对 EPSA-H 工具本身的讨论包括：指示性问题的设计、情境设计与量规设计；对评估实施过程的讨论（包括时间分配、角色分配与评估者评分）。第一轮评估活动的问卷结果如表 4-7 所示。

表 4-7　第一轮工程非技术能力评估活动问卷结果

序号	表述	平均分
1	指示性问题对指导讨论很有帮助	4.6
2	本次活动中所给的情景很容易理解	5.0
3	本次活动中所给的情景能够体现日常生活中的工程问题	2.8
4	本次活动中所给的情景包含了完整的信息	4.2
5	本次活动中所给的情景不包含带有偏见的信息	4.4
6	本次活动中使用的评估标准容易理解	3.5
7	本次活动中使用的评估标准容易使用	3.3
8	本次活动中使用的评估标准包括了对所有工程非技术能力的评估	2.3
9	基于本次活动中的评估标准能对不同能力水平合理定位	3.8
10	本次活动中使用的评估标准不带有偏见	4.8
11	评估活动的时间分配充裕且合理	4.1
12	所有参与者都能理解其在评估过程中的角色	4.2
13	在本次讨论活动中，我充分展示出来了自身的非技术能力	3.2
14	评估活动进展顺利	4.6

（一）指示性问题设计

总的来看，参与者认为评估活动中使用的指示性问题对指导讨论有帮助。指示性问题的设计是为了提高讨论效率，让学生在有限的时间内，通过一系列引导与提示，发现、提出、分析并解决问题。问卷调查中，学生对"指示性问题对指导讨论很有帮助"评分的平均数为 4.6，表明实际活动开展的过程中，指示性问题确实对讨论起到了指导作用，达到了期望效果。

研究显示，参与者对于指示性问题的明确度要求颇高，参与者反映有两个指示性问题不够明确，影响了讨论者的讨论。一个是指示性问题 5 "你可以提供哪些可能的解决方案"，讨论组对提出的解决方案要具体提到何种程度持有疑问。根据 EPSA 原设计，讨论者如果能提供一个详细、全面且可行的解决方案固然最好，但是若不能做到这一点，至少也要提供一些解决方案的思路。因此，需要在方案设计中更明确讨论者提出的方案的具体化程度。笔者经过斟酌后，拟在下一轮评估中将指示性问题 5 "你可以提供哪些可能的解决方案"改为"关于解决方案，你的看法是什么"。相应地，将原情景材料中说明里"需要为相关组织下一步采取什么措施提出建议"更改为"需要为相关个体或组织下一步采取措施来解决问题提供方向或思路"，将量表非技术能力一中"提出解决方案"的指标表述改为"提出解决问题的思路"。

另一个让讨论者觉得不够明确的指示性问题是问题 6 "你怎么评价情景中的信息"。一位讨论者说道："具体的情景中的信息是什么信息呢？其实我们已经把它捋出来了。"讨论者用的"捋"表明讨论者在对信息进行分析和综合，而非评价，正如另一位讨论者所言："应该根据情景信息是否客观、全面来分析。"因此，需要更突出指示性问题中的"评价"二字。笔者经过斟酌后，拟在下一轮评估中将指示性问题 6 "你怎么评价情景中的信息"的表述，改为"你对情景中呈现的信息本身有什么看法吗"，以强调需要讨论者对材料本身进行评价。

（二）情景设计

总体而言，评估活动中的情景设计适用于中国学生。情景通过呈现真实、尚未解决、具有地方和全球相关性的工程问题，为学生提供一个讨论起点。因此，情景的选择与设计在 EPSA-H 工具的使用中起着决定性的作用。问卷调查中，学生对问题"本次活动中所给的情景很容易理解"，"本次活动中所给的情景包含了完整的信息"，"本次活动中所给的情景不包含带有偏见的信息"评分的平均数分别为 5.0、4.2 和 4.4，说明参与者对情景的设计较为满意，认为情景容易理解、内容完整且不包含带有偏见的信息。

然而，学生对问题"情景能够体现日常生活中的工程问题"评分的平均数较低。在笔者看来，由于国别与社会背景的差异，本研究选用的情景对讨论者来说可能存在一定的文化冲突，让学生感到不适应。虽然情景中的信息和隐私安全是当今社会日益凸显的一个问题，但是它涉及的政府与技术公司之间的矛盾在我国不太常见。参与者表现出受到所在地文化的影响，于是在讨论初期很快便得出使用法律制裁的结论。开放性问题的反馈中，一位讨论者也提道："事件对立面太冲突，超出能力范围。"由此推断出，学生将"情景能够体现日常生活中的工程问题"理解为情景要和当下的日常生活靠近。事实上，经济与技术的快速发展大大加快了"高精尖"人才的国际合作与工程人才资源的国际流动。站在国际化与多元化的角度分析多方面利益相关者之间的冲突，培养学生解决国际范围内的工程问题的能力，实现跨区域合作共赢，是当前全球化背景下的现实要求。因此，认为本评估活动中使用的情景材料符合我国大学生所处的全球化社会。不过，建议日后的情景设计要在强调国际化背景的同时，在合适的主题上加入一些国内的本土元素，为学生创设沉浸式的讨论情景，有助于其更全面、深入地探讨问题，提出相应的解决方案。就本研究使用的情景材料而言，尚未找到我国政府对相关案例的做法，故拟决定在第二轮的评估活动中继续使用同样的情景案例，以形成完整的前后对比。

（三）量规设计

总体而言，参与者对量规的设计表示认可。EPSA-H 量规需要评估者对指标描述深思熟虑之后，判定讨论组表现所处的能力等级。问卷调查中，学生对问题"本次活动中使用的评估标准不带有偏见"评分的平均数较高，证明评估标准做到了不偏不倚。

然而，学生认为理解和使用量规具有一定的难度。这体现在问卷调查中，学生在表述"本次活动中使用的评估标准容易理解"和"本次活动中使用的评估标准容易使用"评分的平均数处于一般到同意之间。分析性量规仅通过语言来精准描述不同的能力水平，本身就是一件难度较高的事情。另外，评估者需要花费较长的时间来琢磨量规的内容，才能够达成深度的理解并熟练使用。哈迪桑托诺将 EPSA 工具应用于印度尼西亚的大学生时，也遇到了"评估者认为量规难以理解"的问题，因而根据可测学习结构分类法（SOLO Taxonomy）的不同认知层次再次修订了量规的评分标准①。本研究则是在评估活动开始前设置培训环节让评估者提前熟悉量规。但是，即便是提前开展培训，问卷得到的反馈评分还是较低，说明仍存在评估者对量规不够熟悉的问题。

量规的较难理解与使用也直接导致学生在评价"基于本次活动中的评估标准能对不同能力水平合理定位"上给分较低。部分评估者认为评分标准不够严谨，"言语方面的高分表述中'邀请和鼓励其他成员'反而比低分更容易做到"。这是因为当讨论者们提到"这个有要补充的吗？""还有什么要说的吗？"或"还有吗？"的时候，评估者们将这类言语视为邀请和鼓励的行为。但是笔者认为，单纯询问对方有无补充意见可能还不构成有效的邀请和鼓励的行为，需要更有技巧性的行为来调动其他成员的参与积极性。因此，要尽量让评估者对量规有更深层次的理解。收集评价量规使用的真实案例，如本轮评估中对"邀请和鼓励其他成员"的不同理解，并将案例用于评估者培训有助于评估者深入理解量规。

此外，研究发现评估者对非技术能力概念的理解会影响他们对量规质量的评价。问卷调查中，"本次活动中使用的评估标准包括了对所有工程非技术能力的评估"最终评分的平均数较低是因为有一位评估者仅给了 1 分。该评估者认为非技术能力还应包括资料搜索能力、在短时间内对新概念的理解能力以及阅读能力。然而，这些能力属于认知方面的技能，虽与非技术能力有密不可分的关系，但仍不属于评估能力的范畴之内。

研究表明，量规的内容有必要进一步调整。据研究者观察，以讨论为载体的评估活动中，团队合作是在沟通的过程中实现的，所以将原量规中的非技术能力二、四，即团队合作能力和沟通能力，合并为一项，并删除合并后有重合之处的能力表述。同时，去掉沟通能力中有关"准确使用计算机专业

---

① Hadisantono. Formalising and Evaluating the Assessment of Engineering Professional Skills［D］. The University of Auckland，2020：105.

人员应掌握的特定学科词汇"相关的表述，因为笔者认为这属于技术能力。此外，鉴于评估者理解量规的重要性，第二轮评估活动拟邀请对量规已有一定熟悉程度的第一轮评估者。

（四）时间分配

EPSA-H 的评估活动需要较长的时间，对时间投入的要求较高。第一轮评估活动中各环节的时间分配基于前文提到的评估实践①。评估活动的原设计时长约 100 分钟，然而在实际评估过程中，4 位评估者在结果反馈环节就讨论组的讨论表现给出了相当详尽的评价，包括讨论进展的整体把控、时间分配、讨论深度、表现良好及有待加强的能力领域、评分依据及相应的建议等，故结果反馈环节花费的时长比原计划多了约 30 分钟。第一轮评估活动共计用时约 130 分钟。

关于时间分配有两个问题需要关注，一是讨论环节的用时问题。在问卷数据中，表述"评估活动的时间分配充裕且合理"得分的平均数为 4.1，可看出学生对总体的时间分配持认可态度，但是有部分学生反馈"时间有点短，不能充分表达、讨论"。在实际讨论过程中，讨论组围绕前几个指示性问题的讨论用时略长，导致剩余时间不足以充分探讨后几个指示性问题。据此，学生建议适当延长讨论时间，"这样可能有时间写写画画，更清晰表达"；"有助于讨论充分——同样考查了时间分配能力"。该建议与前述中研究者收集到的"讨论时间过长"的反馈数据是截然相反的，侧面证明本研究使用的情景能够有效调动学生讨论的积极性，让讨论组确实投入情景讨论当中。不过，笔者在仔细斟酌后，仍决定拟在第二轮评估活动中保留原讨论时长，因为有可能是计时员没有充分发挥其作用，导致讨论时间分配不均。

二是关于阅读情景和结果反馈的用时问题。一位评估者认为，"阅读情景和结果反馈可以稍微延长一些时间。阅读情景的延长可以让讨论者对文章和问题的认知更加深入，结果反馈的延长可以让评估者对讨论结果进行更加详细的解释说明"。以往的实践中也曾遇到过参与者反馈情景阅读时间不够的

① Schmeckpeper E R, Kranov A A, Beyerlein S W, et al. Using the EPSA rubric and EPSA Score to Evaluate Student Learning at the Course and Program Level ［C］//2015 ASEE Annual Conference & Exposition. Seattle, Washington: American Society for Engineering Education, 2015: 1-23.

问题。对此，哈迪桑托诺采用提前发放情景的方式，让学生对其内容充分研究[1]。CPSA 则是由于采用线上的方式开展较长时间的评估，允许学生对情景材料不断地深入研究[2]。考虑到现场阅读情景材料能够及时让组员分享和探讨想法，本研究决定拟加长阅读情景的时间，而不采用提前发放材料的方式。再就实际评估中结果环节而言，评估组与讨论组复盘讨论的过程中，会对评估标准以及如何在讨论中展现出非技术能力有更深层次的探讨，使学生对与非技术能力相关的知识及能力本身有更好的理解，帮助他们在今后更好地开展讨论，向"为了学习的评估"和"作为学习的评估"迈进了一步。故第二轮的评估活动拟加长反馈结果的时间。

（五）角色分配

总体而言，几乎所有参与者都能理解其在评估过程中的角色。第一轮评估活动共设置了五个讨论角色，分别为计时员、辅助者、调停者、对立者及总结者，旨在提升讨论的质量与效率。在问卷调查中，学生对表述"所有参与者都能理解其在评估过程中的角色"评分的平均数为 4.2，表明大多数参与者都能理解其在评估过程中扮演的角色。

但是，角色是否要固定地分配给讨论者个体的问题值得关注。在讨论中，角色有两种使用方法：一是将角色分配给个体；二是角色不分配给个体，作为角色工具供所有个体在认为有必要时选择使用。即使笔者在介绍活动流程时说明了讨论中的角色可以自由切换，但是在实际的讨论中，部分讨论者依然承担了某一个角色。讨论者反馈"受限于角色"，"比如对立者，需要刻意进行思考"。尤其在一个团体共同致力于得出解决方案时，对立者角色为顾全大局，可能对提出反对意见感到为难。因此，本研究拟将部分讨论角色设置为角色工具，不捆绑于任何一个人。

另外，讨论角色的设置需要调整。在实际讨论过程中，除了辅助者与计

---

① Hadisantono. Formalising and Evaluating the Assessment of Engineering Professional Skills [D]. The University of Auckland, 2020: 79.

② Kranov A A, Danaher M, Schoepp K. A direct method for teaching and measuring engineering professional skills for global workplace competency: adaptations to computing at a university in the United Arab Emirates [C] //2014 International Conference on Interactive Collaborative Learning (ICL). Dubai: IEEE, 2014: 29-36.

时员的角色，剩余角色很少发挥了应有的作用。基于此，拟做出若干调整。由于讨论时长有限，且指示性问题本身具有划分讨论阶段的作用，故去掉总结者的角色。同时，将辅助者和调停者结合成为推动者的角色，即负责推动整个讨论的进程的人。这里需要注意的是，不将该角色命名为领导者，是应创造一个平等的讨论环境，而不是让所有成员听从某个成员的分配。剩余的对立者角色将作为一个角色工具，允许讨论者在讨论过程中根据需要自由选择使用该工具。因此，第二轮的评估活动拟设置计时员、推动者、对立者三个讨论角色，其中对立者角色为角色工具。

（六）评估者评分

在第一轮评估活动中，有 3 位评估者给出的分数较为接近，但剩余 1 位评估者给出的 6 个分数都普遍较高。为确保评估者间信度，笔者要求 4 位评估者再次充分对差异较大的评分进行讨论，讨论之后再次评分。由此得到的最终评估结果如表 4-8 所示。

表 4-8　第一轮工程非技术能力的评估结果

非技术能力	评估者 1	评估者 2	评估者 3	评估者 4	平均分
非技术能力一	2.3	3.0	2.5	2.7	2.6
非技术能力二	3.0	3.5	2.5	3.0	3.0
非技术能力三	2.0	3.0	2.5	3.0	2.6
非技术能力四	2.5	2.5	2.0	2.0	2.3
非技术能力五	2.0	2.0	2.0	2.0	2.0
非技术能力六	2.0	3.0	2.5	2.0	2.4

注：最高分为 5 分。

但是，研究者观察到评估者缩小评分差距的过程较为生硬。在此过程中，由于活动已超出预计结束的时间，评估者们有些急于缩小评分差距，便以各让 0.5 分的方式达成一致。因此，本研究在第二轮的评估活动中拟不强求评估者将分数差控制在一定范围之内。在评分差距过大时，研究者将作为中立者介入，在充分衡量相关依据之后给出最终的分数。

从获得数据本身来看，讨论者们除了在非技术能力二，即团队合作能力上达到 3 分，其余的能力都处于"发展"阶段。该评估结果一方面可能确实反映了讨论组的整体非技术能力水平较低，另一方面也可能受到活动设计的影响。譬如，为得到讨论组真实的能力评价，笔者在活动前没有向其展示包含详细指标及不同等级描述的量规，这使讨论者们处于"弱势"，因为被试并不清楚一个好的讨论都应该展现哪些方面的能力。另外，为方便评估组在讨论组展现特定的非技术能力时快速找到量表中对应的内容，并进行现场评分，活动规定讨论组按照指示性问题的顺序逐个开展讨论，这可能也在一定程度上限制了讨论组的自由联想。最后，评估者们在较短的培训时间内可能还没有充分熟悉量规，对评分标准的理解存在一些分歧。因此，本研究拟在第二轮评估活动中让讨论者阅读量规，且不限制指示性问题的讨论顺序。

此外，在第二轮评估活动中拟增加个体评分环节。小组内部的组员表现有差异，所以如果仅在小组层面给予评分，个体就不能得到针对性的反馈与相应的改进建议。另外，哈迪桑托诺提出未来将尝试在个体层面上进行评分，本研究尝试回应其展望，在评估活动中拟增加评估者对讨论者个体评分的环节，以尝试同时在小组层面与个体层面上进行评分。个体评分表见附录八。

（七）信度

1. 基于证据的评估者讨论

本研究的评估活动中，评估者需要基于讨论者的真实表现进行评价，给出符合讨论者能力水平的分数。若最终的评分有大于 1 分的差距，评估者就要给出相应的依据来证明自己的观点，直至评估者之间达成共识。虽然达到完全一致的分数不太理想，但是基于证据达成一致的评估者讨论能够加深使用者对工具的理解，这本身就是保证工具信度的一种方式①。

2. 评估者一致性信度

本评估活动中讨论组的表现由多个评估者同时用相同的量规进行评分，因此也可以采用肯德尔和谐系数来表示评估者一致性信度。肯德尔和谐系数是表示多列等级数据相关程度的一种量数，常用于考查多名评分者评价结果的一致性程度。肯德尔和谐系数的取值范围介于 0 和 1 之间，系数越大就表

---

① Danaher M, Schoepp K, Rhodes A. Reliability and Validity of the Computing Professional Skills Assessment [J]. Global Journal of Engineering Education, 2019 (03): 214-220.

明评估方法的评估结果较一致；反之则表明评估结果之间分歧较大。本研究第一轮评估结果的肯德尔和谐系数为 0.625，该系数在 0.05 的水平上显著（$P=0.029$），说明 4 位评估者评分的一致性较高，观点较为和谐。

（八）效度

2014 年出版的《教育和心理测验标准》指出，效度指证据和理论支持测验分数的解释的程度，并提倡收集基于不同来源的效度证据。有五种效度证据来源，包括基于测验内容的证据、基于反应过程的证据、基于内部结构的证据、基于和其他变量的关系的证据、基于测验后果的证据[①]。本研究适合用基于测验内容的证据、基于反应过程的证据、基于测验后果的证据来评价效度。

1. 基于测验内容的证据

基于测验内容的证据是指实际测验内容与它试图测量的范围相一致的程度。本研究使用的 EPSA-H 量表在对 EPSA、CPSA 及 EPSA 课堂管理量表内容进行分析汇总的基础上，主要参照 ABET CAC 标准制定（见表 4-9）。表 4-9 中的标准也是我国工程教育认证标准的一部分，故本研究考查的评估内容与我国高校计算机专业毕业要求高度吻合。

表 4-9　ABET 计算机专业学生产出与 EPSA-H 量规维度的对应

ABET 计算机专业学生产出	EPSA-H 量规维度
（b）分析问题、识别和定义适合其解决方案所需计算机学科要求的能力	非技术能力一，学生们以计算机学科的视角解决问题
（d）有效参与团队合作，以实现共同目标的能力	非技术能力二，学生们作为一个团队共同合作
（e）对职业、道德、法律、安全和社会相关问题及责任的理解	非技术能力三，学生们能够考虑道德、法律和安全等方面的问题
（f）有效沟通的能力	非技术能力四，学生们具有有效沟通的能力

---

① American Educational Research Association, American Psychological Association, National Council on Measurement in Education. Standards for Educational and Psychological Testing [M]. Washington, D. C.: American Educational Research Association, 2014: 14.

续表

ABET 计算机专业学生产出	EPSA-H 量规维度
(g) 分析计算机学科对个人、组织和社会的地方和全球影响的能力	非技术能力五,学生们在地方和全球背景下分析现有计算机解决方案会带来的后果
(h) 具有需要参与持续专业发展的意识和能力	非技术能力六,学生们具有需要参与终身学习的意识和能力

在对评估工具进行本土化开发的过程中,笔者谨慎措辞,确保表述准确且符合中文语境。同时,笔者邀请 1 位教育科学研究院的评估领域的教师对量表的维度、修辞进行审查、修改和完善,能比较准确地反映出计算机专业学生非技术能力的实际情况。此外,笔者还邀请 1 位计算机专业毕业生对情景材料的内容及表述进行评价,该毕业生反馈"案例逻辑清晰、内容充实、素材丰富、理解起来没有问题",因此认为 EPSA-H 具有较好的基于测验内容的证据。

2. 基于反应过程的证据

基于反应过程的证据涉及被测者的内部加工过程。前文提到,第一轮的评估活动所用时间比预期多了 30 分钟,但是学生们仍希望加长开展讨论和反馈结果环节的时长,这侧面证明学生的确充分投入了评估活动之中,EPSA-H 能够在一定程度上有效激发学生展现出自身的非技术能力。

此外,问卷调查中,学生在表述"在本次讨论活动中,我充分展示出来了自身的非技术能力"评分的平均数为 3.2,意味着学生在讨论过程中确实展示出了他们的非技术能力,体现了学生心理反应的过程。因此,认为 EPSA-H 具有较好的基于反应过程的证据。

然而,3.2 的平均评分也表明讨论者们的非技术能力并没有得到充分的展现。那么,讨论者的能力为什么没有得以充分的展现?评估者给出的最终评估结果又是否与讨论者展现出的能力匹配?为了解答这两个问题,拟对第二轮评估活动的问卷进行修改。

首先,拟针对讨论组补充一个开放性问题"您是否在本次活动中充分展示出来了自身的非技术能力?请谈谈哪些因素影响了非技术能力的展示";针对评估组补充"您觉得您给出的评估结果是否符合小组的表现?请谈谈哪些因素影响了您的评估？"，以此分析讨论组的得分高低都受哪些自身和外在因素影响。其次，拟将原有的"在本次讨论活动中，我充分展示出来了自身的非技术能力"改为"本次活动中使用的情景能让您有效展示您的工程非技术能力吗？"。最后，拟给两组补充"本次活动增加了我关于非技术能力的知识"和"本次活动提升了我的非技术能力"的表述，旨在确定本次活动是否对参与者产生了积极影响。

3. 基于测验后果的证据

基于测验后果的证据是指与测验项目有关的后果是积极的还是消极的，也可称之为测验的反拨作用。本研究中基于测验后果的证据体现在学生对某些活动环节的喜爱，以及学生通过参与评估活动取得的收获。

总之，根据表4-7的问卷结果，表述"评估活动进展顺利"的平均分为4.6，证明第一轮评估活动进展顺利。

在开放性问题中，学生表示喜欢评估活动设计的开展讨论、反馈结果的环节，因为"讨论环节可以畅所欲言，表达自身对多方面信息的理解"，"评价环节可以学习讨论技巧，提高个人能力"。其中，大多数学生指出尤其喜欢"评估者与讨论者共同复盘讨论的环节"。双方组员通过共同分享看法，可以更好地理解评估者评分的依据及讨论者讨论的逻辑思路，共同探讨一个好的讨论还可以包含哪些内容。基于此，拟在第二轮评估活动中将复盘环节单独设置为一个活动环节，给予学生充分的时间共同讨论。

另外，学生通过参与评估活动取得了各方面的收获，如"能够认识到各种用于评估讨论的高效标准"，"评价环节可以学习讨论技巧，提高个人能力"，说明此次评估活动对学生有积极影响，在一定程度上让学生了解到什么是好的讨论，如何在讨论中展现较高层次的非技术能力。EPSA-H 通过开展情景讨论让讨论者施展出一系列非技术能力，继而通过反馈结果与复盘讨论让其清楚地明白自身的不足及要努力的方向；同时也让评估者通过明确划分的量规标准对被测组表现有待提升之处有直观的感受，这将对评估者日后参与讨论有益。因此，不管学生在本评估活动中是充当讨论者还是评估者，都会在某种程度上得到非技术能力及其知识的提高。综合以上分析，可认为EPSA-H 具有较好的基于测验后果的证据。

第四节　第二轮工程非技术能力评估行动研究

非技术能力评估第二轮行动研究在第一轮行动研究的基础上，对评估准备、评估流程都进行了若干调整。基于第二轮行动研究，本节将对指示性问题设计、情景设计、量规设计、时间分配、角色分配、评估者评分、场地布置、信效度进行进一步的讨论。

一、评估准备

首先，笔者确定了参与第二轮评估活动的 9 名学生，包括讨论组成员（5 名）与评估组成员（4 名）。研究原拟定再次邀请参与第一轮评估活动的 4 名评估者，但是其中 1 名评估者因故不能到场，故邀请第一轮评估活动中的 1 名讨论者充当第二轮评估活动的评估者。同时，重新招募了 5 名学生作为讨论者。

其次，与第一轮评估活动一样，评估时间定为周日上午 9：00，评估地点安排在图书馆的会议室。为方便评估者更直观地看到讨论者的非言语方面的表现，本次评估活动对参与者座位的布置进行了调整。讨论组成员的座位仍集中在一起，但是评估者的座位被摆放为一排，直面讨论者。

最后，第二轮评估活动同样准备了一系列评估活动所需物品，包括纸质版材料（活动流程介绍、情景、量规、问卷）、角色名牌、笔、水以及送给参与者的小礼物等。

二、流程安排

由于第二轮评估活动中的评估者已经在第一轮的评估活动中获得一定的经验，故第二轮的评估活动中没有再对评估者进行评估前的培训。

基于第一轮的反思与思考，对第二轮的活动流程做出调整。第二轮评估活动的流程如下。

首先，在等待所有学生到场的过程中，笔者让已到场的学生先阅读手中的材料，包括讨论者浏览量规。全部学生到齐后，笔者介绍了基于第一轮评估活动所做出的变动并解释了相应的原因，包括在角色设置、量规内容和部分材料表述上的变化，以及对个体评估环节的增加。随后，笔者对活动流程、评估内容及相关注意事项进行阐述，并强调评估结果仅用于研究，不会对参与者造成任何影响。介绍完活动之后，一名讨论组成员朗读情景说明和指示性问题，学生开始阅读情景材料。

　　然后，讨论组用 1 分钟的时间选定推动者和计时员，随即开展讨论，并在讨论过程中视情况使用反对者的角色工具。此时，评估者记录有关讨论组表现的关键信息，并尝试将信息对应到每名讨论者，完成相应评分。但是，在结果反馈环节中，评估组仅对讨论组的小组层面进行评价。如果对评估组的给分有异议，讨论组可在复盘讨论中向评估组提问。评估组针对差异较大的评分进行讨论，若有必要也可修改原评分。

　　最后，笔者邀请参与者填写问卷，对活动中使用的情景、量规，活动流程及活动收获等方面进行评价。将上述评估流程整理成表格后，如表 4-10 所示。

表 4-10　工程非技术能力评估（第二轮）活动流程设计

活动时长：约 120 分钟 活动流程：
环节一，介绍活动（10 分钟）
环节二，朗读说明与指示性问题（2 分钟）
环节三，阅读情景（15 分钟） ＊讨论者和评估者阅读情景。
环节四，选定推动者和计时员（1 分钟）
环节五，开展讨论（30~40 分钟） ＊讨论者动员所有组员参与讨论。 ＊讨论者自行选择角色工具，开展有效且高质量的讨论。 ＊评估者不参与讨论。 ＊评估者记录涉及各维度的内容，为之后的结果反馈环节做准备。

续表

环节六，反馈结果（15分钟） *评估者有2分钟的时间进行评分。 *每名评估者做2~3分钟的总结，为讨论组在六个方面的表现依次给出评分结果。
环节七，复盘讨论（15分钟） *讨论者就有异议的分数向评估者提问。
环节八，针对差异大的分数进行讨论（10分钟） *评估者之间给出的六个分值差不超过1分。（不强求）
环节九，填写问卷（10分钟） *讨论者和评估者填写问卷。
环节十，总结活动（3分钟）

三、研究结果与讨论

基于第二轮评估活动的问卷结果与实践观察，本节内容对 EPSA-H 工具本身与第二轮评估活动实施过程展开分析与讨论。同时，与第一轮的研究发现进行比较，对第一轮评估活动中出现的问题是否得到较好的解决做出回应，并进一步分析在第二轮评估活动中遇到的问题。对 EPSA-H 工具本身的讨论包括指示性问题的设计、情景设计与量规设计。对评估实施过程的讨论包括时间分配、角色分配、评估者评分与场地布置。第二轮评估活动的问卷结果如表 4-11 所示。

表 4-11　第二轮工程非技术能力评估活动问卷结果

序号	表述	平均分
1	指示性问题对指导讨论很有帮助	4.6
2	本次活动中所给的情景很容易理解	4.7
3	本次活动中所给的情景能够体现日常生活中的工程问题	3.4
4	本次活动中所给的情景包含完整的信息	3.8

续表

序号	表述	平均分
5	本次活动中所给的情景不包含带有偏见的信息	4.4
6	本次活动中使用的情景能让您有效展示您的工程非技术能力吗	4.0
7	本次活动中的评估标准容易理解	4.3
8	本次活动中的评估标准容易使用	4.3
9	基于本次活动中的评估标准能对不同能力水平合理定位	3.5
10	本次活动中的评估标准不包含带有偏见的内容	4.8
11	评估活动的时间充裕且分配合理	4.0
12	所有参与者都能理解其在评估过程中的角色	4.1
13	活动最终的小组评估结果和小组能力是匹配的	4.4
14	评估活动进展顺利	4.7
15	本次活动增加了我关于非技术能力的知识	4.0
16	本次活动提升了我的非技术能力	4.0

（一）指示性问题设计

总体而言，第二轮评估活动的参与者同样认为指示性问题对开展讨论有指导作用。第二轮问卷调查中，学生对"指示性问题对指导讨论很有帮助"评分的平均分为 4.6，与第一轮收集到的数据结果相同，进一步表明指示性问题的设计有助于学生开展讨论。

在第二轮评估活动中，指示性问题不够明确的问题得到了一定程度的解决。针对修改后的指示性问题 5 "关于解决方案，你的看法是？"，学生根据不同角度给出了三种解决方案的思路，即"科技公司应该将用户数据提供给政府"，"科技公司不应将用户数据提供给政府"及"科技公司与政府之间应寻求折中方案"，并竭尽所能对每一种思路及其潜在后果进行了详细的解释与分析。这证明修改后的指示性问题 5 减少了原表述的歧义。不过，笔者认为为了体现提供思路的原意，指示性问题 5 可修改为"对于情景中的问题，你解决问题的思路是什么？"

研究还发现，针对修改后的指示性问题 6 "你对情景中呈现的信息本身有什么看法吗?",部分学生仍感到此问题的表述有些模糊。实际讨论过程中,学生并没有对情景材料呈现的信息是否真实和客观等方面进行探讨,而是关注材料是否有逻辑或表述上的错误,导致讨论组在终身学习能力维度上的得分较低。据一名讨论者回顾,"主要是指示性问题 6,该问题问的是学生对信息本身有什么看法,如果问得更明确一点的话,(比如)说信息的来源、信息的类型,我可能就会想到(要从这些方面去思考问题了)。因为当时我看到这个问题,我以为是信息里面有错误信息,所以我在找这个材料里面有没有哪些逻辑错误,可能没有考虑它本身是否客观"。基于此,该讨论者建议:"我觉得这个问题可以问得更细一点。比如,你对呈现的信息本身有什么看法,可以细分成对它的来源,你觉得它可能是哪个报纸下面来的,哪个杂志,对吧?或者这个信息传递出来是为了什么目的?是为了宣传科技公司,还是宣传联邦调查局,还是宣传其他东西。这样一来,可能讨论的时候会更有目的性。"

然而,过于详细的引导会限制讨论范围,阻碍学生独立发现和分析问题。这可能导致学生机械式的作答,违背"学生有机会做出选择和决定"的高质量表现性评价标准。

究其根本,两轮活动参与者都对情景信息本身的批判性思考不足,恰恰反映出我国教育在学生批判性思维培养方面存在的不足。即便情景材料中罗列了参考文献,学生通常也不会尝试探究信息的有效性,而是仅注意了文献的年份。一位评估者在反馈讨论组在终身学习能力上的表现时,说道:"怎么评价情景信息,其实通过这两次评估活动,我已经不对这个问题抱有太大的希望。因为在过去的 20 来年,我们一直生活在一种只要考试给你材料,你就必须无条件信任它的环境之下。所以如果贸然地让你去质疑一个材料,不论你会不会去做,你都会觉得很不适应。你会感觉如果我连眼前这页纸都无法信任,我究竟还能信任什么?在这次讨论中我还有什么是可以相信,去说的、去讨论的?"因此,学生没有充分展示出本研究预期的能力表现,可能是因为在应试教育的大背景下,多数学生习惯了被动地接受学习和回答问题,而不习惯于主动提出问题。综上分析,认为指示性问题 6 的表述无须再修改。

（二）情景设计

第二轮评估活动参与者反馈本研究使用的情景适用于中国学生。根据表4-11，学生对问题"本次活动中使用的情景能让您有效展示您的工程非技术能力吗"的平均评分为4.0，证明研究选用的情景能够有效让学生展示其相应的非技术能力。同时，表述"本次活动中所给的情景很容易理解"，"本次活动中所给的情景不包含带有偏见的信息"获得的最终平均分分别为4.7和4.4，与第一轮的数据相比，前者下降0.3，后者没有明显的变化，故认为参与者对情景的设计相对认可。

但是，学生认为情景材料所给的信息不完整。表述"本次活动中所给的情景包含完整的信息"的最终平均分为3.8，与第一轮相比下降了0.4。这可能是因为一名讨论者在讨论中提及："我觉得材料缺少个人方面的看法，因为这里面主要写的是科技公司，还有联邦调查局，它对个人写得比较少，感觉可以再添加一些个人的看法。"哈迪桑托诺认为，为了确保问题的开放性，不设置一个"标准答案"，情景材料应该包含不完整的信息（incomplete information）①。本研究使用的情景材料提供了足以支撑讨论的信息，但是不够完整，而这正好达到了哈迪桑托诺所指的理想状态，即学生通过已知信息和额外猜测来解释和推断情景信息。

此外，参与者虽然认为情景事件具有真实性和相关性，但认为日后研究设计的情景需要加入能让讨论者置身其中的本土内容。参与者对表述"本次活动中所给的情景能够体现日常生活中的工程问题"评分的平均数为3.4，较第一轮高了0.6。但是，考虑到研究使用的情景事件发生于2015年，部分参与者提议可以更新一批较新的情景用于讨论。另外，学生虽然能在某种程度上尝试以全球化视角分析情景材料，但仍觉得案例与我国的现实存在一定差距。一位讨论者反馈："情景的选择让我觉得可输出的个人观点比较少。"建议"筛选出可讨论度更高的情景"，"加入更多种类的问题、更多案例"，再次体现了情景设计的重要性。因此，未来的相关研究要致力于开发具有本

① Hadisantono. Formalising and Evaluating the Assessment of Engineering Professional Skills［D］. The University of Auckland，2020：37.

土元素并满足一系列标准的情景，以帮助学生有效并充分展现其非技术能力。

（三）量规设计

总的来说，有了第一轮评估的经验，评估者们在第二轮中对量表的使用更加熟悉，参与者对量规设计的评价有一定程度的提高。根据表4-11，表述"本次活动中的评估标准容易理解"与"本次活动中的评估标准容易使用"的最终平均分都是4.3，较第一轮的结果分别上升了0.8和1.0；表述"本次活动中的评估标准不包含带有偏见的内容"的最终平均分为4.8，与第一轮获得的数据相同。这说明通过培训，评估者能够对量表的构成即内容加深理解，有助于对讨论者的表现进行更精确的评价。

但是，有一位评估者对非技术能力四的"5—掌握水平"描述提出了异议，认为要求学生在全球化背景下分析现有计算机领域问题解决方案会带来的后果似乎有些难度。这使相关表述"基于本次活动中的评估标准能对不同能力水平合理定位"的最终平均分较低。该评估者表示："我觉得（讨论组）已经做到了分析其他的一些后果，但是涉及全球背景的话，我感觉这一点可能没有那么容易被考虑到。因为我觉得把国家当成整体来考虑就可以了，要把各个国家之间都联系起来难度确实较大。"与前文相呼应，培养学生站在全球化视角下解决国际范围内的工程问题是新工业革命态势下的时代要求与必然趋势。同时，据华盛顿州立大学的规定，本科生的非技术能力达到3级（即可接受的能力水平）要求，就无须对非技术能力四的"5—掌握水平"描述进行修改。

（四）时间分配

研究再次验证了EPSA-H工具需要较多的时间投入。第二轮评估活动原设计时长为120分钟。原设计的评估活动环节结束之后，参与者除了对非技术能力评估方面进行探讨，研究者还向参与者现场询问了整个方案的可行性及有待加强之处。因此，第二轮的评估活动也超出了原计划的活动时长。

总的来说，第二轮评估活动参与者对活动时间的分配表示认可。据表4-11可知，学生认为评估活动设计的时间分配充裕且合理。

但是，学生仍希望有更多时间来阅读情景材料。实际活动中，因为一位评估者迟到，活动开展时间推迟了 15 分钟。等待过程中，笔者观察到讨论组成员在翻看情景材料。活动开始后，讨论组再次在阅读情景的环节上用 15 分钟熟悉材料，所以第二轮讨论组实际上有近 30 分钟的材料阅读时间。即便是这样，一位讨论者仍建议"先把材料用邮箱分发再集中线下讨论"，证明 30 分钟依然不足以让学生充分地挖掘信息并思考相关的指示性问题。通过对比两轮活动参与者的表现，确实发现学生阅读情景的时间越长，对情景材料的理解就越透彻，在讨论中也能更好地展现出其自身的非技术能力。在后续的研究中，可以适当加长学生阅读情景的时间，或将情景材料提前发送至学生的邮箱，让学生有充分的时间理解材料并搜索相关的信息。

至于讨论环节，第二轮评估活动的参与者并不需要额外的时间，讨论进行约 32 分钟时就结束了对所有指示性问题的探讨。这可能要归功于讨论组在讨论过程中多次相互提醒用时情况，并在某位组员的发言偏题时及时介入，以避免讨论组在某项问题的讨论上用时过久或做无效讨论。因此，所给的讨论时间是否充裕也需要讨论组成员之间的相互配合。

研究还发现，两轮的评估活动均在反馈和复盘环节用时较多，这也是两次活动都超出原计划时长的原因。虽然笔者设定每位评估者仅需用 2~3 分钟给出反馈，但是在实际活动中，每位评估者反馈的用时平均约 8 分钟，详细且充分地给出了各自的反馈即见解。此外，双方在复盘讨论的环节中，同样对量规标准有了更深层次的探究，并对如何表现会使讨论更好地开展的问题进行了探讨。所以，即使用时过长，笔者也没有打断或催促学生发言。反馈和复盘环节用时较多的一个原因可能是参与者知道评估活动是用于探讨评估工具能否在中国使用以及如何更好地使用，因此想要更多地贡献自己的想法；另一方面，评价一般都带一点个人主观性，因而容易引发不同意见。而且，学生讨论和评估得越投入，他们在反馈和复盘环节就可能会更愿意发表自己的观点。笔者认为，在参与者愿意发表观点的情况下，可以不限制时间让他们充分表达，因为这是个好的学习机会。

（五）角色分配

表 4-11 显示，所有参与者都能理解其在评估过程中的角色。为了改善

将角色分配给个人导致学生受限于角色的问题，第二轮评估活动仅指定计时员和推动者的角色，对立者为角色工具，供学生自由使用。

有趣的是，讨论开始时当笔者询问讨论组是否有人自愿或推荐其他人充当推动者角色时，讨论组组员拒绝将该角色分配给任何一个人，而是希望将推动者角色也设置成一个角色工具。后续的讨论中，有学生建议："可以不设定推动者，但是把该角色的任务介绍给大家，有助于团体的参与。"

事实上，无论在讨论之前是否将推动者角色指定给某个人，当团队中有成员的非技术能力颇强时，都会有成员随着讨论的进行自然而然承担起该角色的职责，引导大家发言和讨论。这样一来，是否提前指定某个学生为推动者就没有那么重要了。因此，笔者认为，未来的评估实施中，可以按学生的意愿选择将推动者角色指定给某个人，或是将推动者角色设置为角色工具。

通过两轮评估活动我们发现，不论是将对立者角色分配给某位成员，还是将对立者角色设置为角色工具，都不会得到研究者所期待的效果。讨论过程中，讨论者们很少会提出反对意见，来帮助小组重新思考解决方案的可行性，而是更倾向于共同努力达成一致并解决问题。这可能是因为讨论者在讨论过程中碍于颜面，不好意思提出反对意见，也可能是讨论者担心反对使得讨论过于复杂导致得不到一致意见或将某些问题的讨论时间拉得过长。因此，为了充分发挥对立者角色的作用，让讨论组全面考量方案的可行性，在必要时可考虑将讨论组分为两个对立面并设置一位中立者，从而锻炼学生的批判性思维。

（六）评估者评分

经过第一轮的实践，评估者们在第二轮的评分中明显展示出了较高的一致性，只是在非技术能力四上给出的分数略有差别。评估者针对该项能力的评分进行再次探讨后，给出的最终评估结果如表 4-12 所示。

表 4-12 第二轮工程非技术能力的评估结果

非技术能力	评估者 1	评估者 2	评估者 3	评估者 4	平均分
非技术能力一	3.67	3.0	3.0	3.3	3.2
非技术能力二	4.0	3.0	3.0	4.0	3.5
非技术能力三	3.0	3.0	3.0	2.0	2.8
非技术能力四	3.0	2.0	3.0	3.0	2.8
非技术能力五	2.0	2.0	1.5	1.5	1.8

注：最高分为 5 分。

不管是通过对评估结果的分析还是观察学生现场表现，第二轮评估活动讨论组比第一轮讨论组整体表现都更好，且对每个指示性问题都明显有了更加深入的探讨。起初，笔者以为这是由于讨论者们在讨论前浏览了量规，对一个好的讨论表现应具备的元素有了大致了解。然而，在后续的交谈中，讨论组部分成员表示"当时收到评估表的时候，我觉得这好像不是我们该看的东西，然后我就主动地，其实压根就没有看，我的想法是自由地展示我们自己"；"因为我觉得看了这个之后，可能会影响我们讨论时候的方向和思路嘛，我看到哪一点就往哪里靠，可能分数会更高，如果这样的话对本身这个讨论就……"；"就有目的性在里面了"。因此，第二轮讨论组比第一轮讨论组的表现更好，一方面可能是因为该组成员的非技术能力水平确实高于第一轮讨论组成员；另一方面可能是因为第二轮讨论组阅读情景的时间多于第一轮讨论组，使得第二轮的讨论组有更充分的时间去理解、分析情景，并记录自己的想法。

学生认为活动最终的小组评估结果和小组能力是匹配的。讨论组对"活动最终的小组评估结果和小组能力是匹配的"的平均评分为 4.4，证明了评估结果与讨论组能力有较好的匹配度。同时，评估组也反馈其给出的评价结果"整体符合"讨论组表现，并列举出影响其评估的因素，包括"因讨论组提前熟悉评价标准而抱有的高预期"，"讨论者是否有条理清晰的总结"，"评估者自身对量表的理解"，"评估者的记录速度"以及"对讨论组的整体印象"，等。未来的研究需要考虑上述影响因素对评估的影响。

基于第一轮的思考，笔者有意给讨论组个体提供更具有针对性的反馈，再加上哈迪桑托诺在其研究展望中也提到对个体的评价，在第二轮评估活动中加入了个体评分的环节，但是并未得到所期待的效果。实际讨论中，笔者也发现，对评估者而言，在短时间里合理分配注意力和时间来评估团体和个体有相当的挑战度。另外，在某些维度上给个体评分较难，因为很多问题需要讨论组成员群策群力，相互补充观点，通过互相构建并完善组员的想法获得最终解决问题的思路。评估者表示："我感觉这个（个体评分）是没必要加的，因为在提到利益相关者的时候，他们每一个人说了一个方面，一个人评分的话肯定都评的少，但是把他们说的那几个点结合起来就变得全面一些，所以总体会高一些。""按个人的话，有的人已经提到某个观点，意见重合了，其他人就没必要再说了。"不过，评估者一致认为个体评分表有助于记录每个人提到的信息。在 EPSA-H 工具的使用中，如何更好地实现个体层面的评分还有待进一步探究。

（七）场地布置

第二轮评估活动参与者对场地布置提出了建议。讨论过程中，学生因为被限制在座位上，且手中有材料和笔，导致其不能充分施展肢体语言。学生建议"可以在说话的时候提供白板和舞台，更好展示"，"提供一个立式或手写白板供讨论者梳理及表达，工具放置在一旁即可"。这样一来，学生在站着书写的过程中就可以更好地展示非言语方面的能力。另外，将总结的信息写在白板上，也可以方便讨论组总结及评估组评分。

（八）信度

第二轮的评估活动中，基于证据的评估者讨论同样构成保证 EPSA-H 工具信度的一种方式[①]。此外，第二轮评估结果的肯德尔和谐系数为 0.789，该系数在 0.05 的水平上显著（$P = 0.013$）。与第一轮评估结果的肯德尔和谐系数相比，有了更高的评估者一致性信度。

---

① Danaher M, Schoepp K, Rhodes A. Reliability and Validity of the Computing Professional Skills Assessment [J]. Global Journal of Engineering Education, 2019 (03)：214-220.

（九）效度

1. 基于反应过程的证据

第二轮评估活动中，基于反应过程的证据分为两种，分别从讨论者和评估者的角度分析。

前文中提到，参与者认为情景能够让其有效展示自身的非技术能力。另外，根据开放性问题"您是否在本次活动中充分展示了自身的非技术能力？请谈谈哪些因素影响了非技术能力的展示"得到的反馈，多数学生给出肯定的回答，也有部分学生用了"基本""一般"的词汇。但是总体而言，证明了 EPSA-H 能够在一定程度上有效激发学生对相关能力的展示。

基于学生的反馈，研究发现影响讨论组展现其非技术能力的因素包括对讨论流程的熟悉程度、组员之间的熟悉程度、情景的选择、场地和时间的安排等。因此，未来的研究需要格外重视这些因素。

在评估者方面，评估者对讨论组的表现进行细致观察，记录关键信息并将其对应于相应的非技术能力后，再针对性地给予反馈，也证明了讨论者在讨论过程中展现出了预期的反应过程。因此，可认为 EPSA-H 具有较好的基于反应过程的证据。

2. 基于测验后果的证据

第二轮评估活动中，基于测验后果的证据分为三种，包括参与者对活动环节的喜爱、通过参与活动获得收获及对教育领域表示出兴趣。

根据表 4-11 所示，参与者认为第二轮评估活动进展顺利。在"喜欢本次评估活动的哪些方面？"的开放性问题中，所有参与者的回答都与讨论环节相关。主要分为活动中讨论环节、复盘环节，以及研究者在现场与参与者共同探讨该评估活动可行性的环节。就活动中的讨论环节，参与者"喜欢组员之间和谐的氛围，流程的清晰，自由的价值取向""讨论氛围比较好，都能积极讨论，整体活动比较活跃"；就讨论后的复盘环节，参与者认为"可以全员参与讨论，增加了评估者与讨论者的互动性，有助于产生新思路""评估者的总结和评论中肯、清晰"；关于对评估活动可行性的讨论，参与者认为"整体对方案的不足进行探讨，评价，能给出比较好的看法"。

研究还发现，使用 EPSA-H 工具有助于增加学生关于非技术能力的知识，并提升其非技术能力。由表 4-11 可知，学生在"本次活动增加了我关于非技术能力的知识"和"本次活动提升了我的非技术能力"表述上的最终平均分均为 4.0，证明学生通过参加本研究的评估活动有所收获。

此外，评估活动的开展激发了学生对教育学领域的兴趣。活动结束后，部分学生发出感慨，"剖析人应该具备哪些能力，感觉很奇妙"，"我突然想转专业学习教育"。本研究使用的 EPSA-H 工具让参与者真正地思考教育问题并领略到了教育的魅力，因此认为 EPSA-H 具有较好的基于测验后果的证据。

第五节　总结与展望

基于上述研究，可以对 EPSA 是否适合于我国及如何使用进行总结。同时，虽然本研究有若干创新之处，但如果要高质量地评估非技术能力，还有诸多问题需要未来研究的进一步探索。

一、总结

经济全球化和产业革命变迁对 21 世纪工程师应具备的素养提出了更高的要求，使非技术能力在当代社会环境下显得格外重要。为确保高校培养出的人才满足劳动力市场的需求，工程教育专业认证领域针对工程专业毕业生制定了明确的能力框架，要求毕业生具备一系列技术能力与非技术能力，但是如何有效并直接评估非技术能力在世界范围内一直是不小的挑战。为了避免间接评估较低的客观性，并提高评估效率，华盛顿州立大学开发了一种表现性评价工具——EPSA，这是首个可以直接并同时测量多项非技术能力的评估工具。经过多年的实践，EPSA 被证明是一种有效且可信的工具。

本研究对 EPSA 的情景、指示性问题、量规、活动流程等方面做出调整和翻译之后，形成本土化的 EPSA-H 工具，并以 H 大学信息科学与工程学院若干名修读过信息安全类课程的大三和大四学生为研究样本，开展了两轮工程非技术能力评估活动，旨在探讨该评估工具是否适用以及如何更好地使用于中国工程教育领域。

研究发现，从信度和效度来看，EPSA 在我国是适用的。在信度方面，两轮评估活动中，基于证据的讨论使评估者对量规内容有更深层次的理解，构成一定的信度证据。此外，两轮评估活动的肯德尔和谐系数分别为 0.625 和 0.789，证明评估者评分的一致性较高，且随着评估者对量表熟悉程度的增加展现出更高的一致性。在效度方面，学生参与评估实践的反应和感知构成了基于反应过程和测验后果的证据。另外，本研究的评估内容与我国计算机专业毕业要求高度吻合，构成基于测试内容的效度。

此外，针对 EPSA-H 在我国的高质量使用有哪些实施策略及重点注意事项，本文通过两轮实践得到了一些经验。主要有以下几点。

第一，提前设置培训环节，以减少评估者对量表理解的分歧。通过两轮评估活动，可以发现，评估者对量规熟悉程度越高，在评分过程中就越能展示出较高的评估者一致性信度。因此，评估活动之前宜精心组织培训环节，对量规的背景知识、评分细则和使用方法进行说明。同时，培训过程中可以结合实际案例进行演示和讨论，帮助评估者理解和应用量规，帮助评估者学会应对可能遇到的问题。

第二，情景设计要兼顾国际化和本土化。在经济全球化的背景下，培养具有解决国际范围内复杂工程问题能力的毕业生，是我国高等教育工程专业要重视并做好的工作。如前文所述，世界上许多高校实施了一系列项目或在多个国家建立了项目中心，旨在培养具有全球视野的工程专业人才。因此，为了提高学生的全球素养，加强学生的文化包容和跨文化交流能力，情景案例中的信息应注重在全球背景下呈现。同时，情景设计也要加入一些国内的本土元素。中国工程发展有自身特征，将本土情景元素融入案例设计中，能够让学生更好地了解和分析国内工程领域发展的特点和挑战，让学生在探索国际化问题的同时，对国内工程领域有更深入的理解和思考。

第三，量规设计要兼顾理论性和实用性。首先，理论性意味着量规设计需要与工程教育专业认证要求紧密贴合，确保量规具备较高的准确度和可靠性。其次，实用性是指量规的设计需要充分考虑实际应用的需求和使用环境，要尽可能简化结构，提高使用的便捷性和效率，确保设计出的量规方便使用、易于操作。在量规设计过程中，理论性和实用性相辅相成、相互依存。只有充分结合理论和实际需求，设计出既符合科学原理又能满足实际应用的量规，才能在评估实践和研究中发挥更大的作用。

第四，为学生提供较长的情景阅读时间。情景材料往往包含了复杂的背景信息且涉及多方利益相关者，需要学生站在不同的视角，预判不同解决方案可能带来的预期及非预期后果。通过给予学生较长的情景阅读时间，可以帮助他们更加仔细地分析情景材料中的各个要素，并推敲出不同观点和解决方案的利弊。这种深入的思考过程有助于培养学生的批判性思维、综合分析能力和判断力。同时，较长的阅读时间也有助于学生挖掘情景材料背后的潜在信息，从而更好地理解问题的本质和复杂性。因此，阅读情景材料的时间可以适当延长，避免学生对情景材料的理解不透彻成为其展现非技术能力的阻碍。

第五，指示性问题要有清晰的指示功能。指示性问题能够在学生阅读完材料之后引导其围绕特定主题开展讨论，在情景材料与学生讨论之间起到衔接作用。因此，指示性问题的表述应当明确具体、简洁明了，使学生能够准确理解问题的核心内容和所期望的回答方向。同时，问题的叙述应当具备一定的逻辑性，以帮助学生在思考时能够清晰地理解问题的结构以及不同问题之间的关联性。

第六，角色可以按学生的意愿选择指定给某个人，或将其设置为角色工具。本研究发现，若将讨论角色强制指定给特定学生，可能会使其受限于角色而无法充分展现自身的非技术能力。另外，即便不将讨论角色指定给任何学生，在讨论过程中一般不同能力特征的同学会自然而然地承担起某角色的职责。因此，评估活动组织者有必要让全体讨论者知悉每个讨论角色的职责，不过，是否需要将角色指定给某位学生可以根据学生的意愿决定。没有被选择的角色则可以设置为角色工具，供学生在讨论过程中根据需要自由使用。

基于拉里·舒曼提出的非技术能力评估的三大阻碍①，本研究对 EPSA-H 工具的实施进行了反思。

首先，"不同的工程领域、行业对非技术能力的理解及其表现缺乏共识"。即使是在工程教育专业认证的领域中，不同的专业也设有不同的毕业要求，因此在 EPSA 的实践中，需要特别注重情景设计和量规编制与被试所在专业的贴合度。本研究使用的 EPSA-H 中，量表编制与中国计算机专业的毕业要求紧密贴合，对学生应具有的非技术能力及相应的表现进行了明确规定与详细描述。同时，活动开展之前对评估者进行培训，使其对非技术能力及其不同级别的表现有初步共识。

其次，"学习成果的评估范围难以确定"。普遍来说，技术能力主要通过课堂教授习得，而非技术能力主要通过在课堂、实习及小组作业等各种渠道中解决技术问题得以提升，因此，非技术能力的评估范围不局限于传统的课堂纸笔测验。本研究使用的情景材料通过呈现真实、跨学科且复杂的工程问题，为学生创造了一个发现、提出、分析、解决问题的机会，让学生在解决技术问题的过程中展现出非技术能力，评估者得以观察、评估学生的非技术能力。

最后，"测量非技术能力本身很难，因为它与技术能力是相辅相成的"。评估设计者在设计评估工具时，应该尽量减少参与者的表现对技术能力的依赖，从而增大参与者表现出非技术能力的可能性。本研究使用的情景创造了多方利益相关者之间的矛盾，涉及道德、法律、安全、社会和全球化等各方面的问题，尽量让学生围绕非技术方面展开讨论。尽管如此，在我们的评估活动中，讨论者如果缺乏对情景案例相关的知识背景的了解，也可能会影响其非技术能力的发挥。因此，在非技术能力评估推广使用过程中要增加对避免技术能力产生过高影响的研究。

---

① Shuman L J, Besterfield-Sacre M, McGourty J. The ABET "professional skills" —Can they be taught? Can they be assessed? [J]. Journal of engineering education, 2005 (01): 41-55.

二、创新与不足

当前，国内对于非技术能力评估方面的文献研究不足，高校在工程专业认证中难以形成有力支撑学生非技术能力达成的证据。基于此，本研究尝试将国外的一种非技术能力评估工具应用于国内，探讨该工具的使用价值及改进策略，在一定程度上为我国工程教育领域内非技术能力的评估做出了理论和实践层面上的贡献。

此外，本研究回应哈迪桑托诺对未来研究的展望，在第二轮评估活动中对个体层面的表现也进行了评分，然而其结果并不理想。一方面，评估者表示兼顾团体层面和个人层面的评分有较大难度；另一方面，讨论组在部分维度上的讨论结果基于每位讨论者的贡献，因此给个体评分较难。如何更好地对个体进行评分有待进一步的探究。

同时，研究本身也存在一些不足。首先，本研究基于选用的情景材料，尚未找到中国政府对相关案例的做法，因此未能加入本土化元素，这可能在一定程度上影响了学生非技术能力的发挥。其次，本研究设计的量规基于ABET计算机认证委员会（CAC）制定的标准，虽然与中国《工程教育认证通用标准》的能力框架有极高的相似度，但是未考查创新意识和国际视野等学习成果。

三、展望

基于前文呈现的研究不足之处与评估实践所得经验，EPSA在中国的推广使用应注意以下几点。

第一，设计带有中国本土化元素的情景。情景在EPSA工具的使用中具有绝对重要作用，可在一定程度上决定讨论组能否有效就给出的情景信息展开讨论，从而有效展示其自身的非技术能力。本研究的情景案例发生于2015年，时间略微久远可能导致学生对该事件的知识背景不太熟悉，成为讨论的障碍。另外，案例中加入一些本土化的内容能够使讨论者对讨论话题更有参与感。因此，未来的研究需要致力于开发一批较新、具有本土化内容且满足一系列标准的情景，以帮助学生最大限度地展现其非技术能力。由于情景要提供真实的问题和挑战，以让学生形成可行的解决方案及策略，研究者可在地方做调研，根据当地利益相关者所面临的情况来设计情景。

第二，针对中国工程专业认证标准设计量规。本研究使用的量规在ABET 能力框架下作出调整，未来的评估实践量表中可以考虑纳入中国工程教育专业认证中对中国工科毕业生的要求，如"体现创新意识"，"具备一定的国际视野，能够在跨文化背景下进行沟通和交流"，从而更加系统、全面地评估中国工程专业学生的非技术能力。

第三，根据评估目的选择不同群体作为评估者。在以往的 EPSA 实践中，虽然有学生扮演评估者的情况，但是大多数情况下都是教师或专家充当评估者，为学生进行评分。这样的安排固然是理想的，但是在中国不太现实。由于工程专业学生群体数量庞大，邀请教师扮演评估者将耗费大量的时间和精力。本研究中的讨论者和评估者均为学生群体，虽然与教师和专家相比，学生的知识储备量相对较少，且熟悉量规的过程也较久，但是评估的过程本身对学生来说就是一个学习过程。同时，学生评估者的视角可能会提供更加贴切的反馈。因此，笔者认为可以根据评估目的的不同选择教师或学生作为评估者。大多数以培养和练习为目的的课堂评估活动中可以选择学生作为评估者，用于专业层面的认证则可以邀请教师或专家来充当评估者。

非技术能力的测量难度颇高，EPSA 评估工具在中国工程教育专业认证领域的高质量应用不仅需要有力的政策支撑，还需要强大的师资力量。由于笔者学识和精力有限，本研究还有诸多问题值得未来进一步思考。例如，如何处理 EPSA 与对学生的评估、为了学习的评估、作为学生的评估的关系？如何让量规更好地被理解？如何处理 EPSA 对时间的高要求与现实生活中时间的有限性的矛盾？如何实现个体层面上的非技术能力评估？

第五章　学生视角下工程教育认证实效[①]

工程教育认证是高等教育质量保障的重要方式之一，我国自 2016 年就成为《华盛顿协议》正式缔约成员，有必要考查其成效以进行针对性改进。研究采用全球"研究型大学本科生就读经历调查"，使用 2017—2018 年度 A 校调查数据分析参加工程教育认证专业学生的学习与发展状况，以反映学生视角下工程教育认证现状。

第一节　学生视角下工程教育认证实效研究设计

一、研究问题

工程教育认证需要大量人力、物力、财力的投入，更关乎高等工程教育质量及其提升。随之而来的一个重要问题是：工程教育认证是否真正有效保障和提升了工程教育质量？中共中央、国务院于 2020 年 10 月印发《深化新时代教育评价改革总体方案》，明确要求教育评价要"坚持科学有效"。工程教育认证是评价工作的一种，有必要考查其成效，对此我国尚缺乏专项实证研究。本节基于大学生就读经历调查数据，通过比较参与和未参与工程教育认证专业学生的学习和发展状况，对工程教育认证成效进行实证研究，为我国工程教育认证的后续发展提供对策。

[①]　本章内容以"学生视角下工程教育认证成效的实证研究——基于 A 校 SERU 调查数据"为题载于《大学教育科学》2023 年第 3 期，署名：刘声涛，刘旭，刘清清，张煜灵。略有改动。

二、文献回顾

要评估工程教育认证成效，首先要明确工程教育认证的目的及其达成方式。《华盛顿协议》所属国际工程联盟（International Engineering Alliance，IEA）将《华盛顿协议》界定为："负责认证工程专业学位的机构之间的国际协议。它确定（建立）了所有这些机构的工程教育专业（认证）标准的基准。"[①]《华盛顿协议》确定的基准是对本科毕业生的质量要求，包括专业培养目标是培养工程师，毕业生应具备广泛的前沿知识以及解决复杂工程问题的技术与非技术能力。在 2021 版《华盛顿协议》中，其质量要求具体包括工程知识、问题分析、设计/开发解决方案、研究、使用工具、工程师与世界、伦理、个人与团队、沟通、项目管理与财务、终身学习等 11 项学生学习成果标准。和传统教育相比，《华盛顿协议》体现了教育范式的转变：从注重输入性要素转变为注重输出性要素，即学生学习成果。《华盛顿协议》基准在我国《工程教育认证标准》中对应的是培养目标、毕业要求，在此基础上，我国还加入了课程体系、学生、持续改进、师资队伍、支持条件等质量管理标准，构成了既关注培养过程，又关注培养结果的标准。因此，检验我国工程教育认证成效，需要同时考查参加并通过认证的工程教育专业在人才培养过程及人才培养结果上的质量。

工程教育认证需要资源的投入，同时还面临转变教育范式的挑战，这引发了许多专家学者对工程教育认证成效的关注。有学者发出"工程教育认证是积极改变的机会还是海市蜃楼？"的疑问[②]。由于社会环境、教育体制机制、教育发展阶段等的差异，工程教育认证成效在不同地区存在差异。2002年，美国工程和技术鉴定委员会（Accreditation Board for Engineering and Technology，ABET）委托宾夕法尼亚州立大学高等教育研究中心开展一项为期三年半的研究，用以评估成果导向的工程认证标准（EC2000）是否产生了预期的影响，该研究名为"工程变化：EC2000 影响研究"。研究面向教师、专业

---

① 戴先中. 对工程教育专业认证标准的再认识［J］. 中国大学教学，2022（11）：4-11.

② Uziak J，Oladiran M T，Walczak M & Gizejowski M. Is Accreditation an Opportunity for Positive Change or a Mirage？［J］. Journal of Professional Issues in Engineering Education & Practice，2014（01）：1-5.

负责人、高年级学生、校友、雇主进行问卷调查，并使用专业协会和学校数据库，收集参与工程教育认证专业学生的学习成果、院校和专业特征、行政政策和组织影响、课程和教学、教师文化、持续改进实践、认证过程的信息，分析 EC2000 对专业办学、学生学习经历及学习成果的影响，最后得出了"成果导向的工程认证标准能保障工程教育质量"的结论①。我国台湾地区2007 年加入《华盛顿协议》，学者张佩芬及其团队成员就工程教育认证的影响面向院系主任、教师、学生及雇主进行问卷调查及访谈，得出"台湾工程教育认证偏向评估整体教育的质量，缺乏对评估机制的深度审视，教师们难以评估认证前后学生核心能力是否有变化"等结论②③。

我国目前对工程教育认证成效的实证研究很少，部分学者在文献中对我国工程教育认证现状、问题有一些思考、评论，体现了他们对工程教育认证成效的关注和担忧。例如，戴先中在论及我国高校对工程教育标准的认识时谈到，"不少学校和专业抱怨目前认证标准的要求太高，又太复杂，要求放松标准。相反，国内一批顶尖工程专业认为认证标准要求太低，再加上同样认为认证标准要求太复杂，而不愿意参与"④。总之，不管是认为认证标准低还是高的学校，都认为认证标准太复杂。此种状况下，工程教育认证成效难免让人担忧。针对我国工程教育认证中毕业要求指标点分解实践，戴先中指出指标点分解下工程教育教学系统运行流程"分歧最大、意见最难统一，说是乱象，一点也不过分"⑤。上述观察和思考表明，正式、规范地评估我国工程教育认证成效，并据此进行针对性改进非常必要。

要评估工程教育认证成效，首先要明确评估视角。对于教育成效，高等教育界多主张应从关注外部的资源、声望转向关注内部的增值、发展，特别

① Volkwein J F, Lattuca L R, Terenzini P T, et al. Engineering Change: A Study of the Impact of EC2000 [J]. International Journal of Engineering Education, 2004 (03): 318-328.

② 林妙真，张佩芬. 国内工程及科技教育认证制度实施之调查研究 [J]. 科技与工程教育学刊，2013 (02): 30-49.

③ 林妙真，张佩芬. 工程及科技教育认证制度下的学生核心能力与评估：大学教师，系主任，院长的观点 [J]. 教育科学研究，2013 (04): 37-68.

④ 戴先中. 对工程教育专业认证标准的再认识 [J]. 中国大学教学，2022 (11): 4-11.

⑤ 戴先中. 工程教育专业认证中毕业要求分解指标点的利弊 [J]. 高等工程教育研究，2022 (03): 60-66.

是以学生参与和学生学习成果获得来衡量。

学生参与（Student Engagement）概念的提出者乔治·库（George D. Kuh）认为，学生参与是指学生参与高质量教育活动的程度以及学生对支持学习和发展的院校环境的感知程度[1]，也即学生参与包括个体投入、院校环境感知两个部分，它们被证明与预期的大学学习成果高度相关。乔治·库的观点在很多研究中得到呼应。拉尔夫·泰勒（Ralph Tyler）、罗伯特·佩斯（Robert Pace）、亚历山大·阿斯汀（Alexander Astin）都以不同表述强调了个体投入，而文森特·汀托（Vincent Tinto）、内斯特·帕斯卡雷拉（Ernest Pascarella）等都强调了环境感知。乔治·库在"学生参与"概念表述中将学生对院校环境的感知和学生个体投入并列，有学者认为这在一定程度上混淆了学习投入的本质内容和影响因素，主张将两者区分开来[2]。我国学者陆根书等结合相关研究，提出大学生学习经历的概念模型，即大学生的学习经历可以从学生投入学习与发展活动中的状况，以及学生感知的学校是如何支持和鼓励其积极投入学习与发展活动中的状况两个方面来分析[3]。

学生学习成果也被称为学习收获、学习成效、学习结果、学业成就，是高等教育质量的核心和最直接的证据，目前已是国际与区域、国家、高校等层面高等教育质量的关注焦点。我国明确了学生学习成果在高等教育评估中的重要性。《国家中长期教育改革和发展规划纲要（2010—2020）》明确提出建立高等学校质量年度报告发布制度，将学生学习成果列为质量年度报告内容之一。在工程教育认证中，"成果导向"是三大理念之一。若要将学生学习成果用于教育质量评价，一是要明确学生学习成果的构成，二是要开发学生学习成果的评价方法。如前所述，《华盛顿协议》将专业教育培养目标具体化为 11 项学生学习成果。美国学生学习成果评估研究所（National Institue for Learning Outcomes Assessment，NILOA）2013 年的调查表明，三种

[1] Kuh G D. The National Survey of Student Engagement：Conceptual and Empirical Foundation [J]. New Directions for Institutional Research，2009（141）：5-20.

[2] 徐丹，蒋婷. 挑战与支持：院校环境感知如何影响中美日研究型大学本科生的学习 [J]. 大学教育科学，2022（04）：74-84.

[3] 陆根书，胡文静，闫妮. 大学生学习经历：概念模型与基本特征——基于西安交通大学本科生学习经历的调查分析 [J]. 高等教育研究，2013（08）：53-61.

常用的学生学习成果评估方法分别是全国性学生调查（占 85%）、量规（占 69%）和基于课堂教学的评估（占 66%）[1]。美国高等教育认证委员会（Council for Higher Education Accreditation，CHEA）的研究表明，参与认证的大学和专业使用全国性及自行开发的调查问卷、标准化及自行编制的考试、档案袋等方法收集学生学习成果数据[2]。总之，学生学习成果评估的方法既包括以测验为代表的直接评价法，也包括以调查为代表的间接评价法。

　　研究型大学本科生就读经历调查（The Student Experience in the Research University，SERU）是有代表性的调查学生参与和学生学习成果的工具之一，这项调查由加州大学伯克利分校组织发起，其测量学质量经过了专家团队的检验。全球包括北美大学联盟的多所顶尖公立大学及英国、日本、中国等国的多所一流大学使用该调查工具。在我国，SERU 已广泛用于大学本科生学习与发展研究，如研究型大学本科生学习投入现状研究[3][4]、研究型大学本科生核心能力及其发展研究[5][6]、研究型大学本科生学习经历影响因素研究等[7][8]。从研究趋势来看，应用 SERU 进行的实证研究一方面更注重国际比较——寻找我国的国际定位并为今后的发展提供参考，另一方面更注重国内高校不同群体的比较，如以转专业意向、自主招生、是否为第一代大学生作为群体分类依据，为不同群体的大学生发展提供参考。本研究属于后者。

　　① Kuh G D, Jankowski N, Ikenberry S O, et al. Knowing What Students Know and Can Do：The Current State Of Student Learning Outcomes Assessment in US Colleges and Universities［R］. National Institute for Learning Outcomes Assessment，2014：12.

　　② Peter T. Ewell. Accreditation and Student Learning Outcomes：A Proposed Point of Departure［R］. CHEA Occasional Paper，2001：11.

　　③ 常桐善. 中美本科课程学习期望与学生学习投入度比较研究［J］. 中国高教研究，2019（04）：10-19.

　　④ 陆根书，彭正霞，胡文静. 不同学科大学生学习经历差异分析［J］. 苏州大学学报（教育科学版），2014（01）：64-73.

　　⑤ 常桐善. 中美研究型大学本科学生基本能力比较研究［J］. 中国高教研究，2018（02）：48-55.

　　⑥ 陆根书，刘秀英. 大学生能力发展及其影响因素分析——基于西安交通大学大学生就读经历的调查［J］. 高等教育研究，2017（08）：60-68.

　　⑦ 吕林海，龚放. 中美研究型大学本科生深层学习及其影响机制的比较研究——基于中美八所大学 SERU 调查的实证分析［J］. 教育研究，2018（04）：111-120.

　　⑧ 吕林海，龚放. 求知旨趣：影响一流大学本科生学习经历质量的深层动力——基于中美八所大学 SERU（2017—2018）调研数据的分析［J］. 江苏高教，2019（09）：57-65.

三、研究设计

（一）调查工具和样本构成

研究采用的调查工具是全球"研究型大学本科生就读经历调查（SE-RU）"。A 校自 1995 年开始参加工程教育认证，迄今共有 16 个专业共计 26 次参加并通过工程教育认证（部分专业多次参加并通过）。在 A 校 2017—2018 年度 SERU 调查中，有参加工程教育认证专业的大学二、三、四年级学生样本共 702 人，未参加工程教育认证专业的大学二、三、四年级学生样本共 372 人，所有参加工程教育认证专业的学生均通过了专业认证。大学一年级的学生因为入学时间较短，未纳入样本中。

（二）变量选择

本研究采纳乔治·库及陆根书等学者的观点，通过比较参与和未参与工程教育认证专业学生的环境感知、学习投入以及学习成果来考查参加工程教育认证专业学生的学习和发展经验，以此来反映工程教育认证成效。环境感知由课程挑战度、环境支持度构成。其中，课程挑战度又分为在事实支持性学习、知识整合性学习、检验判断性学习、反思提升性学习上的挑战度；环境支持度又分为教师支持度、资源满意度。学习投入由"课程参与"来表征。课程挑战度、教师支持度、课程参与都是询问学生经历所列教育活动的频率，分为"从未""难得""偶尔""有时""经常""频繁"六个等级，对这些选项的选择分别赋值 1~6 分。环境支持度中的资源满意度包括学生对图书资源、课程、教学、学习指导、多样化学习经历等的满意度，分为"非常不满意""不满意""较不满意""较满意""满意""非常满意"六个等级，对这些选项的选择分别赋值 1~6 分。学习成果方面由学生评价刚入学时及目前在所列能力上的水平，分为"非常差""差""一般""好""非常好""优秀"六个等级，学生对这些选项的选择分别赋值 1~6 分。变量具体情况如表 5-1 所示。

（三）数据统计分析

本研究使用 SPSS23.0 对参加工程教育认证专业学生的相关研究数据进行均值显著性检验，以考查学生的评价是否高于选项赋值的中值。同时，将未参加工程教育认证专业的学生作为对照群体，对参加工程教育认证专业的学生及其对照群体的相关数据进行均值差异显著性检验，以验证工程教育认证的影响。考虑到每个问卷调查项目虽然可以和其他某些项目属同类，但对于学习和发展而言，不同的项目就是指不同的学习和发展活动，对学生有特定的影响，因此本研究同时从项目层次及项目所属类别层次对数据进行分析。

表 5-1　变量选择

变量	维度	项目数量	项目举例	信度系数
环境感知	课程挑战度 环境支持度 教师支持度 资源满意度	9 7 12	识别或记住特定事实、术语和概念 教师对学生的工作提供及时有用的反馈 学校或学院管理人员提供的学习指导	0.91 0.84 0.95
学习投入	课程参与	7	参与课堂讨论	0.88
学习成果		11	分析和批判思维能力	0.88

第二节　学生视角下工程教育认证现状分析与结论

一、现状分析

（一）课程挑战度

总体上，参加工程教育认证专业的学生认为课程挑战度高。

专业教育是为了培养专业领域的专家，这需要通过深度学习来达成。吕林海等基于学习科学研究，将专业课程深度学习分为事实支持性学习、知识整合性学习、检验判断性学习、反思提升性学习①。本研究借鉴这个框架对学生评价课程挑战度进行分析，各项目及其分类如表 5-2 所示。学生回答问卷时就教师要求其完成项目活动的频率进行选择。

---

① 吕林海，龚放. 中美一流大学本科"专业课程深度学习"及其影响机制的比较研究——基于 SERU（2017—2018 年）调查的数据分析［J］. 江苏高教，2021（01）：78-88.

本研究以项目选项赋值的中值（3.50）作为参照进行均值显著性检验。结果显示，参加工程教育认证专业的学生对各项活动的评价均值都显著高于3.50，表明学生对这些活动的评价处于频率高的一端，也意味着学生认为教师在这些活动上的要求有一定挑战度。

对参加和未参加工程教育认证专业的学生课程挑战度评价进行均值差异显著性检验，结果显示，参加工程教育认证专业的学生大多认为课程挑战度更高：在9项教育活动中，有7项活动均为前者显著高于后者。在事实支持性学习方面，统计结果显示，在"识别或记住特定事实、术语和概念"上，参加工程教育认证专业的学生评价均值显著低于未参加工程教育认证专业的学生；在"解释方法、想法或概念，并运用它们解决问题"上，两个群体没有显著性差异；在"用事实和实例支持自己观点"上，参加工程教育认证专业学生的评价均值显著高于未参加工程教育认证专业的学生。这表明，参加工程教育认证专业的学生认为教师更多要求事实和实例的应用，而更少要求对事实和知识的记忆。在知识整合性学习方面，统计结果显示，参加工程教育认证专业学生的评价均值显著高于未参加工程教育认证专业的学生，表明前者认为教师更多地要求学生分析和综合多种信息和观点。在检验判断性学习方面，统计结果显示，参加工程教育认证专业学生的评价均值显著高于未参加工程教育认证专业的学生，表明前者认为教师更多地要求学生评价和整合信息以形成判断、决策。在反思提升性学习方面，统计结果显示，相比于事实支持性学习、知识整合性学习、检验判断性学习，学生认为教师较少提出要求。在"创造或产生新的观点、产品或理解方式"事项上，虽然参加工程教育认证专业学生的评价均值显著高于未参加工程教育认证专业的学生，但其均值（3.94）在各项活动上仍是最低。在"评估他人的论点之后重新考虑您自己对某个主题的看法"事项上，两个群体没有显著性差异。《华盛顿协议》要求学生能解决复杂工程问题，这是该协议区别于其他类型工程教育认证（如《悉尼协议》《都柏林协议》）的重要特征。解决复杂工程问题的能力意味着要大力培养学生的创新意识、创造能力。本研究中，参加工程教育认证专业学生在"创新创造相关调查"项目上认为课程挑战度低且与未参加工程教育认证专业学生无显著差异，表明工程教育认证专业在培养学生解决复杂工程问题能力上目前仍存在不足。

表 5-2 参加、未参加工程教育认证专业学生课程挑战度评价

项目	参加认证专业均值	未参加认证专业均值	T值（均值显著性检验）	T值（均值差异显著性检验）
1. 事实支持性学习				
识别或记住特定事实、术语和概念	4.50	4.67	22.97***	-2.28*
解释方法、想法或概念，并运用它们解决问题	4.56	4.47	25.47***	1.31
用事实和实例支持您的观点	4.18	4.00	15.81***	2.48*
2. 知识整合性学习				
将资料细分为各部分或将论点细分为假设来找出不同结果和结论差异的根本	4.11	3.85	13.41***	3.44**
完成作业时结合基于不同课程的想法或概念	4.09	3.93	13.61***	2.22*
3. 检验判断性学习				
根据数据来源、方法和推理的正确性来判断信息、想法、行动、结论的价值	4.19	3.89	15.74***	4.02***
检查其他人收集和整合数据的方式并评估其结论的正确性	3.98	3.72	10.45***	3.21**
4. 反思提升性学习				
创造或产生新的观点、产品或理解方式	3.94	3.68	9.47***	3.22**
评估他人的论点之后重新考虑您自己对某个主题的看法	4.18	4.06	16.06***	1.67

注：* $P<0.05$，** $P<0.01$，*** $P<0.001$；下同。

（二）对教师支持的认可度

参加工程教育认证专业学生对教师支持的认可度相较于对照群体并无明

显差异。

本研究以项目选项赋值的中值（3.50）为参照值进行均值显著性检验，结果显示，参加工程教育认证专业学生在各项目上的评价均值都显著高于3.50，表明学生认为教师在各教育活动中都对其提供了支持（详见表5-3）。

对参加和未参加工程教育认证专业学生的评价进行均值差异显著性检验，结果显示，参加工程教育认证专业学生的评价分别在3个项目（项目1、项目3、项目6）显著高于、2个项目（项目2、项目5）显著低于、2个项目（项目4、项目7）无显著差异于未参与工程教育认证专业学生。项目1、项目3、项目6主要和教师与学生的沟通交流有关，表明沟通交流得到了参加工程教育认证专业教师的一致重视。项目2、项目5和教师对学生的态度有关，参加工程教育认证专业学生认为"教师公正平等地对待学生"，"教师在课堂上保持与学生互相尊重的交流"的程度（平均数=4.80）在所有教师支持活动中是评价最高的，但还是显著低于未参加工程教育认证学生的评价。"学生中心、成果导向、持续改进"是工程教育认证的理念，其中"学生中心"是基础。尊重学生、公正平等对待学生显然是"学生中心"的核心。虽然参加工程教育认证专业学生认为教师还是能够做到尊重、公平对待学生，但其评价得分较未参加工程教育认证专业学生更低。工程教育认证强调教、学、评一体化，强调形成性评价与反馈，教师对学生的工作提供及时有用的反馈对学生改进学习尤为重要。项目4和教师提供反馈有关，参加工程教育认证专业学生认为"教师对学生的工作提供及时有用的反馈"（平均数=4.37）在所有教师支持活动中评分是较高的，但未显著高于未参加工程教育认证专业学生的评分。

表5-3　参加、未参加工程教育认证专业学生教师支持度评价

项目	参加认证专业均值	未参加认证专业均值	T值（均值显著性检验）	T值（均值差异显著性检验）
提供机会让师生围绕学生需求、关注的问题和建议进行交流	3.83	3.65	6.48***	2.02*

续表

项目	参加认证专业均值	未参加认证专业均值	T 值（均值显著性检验）	T 值（均值差异显著性检验）
教师公正平等地对待学生	4.80	4.95	28.89***	−1.98*
对哪些活动构成剽窃有清晰的解释	3.80	3.54	5.36***	2.74**
教师对学生的工作提供及时有用的反馈	4.37	4.37	19.84***	0.11
教师在课堂上保持与学生互相尊重的交流	4.80	4.96	30.79***	−2.48*
积极参与讲座和讨论课程的机会	4.28	3.98	16.60***	3.67***
教师提升了你对课程的热情	4.18	4.12	15.02***	0.84

（三）资源支持满意度

参加工程教育认证专业学生和对照群体对资源支持满意度无显著差异。

资源支持状况可通过学生的满意度来反映。本研究以项目选项赋值的中值（3.50）为参照进行均值显著性检验，结果显示，参加工程教育认证专业学生在各项目上的评价都显著高于 3.50，表明学生对各项资源支持比较满意（详见表 5-4）。进一步查看参加工程教育认证专业学生资源支持满意度的平均分，发现学生满意度排序从高到低依次为：图书馆研究资源的获取、通识教育或选修课程的供给、毕业所要求的课程的供给、能自主选择专业、接受小班教学的机会、研究生助教授课质量、专业课程的多样性、获得研究经历或制作创意产品的机会、系管理人员提供的学习指导、学校或学院管理人员提供的学习指导、参与教育充实项目（如服务学习、留学、实习）、院系与学生的沟通交流。该排序表明，学生认为最满意的是图书资源及课程供给，这些都是高校传统的输入性建设要素。学生满意度方面靠后的是院系给学生提供的学习指导、交流，以及实习等多样化的教育经历，这些更多属于当今高教界强调的高影响力教育活动。

表 5-4 参加、未参加工程教育认证专业学生资源满意度评价

项目	参加认证专业均值	未参加认证专业均值	T 值（均值显著性检验）	T 值（均值差异显著性检验）
学校或学院管理人员提供的学习指导	4.27	4.17	19.77***	1.50
系管理人员提供的学习指导	4.29	4.18	20.06***	1.53
研究生助教授课质量	4.33	4.42	21.15***	−1.48
通识教育或选修课程的供给	4.40	4.49	20.89***	−1.21
毕业所要求的课程的供给	4.44	4.40	25.61***	0.56
接受小班教学的机会	4.46	4.33	24.09***	1.78
能自主选择专业	4.46	4.34	24.36***	1.74
获得研究经历或制作创意产品的机会	4.28	4.18	18.58***	1.41
参与教育充实项目（如服务学习、留学、实习）	4.26	4.16	18.43***	1.45
图书馆研究资源的获取	4.57	4.62	27.46***	−0.78
专业课程的多样性	4.33	4.36	18.72***	−0.38
院系与学生的沟通交流	4.17	4.10	14.51***	0.88

对参加和未参加工程教育认证专业学生的资源支持满意度评价进行均值差异显著性检验，结果显示，两类学生对资源支持的满意度未表现出显著性差异。相较于未参加工程教育认证专业的学生，参加工程教育认证专业的学生并没有对资源支持表现出更高的满意度。我国工程教育认证标准要求认证专业要有完善的学习指导，从图书、设备、师资等方面提供资源，有效支持学生达成毕业要求。而从调查数据来看，我国大学给予工程教育认证专业的资源支持力度有待提升。

（四）课堂参与活动评价

参加工程教育认证专业学生对各项课程参与活动评价总体偏低。

本研究以项目选项赋值的中值（3.50）为参照进行均值显著性检验，结果显示参加工程教育认证专业的学生在各学习活动上的评价均值都和 3.50 有显著性差异（详见表 5-5）。他们在项目 1、项目 2、项目 6 上认为课程参与程度高于中值，在项目 3、项目 4、项目 5、项目 7 上认为课程参与程度低于中值。相比于课程挑战度、教师支持度、资源满意度，学生对课程参与的评价出现了显著低于中值的状况，且持此看法的学生比例（57%）不低，表明总体而言，学生感知到的课程参与程度低。进一步分析统计数据发现，评价均值低于选项赋值中值的项目按评价均值排序，从低到高为：在课堂上提出富有洞察力的问题、发现课程太有趣而超额完成功课、在课堂外与老师谈论与课程相关的问题及概念、在课堂上让老师知道或记住了你的名字。这些项目都和深度学习及师生互动有关。评价均值高于选项赋值中值的项目按评价均值排序，从低到高为：进行课堂演示、将其他课程所学的理念或者概念融入课堂讨论中、参与课堂讨论，这些项目更多是与教学方法（讨论、演示）有关。

表 5-5　参加、未参加工程教育认证专业学生课程参与评价

项目	参加认证专业均值	未参加认证专业均值	T 值（均值显著性检验）	T 值（均值差异显著性检验）
参与课堂讨论	4.10	3.57	15.01	7.85
将其他课程所学的理念或者概念融入课堂讨论中	3.98	3.61	11.43	5.12
在课堂上提出富有洞察力的问题	3.09	2.76	−8.68	4.18
发现课程太有趣而超额完成功课	3.10	2.81	8.25	3.62
在课堂外与老师谈论与课程相关的问题及概念	3.22	2.90	−5.52	3.81
进行课堂演示	3.83	3.36	7.19	6.03
在课堂上让老师知道或记住了你的名字	3.29	3.15	−4.00	1.66

我们对参加和未参加工程教育认证专业学生的课程参与评价进行均值差异显著性检验，结果显示，尽管参加工程教育认证专业学生总体上评价课程参与频率低，但他们在86%的项目上（除项目7）对课程参与的评价显著高于未参加工程教育认证专业的学生。工程教育认证专业中要求课程支撑培养目标的达成，这有助于推动教师致力于提高学生课程参与。但从本研究统计结果来看，目前教师更多是在教学方法等相对容易改变的方面有所改进，而在促进深度学习等相对难改变的方面需要加强。

（五）入学后能力增长自评

参加工程教育认证专业的学生对入学后的能力增长自评得分未显著高于对照群体。

SERU让学生自评入学时及当下的多项能力水平，将学生自评的当下能力减去入学时能力得分可得到学生自评能力增值。参照我国学者陆根书的分类，本研究中关注的11项能力还可进一步分为核心能力、研究能力、社会沟通能力[1]。

以能力增值为0作为参照进行均值显著性检验显示（详见表5-6），参加工程教育认证专业的学生在各项能力上的自评增值都显著大于0，意味着学生认为较入学时，入学后自己在各项能力上有显著增长。进一步比较参加工程教育认证专业的学生在11项能力上的自评能力增长均值，由高到低的项目依次为：准备和进行演示的能力，借助图书馆和在线信息进行研究的技能，设计、执行和评价研究的能力，人际交往和团队合作能力，口头表达能力，阅读和理解学术资料的能力，理解国际（经济、政治、社会、文化）观点的能力，领导能力，分析和批判思维能力，定量（数学和统计）能力，清晰有效地写作的能力。上述能力中，增值排名前三的均为研究能力；排名中间（第四至第七）的除阅读和理解学术资料的能力外，均为社会沟通能力；排名后四的50%为核心能力。总体而言，参加工程教育认证专业的学生自认为进入大学后在研究能力上增长最多，其次是社会沟通能力，最后为核心能力。

---

① 李志义. 中国工程教育专业认证的"最后一公里"［J］. 高教发展与评估, 2020（03）: 1-13.

表 5-6　参加、未参加工程教育认证专业学生自评能力增长均值

项目	参加认证专业均值	未参加认证专业均值	T 值（均值显著性检验）	T 值（均值差异显著性检验）
1. 核心能力				
分析和批判思维能力	0.70	0.83	17.29***	-2.07*
清晰有效地写作的能力	0.25	0.43	6.08***	-2.54*
阅读和理解学术资料的能力	0.78	0.84	19.59***	-0.84
2. 研究能力				
借助图书馆和在线信息进行研究的技能（如查找书籍、论文，评价信息来源）	1.09	1.24	23.21***	-1.97*
准备和进行演示的能力	1.13	1.06	27.56***	0.99
设计、执行和评价研究的能力	0.89	0.85	22.09***	0.72
定量（数学和统计）能力	0.65	0.57	16.60***	1.20
3. 社会沟通能力				
口头表达能力	0.80	0.78	20.04***	0.37
理解国际（经济、政治、社会、文化）观点的能力	0.73	0.76	19.85***	-0.49
领导能力	0.71	0.76	18.85***	-0.88
人际交往和团队合作能力	0.82	0.82	20.53***	0.05

　　表 5-7 所示为参加工程教育认证专业的学生自评入学时、当下及增值三类能力数据的均值及其排序。根据排序，可以把学生感知到的自评的能力分为三类。第一类是能力在刚入学时水平靠后，但在目前能力水平中排名靠前，典型项目包括"准备和进行演示的能力"及"借助图书馆和在线信息进行研究的技能（如查找书籍、论文，评价信息来源）"，表明学生在大学学习中

有了更多演示经验以及开始系统地学习如何开展研究。大学生因为有了更多人际交往和合作机会，所以"人际交往和团队合作能力"得到提升。第二类是在刚入学时和目前的能力水平排序中保持稳定，典型项目有"阅读和理解学术资料的能力"和"口头表达能力"，说明学生这两项能力在大学中得到稳定的增长。第三类是在刚入学时能力水平靠前，但在目前能力水平中排名靠后，典型项目有"清晰有效地写作的能力"。值得注意的是，学生自评在刚入学时的写作能力水平在各项能力中排名第一，而在目前的能力水平中居然排名最后。经过大学学习后，入校时学生自我感觉良好的写作能力却成了大学生心目中最弱的能力。学生自评"分析和批判思维能力"在刚入学时的各项能力水平中排名第二，然而在学生自评的当前的能力中仅排名第5。显然，学生的核心能力的培养值得重点关注。

表5-7　参加工程教育认证专业的学生自评刚入学、目前能力水平

项目	刚入学时的能力水平及排序		目前的能力水平及排序		增值	排序变化
1. 核心能力						
分析和批判思维能力	3.15	2	3.84	5	0.69	-3
清晰有效地写作的能力	3.28	1	3.54	11	0.26	-10
阅读和理解学术资料的能力	3.10	4	3.88	3	0.78	1
2. 研究能力						
借助图书馆和在线信息进行研究的技能（如查找书籍、论文，评价信息来源）	2.79	10	3.86	4	1.07	6
准备和进行演示的能力	2.78	11	3.90	2	1.12	9
设计、执行和评价研究的能力	2.82	9	3.70	9	0.88	0
定量（数学和统计）能力	3.09	5	3.73	6	0.64	-1
3. 社会沟通能力						
口头表达能力	2.94	7	3.73	6	0.79	1

续表

项目	刚入学时的能力水平及排序		目前的能力水平及排序		增值	排序变化
理解国际（经济、政治、社会、文化）观点的能力	2.99	6	3.71	8	0.72	-2
领导能力	2.89	8	3.59	10	0.70	-2
人际交往和团队合作能力	3.14	3	3.95	1	0.81	2

另外，从参加和未参加工程教育认证专业的学生的自评能力增长均值显著性检验来看，两者仅在三个项目上（项目1、项目2、项目5）的增长均值有显著性差异，并且均是未参加工程教育认证专业的学生的自评能力增长均值显著高于参加工程教育认证专业的学生。这意味着，较之未参加工程教育认证，参加工程教育认证并没有显著提高学生对能力增长的体验。我国学者张男星在调查中也发现"学生对课程学习的喜欢程度及时间投入与相应应该取得的学习效果之间没有产生正向联系"①。

二、主要结论与建议

本研究基于SERU调查数据分析A校参加工程教育认证专业学生的环境感知、学习投入及学习成果发现，参加工程教育认证专业学生的学习和发展呈现出一些积极特征：第一，学生评价课程挑战度、教师支持度、资源满意度都偏高，入学后在各项能力上都有显著增长；第二，总体上，参加工程教育认证专业的学生对知识整合性学习、检验判断性学习、沟通交流类教师支持、课程参与的自评都显著高于未参加工程教育认证专业的学生。

同时，调查结果也显示，我国工程教育认证成效有待提升。具体表现在：参加工程教育认证专业的学生对各课程参与活动频率的评价总体偏低；参加工程教育认证专业的学生对反思提升性学习挑战度、教师支持度的评价显著低于未参加工程教育认证专业的学生；参加工程教育认证专业的学生在教师

---

① 陆根书，胡文静，闫妮. 大学生学习经历：概念模型与基本特征——基于西安交通大学本科生学习经历的调查分析［J］. 高等教育研究，2013（08）：53-61.

支持度、资源满意度方面与未参加工程教育认证专业的学生相比无显著差异；参加工程教育认证专业的学生并没有显示出在学习成果上优于未参加工程教育认证专业的学生。参加工程教育认证专业的学生自评分析和批判思维能力、清晰有效地写作的能力、借助图书馆和在线信息进行研究的技能增长方面的得分都显著低于未参加工程教育认证专业的学生，在其他能力增长上也无显著差异。

上述结论与相关学者关于当前我国工程教育认证和国际工程教育认证"形似"而非"神似"的看法一致[1]。从历史的角度来看，我国工程教育认证成效不明显和其所处历史阶段有关。对照美国工程教育认证发展史有助于理解我国当前处境。在美国工程教育认证开始前，医学、法学等领域就已经开始了认证。1932年，美国工程与技术认证委员会（ABET）成立。如果从ABET的成立开始算，美国工程教育认证有将近百年的发展历程，而且在这一发展过程中，教育评价、教育测量等学科也得到大力发展，为工程教育认证提供了专业支撑。我国工程教育认证自20世纪80年代中期逐步发展，是我国第一个进行认证的高等教育专业领域，没有其他专业领域认证经验可供借鉴。而且，我国教育评价专业化不足，对工程教育认证的支撑有限。我国工程教育认证是"边试边研究、边实践边完善"[2]。在这种情况下，对工程教育认证的成效有过高的期待是不切实际的。

面对现阶段的情况，我国工程教育认证领域提出了"从形似到神似"的发展策略。在追求"神似"阶段，提升工程教育认证成效是相关群体结合理论和实践探索、持续改革改进的系统工程。本书结合调查结果及分析，提出如下若干针对性改进建议。

一是要高度关注成果导向教育。本研究最引人深思的发现是，参加工程教育认证专业的学生在能力增长上不仅没有全面优于未参加工程教育认证专业的学生，甚至在若干重要能力上还弱于后者。显然，这种现状与工程教育认证的目标不符。自ABET采用强调学生学习成果评估的工程准则EC2000，

---

① 李志义. 中国工程教育专业认证的"最后一公里" [J]. 高教发展与评估, 2020 (03)：1-13.

② 戴先中. 对工程教育专业认证标准的再认识 [J]. 中国大学教学, 2022 (11)：4-11.

成果导向教育（Outcome-Based Education，OBE）成为工程教育认证的"灵魂"。另外，《华盛顿协议》提出实质等效原则，即"不要求专业采用完全相同的专业目标和课程内容，但在培养从事工程职业的毕业生能力方面应是等效的"①。这一原则是工程教育认证结果实现国际互认的基础，该原则不仅强调学习成果，还强调国际间学习成果的比较。我国高等教育界长期以来更重视教育教学中的输入性要素，包括课程设置、教学内容、教学方法等，对从输出性要素出发进行"反向设计"的教学却不适应，甚至不少教师难以说清楚到底希望学生学会什么。已认证专业需要进一步反思教育教学改革模式，一旦选择专业认证，就必须抓实面向产出教学"主线"和面向产出评价"底线"，以学生学习成果为出发点和工作目标。

二是要推进落实成果导向教育。在工程教育中推进落实成果导向教育，不仅要着力建立3个产出（培养目标、毕业要求、课程目标）、3个关系（培养目标与毕业要求的关系、毕业要求与课程体系的关系、毕业要求与课程目标的关系），以及3个产出的评价与改进机制②，还要在此过程中，为学生建设高质量的学习环境，促进学生投入学习，并最终促进学生各项能力的发展。为此，首先要关注学生体验，以高质量的环境支持其成长。"何谓高质量的本科生成长环境"是一个复杂的概念，正因为其复杂，所以更要精心对待。学者从诸多影响因素中辨析出关键因素对塑造高质量本科生成长环境有指导意义。本研究发现，无论是课程挑战度、教师支持度，还是学生对资源的满意度，都需要参加工程教育认证的专业进一步提升。具体而言，专业需要进一步提高反思提升性学习挑战度、对学生态度类教师支持度，重视及时反馈对学生学习的促进作用，并通过教育教学文化建设提高学生对环境的满意度。其次要坚持"两性一度"（创新性、高阶性及挑战度），促进学生的课程参与。学生对环境的感知是获得预期学习成果的影响因素，学生的学习投入是学习质量的本质内容，"只有学生投入了，经历了，体验了，领悟了，才是

---

① 王孙禹，赵自强，雷环. 中国工程教育认证制度的构建与完善——国际实质等效的认证制度建设十年回望 [J]. 高等工程教育研究，2014（05）：23-34.
② 李志义. 中国工程教育专业认证的"最后一公里" [J]. 高教发展与评估，2020（03）：1-13.

收获，才是绩效，才是质量"①。本次调查研究发现，学生的课程参与情况不容乐观。高校要进一步落实人才培养中心地位，把立德树人作为高校的根本任务，激励教师提高教学质量，把"水课"改造成具有"两性一度"的"金课"，吸引学生更多地投入时间、精力于课程学习。高校中科研任务对教学的冲击有目共睹，实施科教融合不失为两全之策。学习内容脱离实际也让工科生对课堂意兴阑珊，需要加强产教融合，增强课堂与真实世界的联系，实现从科学范式到工程范式的转换②。此外，要聚焦能力发展，保障人才培养目标达成。参加工程教育认证专业需全面关注学生包括核心技能、研究技能及社会沟通技能的各项能力发展，对其中达成度不足的学习成果要引起高度重视并强化培养工作。本研究发现，工程教育认证专业学生自我评价核心能力偏弱，需要有针对性地大力促进这些能力的发展。一方面要加强课内培养。以培养学生写作能力为例，美国加州大学伯克利分校设置了写作课程，工程专业的课程学分组成中，通识教育不少于 20 个学分，其中阅读与写作大约是 5 个学分。另一方面要加强课外培养。积极开发第二课堂可为学生能力增长提供平台，比如美国詹姆斯麦迪逊大学（James Madison University，JMU）设立了专门的学生写作辅导部门，写作指导老师队伍由专职老师和英文专业学生构成，学生通过预约可获得一对一的写作辅导。为适应产业革命和社会变革，国际工程联盟（International Engineering Alliance，IEA）和世界工程组织联合会（World Federation of Engineering Organizations，WFEO）2021 年发布了新修订的毕业生素质与能力框架，加强了对非技术能力等的要求。相信我国工程教育认证标准也将做出相应调整，整合第一、第二课堂培养和评价学生能力将变得更为重要。

---

① 龚放. 聚焦本科教育质量：重视"学生满意度"调查［J］. 江苏高教，2012（01）：1-4.

② 杨冬. 从科学范式到工程范式：高质量新工科人才培养的逻辑向度与行动路径［J］. 大学教育科学，2022（01）：19-27.

第六章　教师视角下工程教育认证现状

教师是工程教育认证的关键群体，他们离学生最近，最了解学生，最能支持学生，而且在基于课程的毕业要求达成度评估模式下，教师对学生的评估是专业认证的基础。因此，有必要了解教师参与工程教育认证的现状，以期据此促进教师积极参与，提高认证的实效性。

本章主要使用访谈及内容分析法，分析教师视角下工程教育认证现状。本章通过多种方式获得研究资料。一是通过半结构化访谈及焦点组访谈"捕捉"参与工程教育认证专业的教师潜在的深层次信息，深入细致地了解教师真实的经验、情感和态度，对高校在实施工程教育认证时面临的现实问题，以及隐藏在现实情况背后的问题产生的原因进行深度分析，并据此探索解决之道。围绕对认证的认识、认证过程、认证的影响对 12 名高校工科教师进行了访谈，访谈提纲见附录九 。二是参加工程教育认证相关培训。培训教师既是认证专家，同时也是参与工程教育认证的教师。从培训中可以了解培训教师和接受培训的教师对认证的感知。三是工科教师在微信公众号等平台上发布的关于工程教育认证的相关文章。四是参与湖南省教育评价改革调研获得高校教师对教育评价改革的感知的信息。基于上述研究资料，本章分析了教师眼中的工程教育认证的组织、实施和影响。

第一节　工程教育认证的组织

一、组织结构

工程教育认证是高校的一项发展性、系统性工作，需要高校做好顶层设计支撑认证的高质量实施。根据访谈得知，目前高校形成了认证的组织体系。比如，某校形成了校领导指挥、教务处协调、学工招生就业等部门协同配合、院系专业主要负责的认证组织体系。

教务处是协调工程教育认证工作的行政部门，负责对接认证协会，传达校领导指示，组织各部门协同配合专业认证。具体表现为接收中国工程教育认证协会下发的认证工作文件，及时提醒各院系负责人提交相关自评材料，并在专家进校考察时负责接待、沟通与协调等工作。

教务处这块主要是发挥协调和联络作用，教务处在接到中国工程教育认证协会的通知之后，下发给相关的单位。比如，相关专业所在的学院有没有申报意向，如果有意向的话，我们就开始发组织材料，然后去做一些指导工作。又如，需要学校领导盖章、签字审核，我们就去做相关的服务工作。假如专家组在这个过程中有反馈意见，我们会及时地向相关专业做一下反馈沟通。然后在专家进校之前，要举行见面会、反馈会，有些相关的领导工作，或者说相关的有些部门工作人员来参会，在这方面我们也要做一些协调和沟通工作。（某教务处工作人员）

学院层面，主要由教学副院长、专业责任教师、资料收集教师、任课教师分工合作做好专业认证工作，比如在有些学院中教学副院长为总负责人，承担与学校管理层沟通协调的任务；专业责任教师负责工作任务的分解，自评报告的汇总审核，并统筹院内人力物力，做好任务分配和监督工作；资料收集教师主要负责自评报告中某一模块或章节的资料收集，包括政策文件、学生学习成果展示、学院硬件设置等内容；任课教师做好所教课程的达成度分析，提交相关资料。

我们有一个专业责任教师，他是总负责人，我们配合他开展工作。如果他有需要学院出面做的一些事情，我们来给他安排。就领导架构而言，其实教学副院长是第一负责人，然后下面是专业责任教授，专业责任教授下面是具体收集材料的，也就是普通教师。（学院院长助理）

综上，从形式上看，高校基本形成了相对稳定的组织架构，保证了认证的有序开展，学院作为认证的主体形成了分工合作体系。然而，形式上完整的组织架构在实际运行中面临挑战，专业的认证工作和学校其他相关工作的协同度不足。高校在认证推进过程中是以专业为主，但认证中所涉及的学生毕业能力的设定、非技术能力培养、学生学习成果收集等工作，并非专业独自就可以做好，它们还牵涉学校的人才培养目标、课程体系设计以及其他教师的投入。

这件事要学校有关部门去统筹，因为现在工程认证不是我们一个专业的事情，它是所有工科专业都在做，包括土木、电气、信工、机械等，我们都在做这个事情，但实际上有很多东西是重合的，包括公选课，包括一些课程体系，但是我们现在得到的支持是不足的。（专业负责人）

我听说有的学校是教务处愿意做这个事情，所有工科专业都要参加工程认证的，就要结合起来，有很多东西该统一还是要统一。（学院院长助理）

一线教师希望学校有关部门能够发挥统筹规划的作用，并利用认证契机，改进教育教学。调研中有教师从管理人员的角度提出了他的看法，他指出要做好统筹是一件很难的事情，一是因为认证涉及的内容专业性较强，专业外人士难以对其进行深入的指导；二是学校承担的改革任务繁多，牵涉面广，各项改革都统筹起来客观上有难度；三是学校的学科专业及各部门存在组织结构和功能上的区隔。

认证里面的东西是非常细致的，……在教务、教学内部分为很多领域，要对它进行统筹其实是一件很难的事情，更何况在整个学校范围内，要统筹教学、学工、人事、财务各个方面围绕你搞科研、来服务你教学和你所推动的事情，大家都有自己的一亩三分地……因为我们很多东西要改革，很多时候是受到各方面牵制的。所以没办法形成一个长远规划，也不可能有个长远规划，因为变化太多了、太快了。（教务处工作人员）

许多工科专业一线教师已经意识到认证工作要想落到实处，发挥实效，就必须要有合适的组织结构，目前的认证相关的组织结构不具有完成高质量认证的功能。而高校管理部门人员认为目前高校的组织结构实际上不可能满足专业教师提出的要求。在这种冲突下，工程教育认证的组织需要寻找新的出路。总体而言，虽然参加认证的高校及专业建立了认证工作的组织结构，但许多教师认为该组织结构未能完全满足认证的需求。

二、保障措施

为保证认证工作的有序开展，高校采取了一定的保障措施，主要包括培训、激励、监督。

（一）培训

工程教育认证在国外已实施多年，但在国内发展时间并不长。高校为让领导层和教师充分了解认证理念，进一步推动认证工作开展，一般会组织校外、校内培训。

一方面，教师一般是专业的认证负责人，会参加校外与认证工作相关的交流会议、讲座、培训。工程教育认证协会、教指委会组织培训会，同时，一些社会机构也会组织认证相关培训会。

我们专业去做认证之前，教指委会组织很多次会议，全国各地都有，我之前就参加了很多次会议，昆明一次，天津一次，大连一次，还有北京一次，一般都是围绕专业认证的主题，或者叫培训会。它是围绕主题开展的研讨或者是其他的会议。（专业负责人）

但是，校外培训似乎是更多解决了"为什么要做"的问题。参加校外培训的一般是学院中负责认证工作的教学副院长、专业负责人。调研显示，对认证的认识随教师的岗位或在认证中承担的责任而异，相比于普通教师，负责认证工作的教师更认可认证的价值。另外，校外培训没能解决认证"怎么做"的问题。在受访教师看来，指导他们的教指委对于认证"怎么做"本身也在探索之中，也表示能理解教指委不会轻易地"指手画脚"。

工程教育认证还很"年轻"，现在一直还在持续改进。教指委本身也是在与时俱进的，它也在探索。我第一次参加教指委的会议，大概是在2015年，当时接受的东西跟现在是不一样的。所以教指委也在就工程教育认证开展一些探索……每个教指委委员的理解都是不一样的。（专业负责人）

我觉得教指委一方面要不停地在思索、统一意见，一方面又要传达给千

千万万的老师，在传达的过程中稍有不慎就很容易出问题。（任课教师）

在学院内部，专业一般以会议沟通的形式，组织有认证经验的人，就指标点分解、课程达成度计算等认证难点对新一批参与认证的教师进行简单的培训和解答。

设计培训内容最难的就是达成度的分析，但学院都会告诉你怎么做，这方面都是有培训的。（专业负责人）

其实标准里面涉及的很多能力，除了有作业上的支撑、考试上的支撑、平时小班讨论的支撑，他们（学院）都会告诉你哪些材料是可以用的。（任课教师）

上述观点表明，专业内培训会对于认证的难点（达成度评估）是直接"告诉"教师该怎么做，这样做更多是出于效率的考虑。但是，由于传达者在教指委处也没得到具体的怎么做的信息，传达的往往是工程领域普遍使用的但未必是得到普遍认可的方案，这些方案本身需要优化。指标点的分解、达成度的分析等本身很复杂，面对这种复杂性，简单地让教师依葫芦画瓢，不利于教师结合自身工作优化认证工作。另外，"告诉"意味着教师是"照做者"，而非认证工作的主体，这将影响教师参与认证的积极性。

（二）激励

在问到认证开展中得到的外部支持时，有两位老师提到了"奖励"一词。受访教师所在高校为激励教师推进工程教育认证，采取了物质支持和晋升激励两种方式。物质支持主要是经费支持，学校为鼓励学院积极申报和组织认证工作，设置了专项认证经费，用于日常支出和教师奖励。学院内部为鼓励教师投入认证工作，将认证纳入教师教学公益板块，并在年底转化为绩效和奖励。晋升激励则是在推优或晋升时，参与过认证工作且表现优秀者得到优先推荐。

我们是有专项的，会给大家算到工作绩效中去，相当于教育公益。在系里面，若是教师积极参与这些活动，在评奖评优、晋升的时候也会优先考虑。（学院院长助理）

然而，经费、评优的激励措施并没有真正提高教师参与工程教育认证的积极性。调研显示，教师们对这些激励提及不多，这些激励似乎至少给了老师们参与认证的某种理由，但是并没有激发教师积极地参与。教师评价体系是影响教师认证投入度和主动性的重要因素。访谈中发现，教师意识到了现有教育教学的不足，也意识到教师应该回归教学这个本职工作，但囿于科研导向的评价体制，教师的大量时间和精力被科研工作所占，对于教学工作心有余而力不足。

对于这件事高校老师其实是挺为难的，因为现在高校老师，说得过分一点，上课只是一个基本的任务，最后评价这个老师怎么样，它（学校）不会关心课上得好不好。但上课上得怎么样，其实又直接关系到工程教育认证的效果，目前关键的问题是老师并没有太多精力好好上课，因为科研压力确实太大。（任课教师）

这个东西往大的方面讲，就是评价指标。评价体系、科研的职称，因为老师也要生活、过日子，老师参与的专业认证的工作量都得不到体现，这是一个问题。但是做科研工作量可以很容易得到体现，而且体现的权重还很大，这是现在很大的一个矛盾。（专业负责人）

两位老师的话道出了基层教师的工作常态，在现有的教师评价体系下，科研成果与年终绩效、评奖评优以及职称晋升直接挂钩，教学工作量在教师评价中难以得到体现，教师在难以兼顾教学、科研的情况下，一般将时间、精力更多投入于科研，这极大地影响了高校教师投身教学工作的积极性，影响了认证发挥实效。

学术界和实践界对大学教师能不能兼顾教学和科研的问题有诸多讨论，在调研中，大部分普通教师在现行评价制度下选择将主要精力放在科研上其实已经回答了这个问题。然而，不乏高校管理者坚持认为在高校中教学和科研不冲突，访谈中有人事处领导指出"好的研究者一般都是好的教师"。两个群体存在一定的认知的差异。

（三）监督

一项工作的执行必然要有相应的监督机制。调研中有教师谈到所在高校在认证过程中，建立了专门的监督小组，主要成员为教研组和系主任，一般会以抽查的方式对教师课程指标点分解、教学情况、课程分析报告、学生的试卷、考试成绩等情况进行检查监督。

我们是有监管机制的，我们的教研组，相当于是系里面去做这个事情。最开始是最宏观的，课程对应指标点的情况，然后指标点里面拆分了以后，对应评分的一个情况。学校会对这些进行检查，但是不会每一次都检查，一般来说最初会有一个检查，中间会进行抽查。（专业负责人）

我们建立了一个监管机制，监管机制不是只有一条线，而是有三条线——学校、学院和系。我们都要随堂听课，要督导，对每一个老师，尤其是新上任的老师，基本上每隔两三周就会有人去听课。（专业负责人）

在教师看来，教学督导是而且也应该是专业认证监督的一项重要内容。教学质量固然重要，然而，专业认证主张学生中心，而非教师中心；主张成果导向，而非输入导向。因此，专业认证的监督更多的应是检视学生学习成果，以及产生学生学习成果的环境，而不仅是教师的教学本身。

第二节　工程教育认证的实施

一、培养目标设定与课程设置

工程教育认证秉持学生中心、成果导向、持续改进理念，成果导向首先要求专业设定清晰的人才培养目标，并用课程或活动支撑人才培养目标达成。曾有过评审认证材料经历的老师表示，在审核其他高校的自评材料时，除了专业定位有所区别，其他内容基本雷同，"缺乏个性"是大多数专业人才培养中的通病。

专家给我们的评价就是我们缺乏个性，在我看来，大部分学校都缺乏个性，百分之七八十的大学生可能都缺乏个性。（专业负责人）

比如，我们读两个（自评报告）文本，H大的文本，Z大的文本，这两个文本的差距会很大吗？（任课教师）

差距主要是在第一条上面，也就是专业定位，（自评报告）后面的内容其实就大差不差了。（专业负责人）

"缺乏个性"是指高校工程人才培养同质化问题，主要体现在培养目标和课程设置两方面。

培养目标方面，我国的认证标准中提出了12项毕业要求，这些要求是框架性的要求，为专业制定毕业要求提供参考，但在实践过程中，不少专业对

12 项毕业要求没有进行有专业特色的处理，不同专业用同样的要求去培养不同类型的学生。

我也评审了很多专业认证材料，我反而觉得像现在认证标准出来以后，除了个别很有特色的学校，其他的学校我感觉大家都开始扁平化，开始千篇一律了……这 12 项其实说的也只是一个参考和建议，不是说要全部都照搬这 12 条，但是现在大部分学校都是拿来照搬的。（专业负责人）

课程设置方面，受访教师表示不同的学校在课程设置上并未有太大区别，专业之间的差别主要体现在专业核心课程上，或在学分设置上有所差异，其他基本上都是相似的。

学校制定的这些东西基本上是一样的，非常类似。唯独不同的可能是你的实践环节是 3 个学分，我的是 2 个学分，你可能没有这个环节，我有这个环节。但是总体指标点的计算、指标点的分配，这些基本上大同小异……照着你的搞，你搞什么我就搞什么，大家发展的方向最终也都一样，没什么分别了。（专业负责人）

二、毕业要求达成评估

工程教育认证的标准中设置了 12 项毕业要求，参与认证的专业须向社会和行业证明培养的学生达到了毕业要求。因此，做好学生毕业要求达成评估工作是认证实施中极其重要的环节。访谈表明，许多工科专业的教师对到底培养了怎样的学生，教学是否让学生能力得到了提升都处于模糊状态，属于"不是很好回答""不好说"的问题。

我觉得我可能不是很好回答，我认为学生能力的提升跟很多方面有关系。（任课教师）

这个不好说，因为我们也没有做过系统的比较，包括学生能力提升的证据是什么，这些也很难有个统一的标准。（学院院长助理）

我也觉得没有哪个高校可以说得很清楚，毕业之后就一定能把学生培养成一个什么样的人。（任课教师）

在受访教师看来，学生能力评价"不是很好回答""不好说"的原因在于缺乏能力评价的标准，缺乏成熟的体系。

还有一个问题就是整个的毕业生培养质量评价直到现在依然没有成熟的

体系，很多学生都毕业了，无法判断这届学生的能力是否比往届的学生强。没有评价标准，就没有办法去判断。（学院院长助理）

在受访教师看来，目前的一些常用的做法难以真正评价学生能力，如就业率、深造率、竞赛成绩不能等同于学生能力，通过考试也不等于真正学会，指标点的分解存在不合理性。

学习成果的收集是有，包括就业率、深造率，还有竞赛的一些成果，这些都有，但是仅仅通过这些不好判断学生真正的能力。（学院院长助理）

哪怕学生通过了考试，但是不是真正记住了，是不是真正掌握了，是不是真正形成了知识体系，这就不清楚了。（专业负责人）

毕业论文等包含了很多您刚刚说的具体的一些能力。本来它就是一个非具体的能力，如何通过这样一个过程来把它具体地再细分到每一小点，然后对每一点进行计算，我个人觉得是有难度的。我虽然没有具体从事指标点的分解，但是从我了解的情况来看，很多老师也都是叫苦连天的。（任课教师）

虽然教师对指标点分解的合理性尚存在疑惑，但是，指标点分解及其评价是目前认证体系的重要做法。在此过程中，专业面临如何分解指标点、如何将课程与指标点对应，如何评价等一系列难题。为了在这些难题挡道的情况下推进认证，专业甚至需要通过"专制"来统一做法。

每个人都有每个人自己的理解，很难统一认识，最后还是稍微"专制"了一下，我们自己把这个定下来，定下来以后要大家去看是否合理。大家没有意见，就按照做法执行。因为讨论起来，总是觉得每个算法有这个问题，有那个问题，或者有这个没考虑到，那个没考虑到。（任课教师）

指标点分解及其评价也给教师带来了非常大的工作量。教师需要对指标点一一进行拆分，并对应到相应的课程。期末时教师还需结合考试试卷、平时的课业情况计算每一个学生的课程达成度。教师对应的学生较多，考查内容复杂多样，导致工作量极大。

我们专业有70多个学生，一个老师要对应70多个学生，每个学生有20多道题，这还只是考卷，还有平时的成绩、作业、课堂的提问、随堂测试等，这些东西汇总起来以后内容很多。而且其实自评报告里面有一些模块一般老师难以完成，比如毕业生的情况等。（专业负责人）

认证对教师来说是额外增加了很多的工作量。因为每一个指标点都要去衡量，相当于一门课程，以前教师只要打个分就可以，现在一张试卷出来20多道题或者是30道题，里面每个题它对应哪个指标点，都得分解出来，学生的得分对应指标点的完成情况全部都要统计出来，无形中给教师增加了很大的工作量。因此，在运行的实际过程中，就会有这样或那样的问题，教师不愿意牵扯太多的指标点。甚至有的老师还会觉得课程覆盖指标点越少越好，但最终汇总起来以后，就很难去匹配到全部的指标点。（学院院长助理）

三、持续改进

持续改进是工程教育认证三大理念之一。认证的持续改进是指在认证后，专业结合专家意见采取有针对性的措施，提高专业人才培养水平的过程，落实后期整改对提高专业质量具有重要作用[①]。对于持续改进，受访教师意识到了持续改进是认证的重要环节，也是再次认证时会被专家重视的事项。

认证需要持续性改进，要更多地关注持续改进认证后暴露出的问题。因为下一轮认证的时候，专家就会看你有没有改进，当时给你提的这个问题你有没有解决掉。（学院院长助理）

在实践中，持续改进并没有成为学院发展的机制，对认证中发现问题的整改落实不力。学院通过教师大会等途径让教师知道专家反馈的问题，但是对之后的整改过程及整改效果的重视不够。事实上，不少专业在迎接专业认证时会把认证当作重要工作集中来做，过了这个时期，就将其"束之高阁"。

我们每年都会有教学大会，一年一次，年初的时候，管理层就会把这些问题全部给抛出来，告诉每位上课的老师，工程教育认证中专家提了些什么问题，要把它解决掉。（学院院长助理）

当时回答专家问题的时候，我们在这个问题上会采取多项措施，说不定一段时间之后，可能就只记得其中的一小部分了。（教务处工作人员）

总体而言，目前持续改进更多的是"要我改"，而不是"我要改"。究其原因，一是受功利主义思想的影响，高校和教师将通过认证理解为一种荣誉和政绩，并未意识到持续改进才是工程教育认证的真正意义所在；二是高校

---

① 袁东敏. 湖南省高等教育专业认证的现状、问题与对策［J］. 当代教育论坛，2015（3）：22-29.

目前尚未形成与专业认证相匹配的持续改进机制，难以将认证建议快速转化成具体的改进措施，削弱了专业认证在提高工程教育人才培养质量中的作用。

第三节　工程教育认证的积极影响

一、转变教师理念

在谈到"工程教育认证的实施为教师带来了什么"这一问题时，受访者一致认为认证工作的开展在很大程度上转变了他们的教育理念，具体体现在关注学生学习成果、关注全体学生、关注学生能力三个方面。

（一）关注学生学习成果

成果导向是工程教育认证的理念之一，强调从预设的成果出发进行教学设计，关注学生的产出。成果导向实际上也是认证模式。

在认识上，教师对成果导向理念认同度较高。在重输入轻产出模式下，教师以知识传授为主，学生修满要求的学分即可毕业。目前的工科教师也基本是在这一模式下成长起来的，并把这种模式视为理所当然。但是，成果导向启发了教师的思考，教师也认为成果导向确实有其合理性。

成果导向这个理念其实是好的。如果把教育产业化，把教育看作一个产业的话，它的产出就是学生，学生的质量就是产品的质量。（学院院长助理）

成果导向或者说产出导向，在工程认证之前，我们没有这样的衡量方式，大家拍拍脑袋就说通过了，每门课都及格了，就过去了。（专业负责人）

近两年我确实对教育做了很多很多思考，原来确实没有想那么多。比如，以前可能就会觉得我们把课上完了就好了，把知识讲完了就可以。但现在我不是那么想的，我现在觉得就像很多老师、学生讲的，这个课程的知识考完了，就忘记了是不行的，必须要有一定的成果出来。（任课教师）

在实践中，不乏教师开始落实成果导向教育。成果导向模式下的教学由于有预设的毕业要求，教师在教学过程中会有意识地参照预设成果对学生提出具体的要求，告知学生毕业时或课程完成时需要具备的能力，并考查学生是否达到了相应的要求。

这个就叫 OBE 导向，也就是说，先把我的规矩定在这里，学生达到什么样的一个程度，我给你多少分。（任课教师）

每当开始上一门课的时候，需要大家达到什么样的标准，需要培养哪些能力，我们都会明确说出来。（任课教师）

（二）关注全体学生

专业认证是合格性评估，强调每个学生都要达到毕业要求，这促使教师在认证工作开展过程中逐步由关注个别或少数学生的标志性成果转为关注全体学生的成果，少数民族学生、留学生、学困生等特殊群体得到了更多学业上的帮助。

因为你要达到毕业要求，达到培养目标，就是每一个人都要通过，达不到就毕不了业。我们学院每年有这些学生（特殊学生），认证专家都会问到关于他们的一些实际情况。（学院院长助理）

还有一个问题，就是按以前的做法，我们过多地关注尖子生。现在我们的关注点在所有的学生，在差生身上。比如，每个老师上课，不是说有人点头他就理解，他不能代表所有，而是要保证所有的学生都要能够掌握这个知识。面向全体学生去考虑，要是有学生没达标，你就没有达到要求。（专业负责人）

因为工程教育认证它是要求每个学生必须要达到的，每个专业提出来自己的专业培养目标，然后根据本专业的培养目标，按照工程教育认证的 12 项标准提出学院的毕业要求，然后再针对毕业要求划分各项的指标点，最后看每个学生是不是达到了相应的指标点。（任课教师）

在传统的培养过程中，创新类竞赛一般只有学习能力和实践能力较为突出的少数尖子生才会参加。但认证实施后，不少高校注重鼓励全体学生参与创新类竞赛，加强对全体学生创新能力的培养，比如，教师将课程内容与创新类竞赛结合，要求全体学生参与，并与学生成绩挂钩。

2014 年认证专家也提出了这样一个问题，因为在那之前我们没有要求所有同学参加，然后他（认证专家）就提出来，创新类竞赛是不是针对所有的学生，因为工程教育它要求的是你最差的学生要达到一个什么样的标准，他不看最好。从 2014 年我们第一次认证通过以后，我们就要求所有的学生必须参加。（任课教师）

我们有一门必修课程叫化学设计，这门课程也是集中实践环节，我们就要求全体学生都必须参与这个课程，并且把设计的作品提交到竞赛中。如果不参加这个竞赛就拿不到学分，拿不到学分的学生自然就无法毕业。（任课教师）

（三）关注学生能力

工程教育认证的最终目的是培育出一批能干实事、能解决实际的复杂工程问题的高素质工程人才。认证标准中所提出的 12 项毕业要求使教师意识到了学生能力发展必须与解决现实工程问题相结合的重要性。

学生仅仅考个 90 分、100 分没用，为什么没用？在生产中解决不了实际问题。你考试再厉害，没有能力去解决实际问题，对于社会来说应该是已经落伍了……（任课教师）

在具体的实践活动中，教师有意识地培养学生的能力，比如根据能力要求设置支撑课程、改革教学方式、提高学业挑战度、依托竞赛加强实践教育，教师教学由"讲课"向"培养学生能力"转变。

最开始的时候老师只想着怎么把课讲好，只想着怎么讲学生能听懂，但是现在不一样了，现在就会想着要怎么样来"折腾"学生。因为"折腾"学生以后，学生他是有能力的提升的……比如，我是机械专业的老师，我就会要学生去分析一些常见的装置，我会让他们分组去做，这种形式其实就涉及研究性的学习。他们在分析的过程中，就会用软件把看到的装置做成三维的，然后再做动画，我觉得学生都做得很好，在这个过程中学生自然就把前面这些能力串起来了。（任课教师）

我们也会针对刚才说的 12 项毕业要求，以及每个要求下面的各个指标点，培养学生各方面的能力，每项能力都有一些课程来支撑，在这些课程中每个老师都会根据自己相应的课程特色，在课程里引导学生提高相应能力。（任课教师）

二、规范教育教学

高校参与认证的过程是不断反思、不断完善的过程。访谈过程中，多位受访教师在谈及认证工作开展的影响时，均提到了"规范"一词，涉及规范管理、规范课程、规范教学。

（一）规范管理

工程教育认证规范了学院管理工作。认证材料中明确要求学院提供招生、就业、质量保障等方面的制度文件。据受访教师透露，在认证开始前学院虽有实际的工作在开展，但还未形成常规性、制度性的文件，学院工作的开展基本按照惯例来推动。认证中的资料收集工作实际上在一定程度上倒逼学院乃至学校关注到了很多以前未关注到的地方，完善了学院的管理工作。

比如学院的管理、其他一些制度性的文件，包括教学质量保障、学工等。如果不做工程教育认证的话，学院或老师可能不会去做那个事情。很多时候就是临时应付一下，或者是临时处理一下。但是如果能够形成一系列的文件，形成制度的话，管理起来就更加规范，效率也会更高。（学院院长助理）

认证实施后，其实提出的很多问题老师必须关注，而且必须按照规范去做，不能再按照自己的想法随便应付。（任课教师）

（二）规范课程

工程教育认证的开展规范了课程设置与实施，主要体现在课程体系、课程报告、毕业要求达成度评估上。

首先，认证的开展完善了专业的课程体系建设。认证实施后，专业开设了更多实践类课程以对应能力分解后的指标点，推动了工程教育课程体系建设工作。

工程认证之前，我们没有这些课程。以前这些课程的内容统统交给通识课去做，但通识课做成什么样子？我们不知道，而且通识课数量也有限。但是我们现在就专门开设工程管理、工程技术管理课程，我们还要开设一些市场分析、安全环保等课程来应对它制定的指标点，我觉得这是它的一个很大的好处。（专业负责人）

其次，认证实施后学院对教师课程报告的撰写做出了规范和要求，要求教师对课程的效果和改进等情况进行总结。

大家以前写课程报告比较随意，现在就不行，现在必须按照规范写。比如，你对课程做了哪些改进，改进取得了哪些效果，然后还要做达成度分析。（学院院长助理）

最后，认证规范了指标点的分解和课程达成度评价工作。认证实施后，教师的每一分都要做到有根有据，必须一一对应指标点，做好课程的达成度分析工作。

课程教学改进就是每个老师都有一个他所教授课程的指标点，在每次课程结束，考试完和综合评价以后，会有一个试卷分析，学院会对整个课程的学习、教学进行总结。（任课教师）

学生每门课达到了什么样的程度，并不是像以前一样，一个总的东西就概括了。现在每一分都必须要有来源、要有依据，达到了什么样的程度，他（学生）这个地方是不是通过了。相应地，如果某个工程认证的指标点达到了，这一模块就通过了，然后再看下一个模块。总体都通过了以后，学生所对应的毕业要求的指标点都达到了，学生就完成了毕业要求。（专业负责人）

（三）规范教学

认证工作的开展对教师教学也产生了较大的影响。一是提高了教师对教学的重视程度和教学水平。课程支撑人才培养目标达成，教师教学需要在培养学生上更有实效，需避免随意性大、挑战度低等问题，在此过程中教师教学水平也得到提升。

我们之前的教学很随性，有一些喜欢教学的、热爱教学的教师做得很到位，有些不爱教学的教师，他想把更多精力投入到科研上面来，他就做得很随意。教学做得不好的人，以前没有标准说他做得不好；教学做得好的人，也没有理由、没有依据来说他做得出色。但是实施认证以后，大家全部都规范化，全部都扁平化了。教学做得好的，也可以体现你的投入；做得不太投入的，最终的结果会逼着你去投入。（专业负责人）

我觉得这样做起来很好，很规范，能够真正地规范教学。以前的教学确实太不规范了，我觉得研究生教育可能也要借鉴一下，目前研究生的教学也存在一些问题。（专业负责人）

工程教育认证对促进老师教学水平的提高也有一定的作用。（任课教师）

二是规范具体的教学工作。由于认证工作有一套人才培养标准和流程，因此能在一定程度上促使教师规范作业布置、评分设置、教学方法等。

因为整个教学过程是要以毕业要求为目标的。教师在做达成度分析时，比如，在小班讨论或者布置作业的时候是怎么考虑的；又如，像刚才提到的那种有标准答案的作业，准备布置多少，那种没有标准答案的作业，又要怎么布置？教师要进行协调，教师要清楚各项能力的支撑环节有多少。（任课

教师)

因为我接触以后，在教学的时候可能会更注意这些问题，包括课程怎么样去设置，教学方法怎么去改善，会去想怎样提高课堂质量，也会注意到这个问题。(学院院长助理)

上述分析表明，在参与工程教育认证的过程中，尽管专业面临组织、能力、投入等挑战，但依然可以看到认证对专业规范教学、转变教育教学观念的积极影响。同时，也应该看到，这些积极影响还只是专业认证期望产生的影响的一部分，或者说是期望影响的前奏。专业认证最终期望产生的影响是人才培养质量以及专业建立人才培养质量保障机制，这些影响在调研中提及不多。我国工程教育认证专家指出我国工程教育认证目前处于"形似"阶段，并提出"由形似到神似"的发展思路，需要进一步思考的是，如何达到"神似"阶段，以使工程教育认证最大限度地发挥其积极影响。

第七章　学生学习成果评估国际发展

　　学生学习成果评估实践并非新鲜事，20 世纪 80 年代美国就开始将其作为高等教育质量保障方式加以深入研究并广泛推广应用。目前，学生学习成果评估已在发达国家高等教育的国际与区域、国家、高校等层面被普遍使用①，在我国该项工作还处于萌芽阶段②。学生学习成果评估在发展过程中一直面临着必要性、有效性、可行性等方面的争议，美国高教界不断以变革回应挑战。整理美国学生学习成果评估的变革，有益于深入理解学生学习成果评估理念与实践，并厘清其发展趋势。美国公立院校本科教育自愿问责系统是美国高教界学术团体组织、高校自愿参与的向社会公开本科教育信息（含学生学习成果在内）的体系。这一体系中的学生学习成果评估自 2006 年以来经历了几次大的变革，为研究美国学生学习成果评估变革及发展趋势提供了典型范例。本章还通过对美国詹姆斯麦迪逊大学学生学习成果评估的启动、组织架构及内容的分析，反思其学生学习成果组织实施的启示，以期对我国高校学生学习成果评估实践提供参考与借鉴。

---

　　① 彭江. "学生学习成果"在发达国家高等教育中的使用及其启示［J］. 高等教育研究，2016（12）：103–109.

　　② 刘欧. 高校学生学习成果测评的历史、现状以及前瞻［J］. 中国考试，2016（11）：13–17.

第一节　高校学生学习成果评估变革与发展趋势①

一、关注学生学习成果的自愿问责系统

　　问责制是指对他人报告的责任，就资源如何使用以及达到何种效果此类问题做出解释、说明、回答②。美国政府通过财政拨款、奖学金、助学金等方式影响与引导高等教育发展，在政府面临财政危机、大众化导致高等教育质量下滑及新公共管理理论的影响下，政府和社会日益要求高校承担公共责任，并就高校效能做出说明。高等教育问责制由此而得以发展，并在今天成为高等教育质量保障的核心议题。

　　美国高等教育问责制发展过程中，高校一开始是应政府和社会的要求汇报效能，属于被动问责。进入21世纪后，美国高等教育问责制出现了自愿问责的新转向。2006年，美国教育部发布《美国高等教育未来发展规划》，强调要用透明、可比较的数据来评估高校效能，这引起了社会、高教界的高度重视。为了避免政府对多样化的高校使用强制的集权化干预，一些高校组织开始建立供其成员高校自愿参与的、用于公开信息的系统，其中最为有名的是"公立院校本科教育自愿问责系统"（Public Universities and Colleges Voluntary System of Accountability for Undergraduate Education），简称自愿问责系统（VSA）。VSA由全国州立大学和赠地大学学会（National Association of State Universities and Land-Grant Colleges，NASULGC）和美国州立学院和大学学会（The American Association of State Colleges and Universities，AASCU）联合设计和推进，该系统延续了20世纪80年代问责制的特征——聚焦高等教育的结果和输出，明确提出通过测量学生学习结果来检测教育效果。

---

　　① 此节内容以"高校学生学习成果评估变革与发展趋势——基于美国公立院校本科教育自愿问责系统"为题载于《大学教育科学》2021年第2期，署名：刘声涛，傅冠华，廖敏。
　　② 柳亮. "自愿问责系统"：美国高等教育问责制发展的新动向［J］. 比较教育研究，2011（02）：81-85.

二、自愿问责系统中学生学习成果评估变革

在十多年的发展过程中，VSA 中的学生学习成果评估有几次重要的变革，根据评估方式的不同可以将变革历程划分为三个时期。

（一）依赖标准化测验时期

问责制实施以来人们对问责报告中报告何种数据、如何报告数据一直存在争议。针对问责数据来源多样化、数据碎片化、关键信息不明确、信息不可比、信息不透明等问题，《美国高等教育未来发展规划》指出，"缺乏有用的数据和问责阻碍了政策制定者和公众做出基于信息的决策，阻碍了高校展示其对公共利益所做的贡献"[1]。VSA 重新思考了问责数据服务于谁、如何解决当下问责数据没起到应有作用的问题之后，构建了问责框架、数据发布平台，制定了数据发布规则。2006 年 8 月，NASULGC 时任主席发布名为《公立大学和学院迈向自愿问责系统》的文件，集中阐述了 VSA 的设计理念。

VSA 致力于满足三类人群不同的信息需求：学生及其家长需要了解费用、毕业率、毕业学生去向、兼职、住宿等高校办学信息以便择校；教师及其他学生发展支持群体需要了解学生学习状态以选择教育教学有效实践；公共政策制定者和高等教育资助者需要了解学校提供的入学机会及学生学习效果以调整政策。

VSA 广泛收集校长、教务长的建议，确定了选择、收集、使用问责数据的原则：教育机构的首要责任是使用最能促进学生获得学习成果的数据或工具；问责聚焦于教育增值而不是学生的天赋或入校时的能力；问责工具及其使用方法、结果需公开、透明；高校应该与自己过去的表现比较，与有类似使命、学术项目、招生举措的其他高校比较，以维护高等教育宝贵的多样性；即使是类似高校的比较也仅限于单项指标上的比较，而不是把所有指标整合后进行比较；高校的职能除教学外还有科研和社会服务，在资源分配时仅分配给问责确属必要的资源；收集数据应努力控制成本，合适的情况下使用抽样技术而不是测量每一个学生；从国家利益出发，评估和学生学习有关的国

---

① Keller C. M., Hammang J. M. The Voluntary System of Accountability for Accountability and Institutional Assessment [J]. New Directions for Institutional Research, 2008 (06): 39-48.

际趋势、高等教育公共投资以及基于高等教育投资的公共收益和国家经济竞争力[①]。

在上述原则的指导下，VSA 确定了由三个部分构成的问责框架及其具体指标或数据来源。第一部分是学生与家庭信息，具体包括大学费用、毕业率、保留率、学生住宿等。第二部分是学生经历与体会。VSA 推荐高校在以全美大学生学习性投入调查（National Survey of Student Engagement，NSSE）为代表的四种调查工具中选择其一。第三部分是学生学习成果。VSA 关注批判性思维、分析性思维、书面交流三项核心学生学习成果，推荐高校在大学生学习评估（Collegiate Learning Assessment，CLA）、大学生学术能力评估（Collegiate Assessment of Academic Proficiency，CAAP）以及学术能力和发展测量（Measure of Academic Proficiency and Progress，MAPP）三种测量工具中选择其一。这个问责框架的概念清晰、工具明确，服务对象需要的关键信息突出，信息构成完整，并有透明、单维度比较等规范，在有用性方面较之前的问责框架有很大改进。NASULGC 和 AASCU 的会员高校自愿加入 VSA，并在 VSA 开发的网络平台——大学肖像（College Portrait）——上按统一的样式公开上述问责数据。

彼时美国处于"基于标准的教育改革"中，多以标准化测试来实施教育问责，VSA 依赖标准化测验进行学生学习成果评估。因为没有意识到教师和其他教育专家的重要作用，《美国高等教育未来发展规划》认为问责要通过对标准化测验的强调来实现[②]。在 VSA 的调研阶段，知名评估专家班塔等也对大规模使用标准化测验提出质疑，但是因为没有更成熟的可选方案，VSA 最后还是选择了标准化测验。考虑到大多数院校都没有在院校层面使用学生学习成果标准化测验的经验，他们需要时间来摸索适合的评估方式，以及探索如何使用评估结果来调整教育教学工作，VSA 允许高校加入 VSA 满四年时才公布学生学习成果信息，这一举措被称为学生学习成果评估导航计划。在

---

① Mcpherson P, Shulenburger, D. Toward a Voluntary System of Accountability Program（VSA）for Public Universities and Colleges［R］. National Association of State Universities and Land-Grant Colleges, 2006: 4.

② Rhodes T L. The Value of Assessment: Transforming the Culture of Learning［J］. Change, 2016（05）: 36-43.

项目初期，VSA 使用学生学习成果增值评估，学生入学时测试一次，升入高年级时再测试一次，两者的差值即为增值。VSA 的设计者意识到 VSA 项目要不断改进，尤其是标准化测验及增值评估都存在诸多争议，因而成立了由校长、教务长、学生事务工作人员、院校研究成员等构成的 VSA 监督委员会来指导 VSA 未来发展，维护和促进项目的整合性、有效性。

（二）引入真实性评估时期

2011 年 10 月，VSA 委托全国学习成果评估研究所（National Institution of Learning Outcomes Assessment，NILOA）评估学生学习成果评估导航计划的有效性。该有效性评估持续了五个月，评估方法包括访谈、问卷调查、对大学肖像的数据分析以及 Google 分析。有效性评估表明，尽管 VSA 被认为是应对问责和透明度要求的必要、明智、及时、有用的举措，但是 VSA 学习成果评估的实施面临很多的挑战甚至是困境：有 38% 的会员高校没有加入 VSA，有 25 所高校加入后又退出（其中 40% 的高校是因为被要求使用标准化测验而退出）；参与高校中，部分高校并没有每年公布大学肖像信息，而发布了大学肖像信息的高校中 55% 的高校却没有报告学习成果信息；学生参与评估的动机不高，标准化测验难以获得足够多的代表性样本，测验数据质量堪忧；高校人员难以理解测验分数到底是学生的初始能力还是大学学习获得，也不知如何将测验分数用于课程设置和教学的改进；学生和家长难以理解充斥着专业术语的测量结果，不知如何将测验结果用于选择大学；建议扩大学生学习成果评估工具的数量和类型，将评估拓展至专业层面及非会员高校等[①]。

《美国高等教育未来发展规划》发布后，面对各界对标准化测验的强烈批评，高等教育改善基金会（Fund for the Improvement of Postsecondary Education，FIPSE）征集团队来设计和实施不同于标准化测验的评估方案。美国大学和学院协会（Association of American Colleges & Universities，AAC & U）获得立项支持，其成果即为"本科教育中的有效学习评估"（Valid Assessment of Learning in Undergraduate Education，VALUE）。基于有效性评估研究结果，

---

① Jankowski N A, Ikenbery S O, Kinzie J, et al. Transparency and Accountability：An Evaluation of the VSA College Portrait Pilot ［R］. Urbana, IL：University of Illinois and Indiana University, National Institute for Learning Outcomes Assessment（NILOA），2012：6-15.

2013 年 2 月 VSA 接受"扩大学生学习成果评估工具选项"的建议，将"VALUE"添加进来作为标准化测验的替代物。VALUE 项目提出了一系列和标准化测验不同的假设：教师和其他教育领域的专家看到学生的学习成果时能评价其质量；人们对所有学生都需要达成的重要学习成果有共识；学生能力和成就的最好的代表是学生在构成他们教育经验的课程或项目中提交的作业；学生在正式课程、联合课程等中通过书面、口头、视觉、图形等多种形式学习与展示学习成果；评估中发挥教师的判断和专长是必须的，也是有效的；评估对学生、教师及其他人的改进和发展有帮助，也能为认证提供总结性信息①。上述假设表明，VALUE 项目设计者视核心学习成果为评估内容，意识到了教师和教育领域专家有能力评估学生学习，也有能力发展学生学习评估体系。该项目主张学生作业是学生学习成果的最好载体，强调评估和真实的课程教学及学生真实的作业结合，强调评估的改进功能。显然，上述假设主要是针对标准化测验难以吸引学生参加、学生缺乏认真对待动机及人为地将学生和课程分离的问题。

VALUE 项目设计思路并不复杂：教师根据评估量规针对学生真实的作业来评估学生核心学习成果，评估结果用于认证、问责和改进。但要在实践中实施这一设计需要完成多项工作。

一是要编制量规。VALUE 项目针对每一项核心学习成果编制评估量规，这项工作自 2008 年 1 月持续至 2009 年 9 月。VALUE 项目关注的学生学习成果有三类共 16 项。第一类是智力和实践技能，包括探究和分析、批判性思维、创造性思维、书面交流、口头交流、阅读、量化素养、信息素养、团队合作、问题解决；第二类是个人和社会责任，包括公民参与、跨文化知识和素质、道德推理、终身学习、全球学习；第三类是整合性学习，含整合性学习一项。针对 16 项学习成果中的每一项都成立量规编制团队。量规编制团队基于文献、现有的量规、自身经验来构思、起草量规，经多个高校使用后完善量规。

编制好的量规严谨、完整、细致。每项学习成果的量规中除该学习成果

① Rhodes T L. The Value of Assessment: Transforming the Culture of Learning [J]. Change, 2016 (05): 36-43.

的各维度及其评分准则表外，还包含 VALUE 量规总体说明、学习成果内涵界定、相关术语内涵界定、量规使用方法等。每项学习成果的评估量规分若干个维度，每个维度有四个等级。例如，表 7-1 是"整合性学习"中"与经历的联系"维度的评分准则。整合性学习其余四个维度为：与学科的联系、迁移、综合性交流、反思和自我评估。

表 7-1　"整合性学习"中的"与经历的联系"维度

最高级（4分）	中间级（3分）	中间级（2分）	最低级（1分）
有意义地综合正式课堂之外的经历（包括生活经验、实习等学术经历和出国旅行）来深入理解学习领域和开阔视野	从多样化的背景（如家庭生活、艺术活动、公民活动、工作经验）中有效地选择和发展生活经验，以说明学习领域的概念、理论、框架	辨析生活经验和学术知识的差异和相似性，承认除自己观点之外的其他观点	确认生活经验和与之相似的并和自己的兴趣相关的学术文本和思想之间的关联

与经历的联系：指连接相关经历和学术知识。

VALUE 量规编制团队设计的是元量规，能被任何类型的大学、院系、专业使用，也可以经修订或转化用于课程层面。量规是 VALUE 项目最重要的研发成果。所有人都可以从 AAC & U 的官网免费下载所有 VALUE 量规。截至 2023 年 6 月，AAC & U 官网显示，已有 92 所院校的 21189 份学生作业被 288 名教师根据 VALUE 量规评估。日本已将 VALUE 量规翻译成日语使用。

二是要有学生作业。学生作业就是学生在学习过程中做的各种作业。学生作业最好是教师为评估学生学习成果特意设计的作业，也就是作业应有利于学生展示学习成果，这样的作业称为特征作业（Signature Assignments）。VALUE 收集了一些学生作业范例，制作成电子资源供教师参考。学生完成的作业可以放在电子档案袋中，便于后续评分。

三是教师要能依据量规公正地评估学生作业。这就要求对教师进行培训，培训目标是所有参与评分的教师都理解量规，都能用同样的方式来应用量规，评分应有较高的评分者一致性。目前，在 VALUE 量规评分者一致性研究方面，研究结论并不一致，AAC & U 及学界目前正在积极探索 VALUE 量规评分者一致性的真相及提升策略。

四是应用量规评估结果。使用 VALUE 量规，可以直接得到学生在核心学习成果上的评分，这里的学生可以是学生个体，也可以是学生群体（班级、专业、学校）。专业、学校层面的结果可以用于认证、问责。个体、班级、专业、学校层面的结果可以用于改进。

（三）参与元评估时期

VSA 引入的真实性评估面向重要高校学生学习成果，将评估和课程、教师、学生联系起来，有针对性地解决了标准化测验的一些问题。然而，真实性评估也并非完美解决方案。一是真实性评估效度受到质疑。由于真实性评估中学生作业来自不同教师布置的不同任务，学生表现受到任务差异的影响；再者，学生展示其学习成果的方式本身也影响学生表现，如要求学生用写作来展示批判性思维时，对学生批判性思维能力的推测受到学生写作能力的影响[①]。二是学生学习成果评估在促进改进中作用有限。美国学习成果评估研究中心（NILOA）2013 年的调查显示，虽然高校评估结果的使用程度正在提升，但使用的领域主要是区域认证、专业认证、专业审核，而较少用于教师和职员专业发展、资源分配和预算[②]。显然，评估主要是为了应对认证和问责，在促进改进中作用有限。仅评估学生学习成果是不够的，高校需要基于评估结果采取措施促进改进。詹姆斯麦迪逊大学评估研究中心主任富尔彻用养猪的例子对此进行说明：仅称重不会让猪长膘，需要称猪、喂猪、再称猪[③]。三是学生学习成果评估领域缺乏交流学习的平台。实施学生学习成果评估的高校有诸多困惑和困难，有很多高校没有能力和条件去真正实施，高校的外部利益相关者很难参与进来，这些问题的解决都需要沟通交流平台。要提高真实性评估的效度需要测量技术的改进，需要提高真实性评估的标准化程度，亦即学生完成相同的或至少理论上可互换的任务，并且学生在任务上的表现为欲测量的特征的表现。然而，单纯测量技术的完善不能解决推动

---

① Hathcoat J D, Penn J D, Barnes L L B, & Comer, J. C. A Second Dystopia in Education: Validity Issues in Authentic Assessment Practices [J]. Research in Higher Education, 2016 (07): 1-21.

② Kuh G D, Natasha Jankowski, Ikenberry S O, et al. Knowing What Students Know and Can Do: The Current State of Student Learning Outcomes Assessment in U. S. College and Universities [R] National Institute for Learning Outcomes Assessment, 2014: 1.

③ Fulcher K H, Good M R, Coleman C M, et al. A Simple Model for Learning Improvement: Weigh Pig, Feed Pig, Weigh Pig [R]. National Institute for Learning Outcomes Assessment, 2014: 1.

学生学习成果评估促进改进以及搭建交流学习平台的问题。

为应对上述挑战，2015 年 10 月，发起 VSA 的 APLU、AASCU，发起 VALUE 的 AAC & U 和美国学习成果评估研究中心（NILOA）一起，设计与推动了对全美高校学生学习成果评估实践进行评估的"卓越评估"（Excellence in Assessment，EIA）项目。

EIA 项目的一个显著特点是采用元评估的方法。元评估是对评估工作的评估，EIA 通过评估量规来体现量规设计者对于"卓越评估"的理解与要求，为高校提供行动指南。"卓越评估"认定量规分为 8 个维度，每个维度下有若干个子维度，每个子维度都有 0、1、3、5 的四个评分等级。表 7-2 是"卓越评估"认定的标准及其内容。

表 7-2　"卓越评估"认定标准

维度	内容
评估活动的参与群体	该维度强调校内外共 14 类人员的实质性参与
学生学习成果陈述	要求清晰陈述学校层面期待学生获得的知识、技能、态度、能力、思维习惯；要求课程层面、专业层面、学校层面的学生学习成果得到整合；要求在学校网站上展示学生学习成果的表述，使学生知晓
校级评估计划	要求形成面向所有学生的、整合的校级评估计划，利益相关者要参与发展和修正评估计划
校级评估资源	要求有个物理的或虚拟的空间来集中存放评估资源，要求针对学生学习成果评估开展教师发展培训，要求从政策和机制上认可与支持教师的评估活动
校级评估活动	要求和校内外的利益相关者分享学校层面的评估信息；要求让校内外的人都容易理解评估信息，促进评估信息的合适使用与解读；要求积极参与校级评估活动并分享信息
校级学生学习证据	要求利益相关者监控、汇总、分享校级层面学生学习结果
校级学生学习证据的使用	要求整合校级层面和其他层面的学生学习成果，并与利益相关者分享；要求学校各层面讨论革新方案，并讨论变革带来的学习成果
反思和改进计划	要求反思学校的优势和劣势，拟定基于整合的评估结果的改进计划

EIA 项目的另一个显著特点是强调对学校层面评估的评估。"卓越评估"认定标准中，有 5 个维度明确要求"校级"。学校层面评估的难点是整合课程层面、专业层面、学校层面的各项学生学习成果评估活动。要获得学校层面的学生学习成果评估结果大致有三种方案：第一种方案是像 VAS 那样用标准化测验测试学生，直接得到学生个体与群体的评估结果；第二种方案是像 VALUE 那样，用量规评估学生，也可以直接得到学生个体与群体的评估结果；第三种方案是从课程教学出发建立课程、专业、学校层面的学习成果的联结。表 7-3 是建立课程学习成果和核心学习成果（即学校层面学习成果）联结的示例。如果专业层面的学习成果表述不同于学校层面学习成果，就需建立课程、专业、学校层面的学习成果的联结。有了这种联结就可以把课程层面的评估结果整合至专业和学校层面。

但是，从"卓越评估"对反思和改进的要求来看，更准确地来说，EIA 项目强调的是，在课程、专业、学校各个层面实施评估，而且各层面的评估应该都能整合至学校层面。整合的评估不再是分散的、碎片化的，便于学校向外界提交认证、问责报告，同时能在学校层面整合的评估有利于促进改进。

表 7-3　建立课程、学校层面学习成果联结的量规示例

内容	优秀	良好	平均	低于平均	不满意	课程学习成果	核心学习成果
	4 分	3.5 分	3 分	2 分	1 分		
课程的内容领域一	（这里输入描述）					课程学习成果 1	交流能力
						课程学习成果 2	批判性思维能力、文化素养

资料来源：改编自 Richman W A, & Ariovich, L. All-in-one: Combining Grading, Course, Program, and General Education Outcomes Assessment [R]. Urbana, IL: University of Illinois and Indiana University, National Institute for Learning Outcomes Assessment (NILOA), 2013: 21.

自 2016 年 EIA 首次开展"卓越评估"后，诸多高校脱颖而出获得认可。获得认可的高校发文分享工作经验与未来发展规划，促进了评估文化、质量文化的塑造，为高校相互学习借鉴提供了重要参考资料。

三、自愿问责系统中学生学习成果评估发展趋势

自 VSA 诞生的十多年来，学生学习成果评估经历了依赖标准化测验、引入

真实性评估、参与元评估的变革，这一变革历程体现出两个重要的发展趋势。

（一）与课程结合的评估越发被人们关注

标准化测验依然是学生学习成果评估的重要工具，但是与课程结合的评估越来越成为关注的焦点。

标准化测验追求科学性。从质量要求看，标准化测验要保证测验目的及测验结果的有效性，使用严格意义上的信度与效度标准评价质量。从编制与实施程序看，标准化测验的整个程序（包括确定测验目的、进行测验设计、编制测验试题、评价试题质量、筛选试题搭配试卷、测验评分、对测验分数的解释，以及对测验实施环境、条件的控制等）均要实现标准化①。上述特点使标准化测验能更客观地用数据描述现象，便于在教育实践中得到广泛应用。VSA 推出之初也选择了标准化测验作为学生学习成果评估工具。

然而，上述特点也令标准化测验容易和教学、学习脱离。一是标准化测验倾向于测量稳定的心理特质以满足信度、效度要求，而教学、学习追求的却是基于经验的行为或行为潜能的相对一致变化。二是标准化测验的编制与实施对技术及时间精力提出了高要求，这在实际的教育教学工作中难以得到满足。脱离了教学、学习的标准化测验不能反映教学、学习效果，不能为教学、学习提供反馈，阻碍了教师和学生在评估中发挥主体作用。这些问题最终导致 VSA 在使用标准化测验的基础上再引入 VALUE。

VALUE 注重评估和课程结合，具有鲜明的特点。一是关注更多的学习成果。VALUE 关注的三类共计 16 项学习成果基本涵盖了高等教育中重要的知识、技能和情感态度目标。二是使用量规作为评估工具，能更好地评估高等教育关注的高阶学习成果。三是将学生课程作业作为学习成果的代表加以评估，因为教师是课程作业设计者和评估者，这就直接将评估和教学、学习联系起来。

当前，我国学界和实践中都存有将学生学习成果评估工具等同于标准化测验的刻板印象。比如，学者在介绍国外学生学习成果评估工具时，介绍的就是标准化测验。当笔者和高校行政人员谈起学生学习成果评估时，也常被问到美国使用的是什么标准化测验。在这种刻板印象下，由于我国缺乏适用

---

① 王汉澜. 教育测量学 [M]. 开封：河南大学出版社，1987：173.

于学生学习成果评估的标准化测验，也缺乏对这类测验的研究和实践，这就很容易形成"我国不具备发展学生成果评估的技术条件"的观点。

美国自愿问责系统中学生学习成果评估的变革提示我们：学生学习成果评估要高度关注的不仅是标准化测验，还要关注和课程结合的评估。目前，我国高等教育测量技术薄弱，缺乏适用于学生学习成果评估的标准化测验，而这些不足又难以在短时间内消除。在此情况下，和课程结合的评估尤其值得关注，因为这些方法在工具开发阶段对测量技术的要求相对更低（在实施阶段对实施组织的要求更高），进入的门槛相对较低，同时又和教学、学习结合，有利于体现教师、学生主体性，有利于教学及学习改进。

（二）指向高校系统性改革

学生学习成果评估指向高校系统性改革，而非单一的教育评估方式改进。

学生学习成果评估首先是一种教育评估方式，在技术层面有许多需要关注的议题，诸如评估什么、怎么评估等。依赖标准化测验时期及引入真实性评估时期的 VSA 学生学习成果评估，更多的是关注和解决评估技术层面的问题，主要致力于评估方式改进。

然而，分析学生学习成果评估的产生背景可以发现，学生学习成果评估指向的是高校系统性改革，由此才能发挥评估促进教学和学习的功能，切实保障教育质量。美国 20 世纪 80 年代的高等教育质量评估运动中，学生学习成果评估直接针对的是注重资源"输入"及其使用效率的办学方式，强调应要注重"输出"，为大学效能提供关键证据。学生学习成课评估要求高校从"以教师为中心、以教材为中心、关注投入"转向"以学生为中心、以学习为中心、以成果为导向"。为此，高等教育系统需要对高校办学进行系统性改革。EIA 中设计的"卓越评估"认定标准对这种改革做了很好的诠释。"卓越评估"认定标准指出，学校内部各类群体（行政人员、教师、学生）及学校外部各类利益相关者（雇主、校友、社区居民）都应协同合作，清晰陈述与整合课程、专业、学校层面的学生学习成果；应高度重视评估计划、评估资源、评估活动对学生学习成果评估的支持，收集使用学生学习证据并切实用于反思和改进。"卓越评估"使用元评估方法引导高校的系统性改革。EIA 项目获奖高校的办学实践为"卓越评估"认定标准提供了生动的范例，对此可参考美国詹姆斯麦迪逊大学、美国威斯康星大学麦迪逊分校的学生学习成果评估实践介绍与分析①②。

在学生学习成果评估指向的高校系统性改革中，高校管理层起着举足轻重的作用。高校管理层的态度影响着学生学习成果评估在高校教育教学改革中的地位，高校管理层的领导力影响着学生学习成果评估能否在高校实施，并切实促进改进。

有学者分析了我国引进学生学习成果评估的生态环境，认为我国高校缺乏以教学、学生为主的文化，虽然推出了"五位一体"制度，但没有进一步明确评估方法和评估机制，建议高校管理层对学生学习成果评估持暂时观望态度，以免浪费人力物力，建议继续做实教师发展中心和党委教师工作部（负责教师队伍的思政和师德师风建设）两个机构，并建议有职业理想和社会理想的学界人士向国家相关部门和机构建言献策③。上述分析和思考跳出了照搬照抄国外做法的套路，从生态条件的角度反思我国是否适合引进学生学习成果评估并给出发展建议，实属难能可贵。但就"高校管理层暂时观望"的建议，笔者认为鉴于学生学习成果评估指向的是高校系统性改革，管理层持观望态度就意味着难以在校内以学生学习成果评估来保障和提高人才培养质量。何况，绕开了学生学习成果评估，"做实教师发展中心和党委教师工作部"也容易陷入人才培养的困境。卓越的大学教学要求建构教学、学习、评估的一致性，这已成为高教界的共识。

诚然，学生学习成果评估的成功实施需要相应的生态环境，但是，生态环境建设需要自上而下和自下而上的改革。美国高教界于 20 世纪 80 年代中期开始评估运动，在此之前，已经有数所高校的学生学习成果评估工作获得全国性声誉，包括阿尔维诺学院（Alverno College）、田纳西大学诺克斯维尔分校（University of Tennessee at Knoxville）、东北密苏里州立大学（Northeast Missouri State University）④。这些高校的实践为评估运动中学生学习成果评估

---

① 刘声涛，赵万. 高校学生学习成果评估的组织与实施——美国詹姆斯麦迪逊大学案例分析 [J]. 大学教育科学，2019（06）：96-101.

② 张明广，茹宁. 美国高校"卓越评估"认定：动因、实施及其评价 [J]. 高教探索，2019（08）：88-93.

③ 骆美. 学生学习成果评估的生态研究——高等教育质量保障新路径 [M]. 汕头：汕头大学出版社，2018：164.

④ 东北密苏里州立大学现更名为杜鲁门州立大学（Truman State University）。

的推广应用提供了宝贵的经验。我国高校管理层若能从人才培养质量出发，领导、激励全校上下积极在实践中探索学生学习成果评估如何在我国落地，不断发现问题，解决问题，最终形成实践证明有效的做法，将有助于推动我国高教界不断真正落实以学生为中心、以学习为中心的理念。

第二节　高校学生学习成果评估的组织与实施①

在国际上，以高校为主体实施学生学习成果评估是发展与保障高质量高等教育的重要方式。我国学者也指出，成果导向应成为推动高校教育质量提升的力量②。我国相关政策文件对高校实施学生学习成果评估提出了明确要求，本科教学审核评估及工程专业认证都以学生中心、成果导向和持续改进为理念。在实践中，高校的普遍做法是，用少数优秀学生的数量和表现来代表学生学习成果，这种做法既不合理，也不符合相关要求。有专家明确指出，"（论文发表、竞赛获奖等）外在数据或是一些行政性奖项的归总不能真实完整地反映学生的发展水平"③。因此，学生学习成果评估要面向全体学生。例如，工程教育认证要求坚持"接受认证专业的全体合格毕业生要共同达到毕业要求。不允许也不接受将少数学生的标志性成果作为专业认证的'举证'材料"④。问题是，目前我国高校学生学习成果评估实践稍显落后，除了少数学生的标志性成果，高校难以拿出其他可靠的学生学习成果证据。高校学生学习成果评估需要解决如何启动、谁评估、评估什么等一系列问题。面对这些问题，中国高校急需学习好的做法，急需更多聚焦高校优秀实践的研究，以切实开展学生学习成果评估工作，收集学生学习成果数据并向社会公开。

美国的詹姆斯麦迪逊大学（James Madison University，JMU）是一所综合

---

① 此节内容以"高校学生学习成果评估的组织与实施——美国詹姆斯麦迪逊大学案例分析"为题载于《大学教育科学》2019 年第 6 期，署名：刘声涛，赵万。
② 张''''. 以 OBE 理念推进高校专业教育质量提升 [J]. 大学教育科学，2019（02）：11-13.
③ 董云川，徐娟. 真正的"本科教学质量报告"在哪里？——对七所"985 工程"高校教学质量报告的文本分析 [J]. 上海教育评估研究，2013（01）：28-34.
④ 林健. 工程教育认证与工程教育改革和发展 [J]. 高等工程教育研究，2015（02）：10-19.

性公立大学，该校实施学生学习成果评估已逾三十年，迄今获得的学生学习成果评估全国性奖项居全美高校首位，是美国学生学习成果评估优良实践高校的典型代表。本节以该校的实践为例进行讲解。

一、JMU 学生学习成果评估的启动

JMU 学生学习成果评估是在美国评估运动（Assessment Movement）中被催生的，其兴起与发展既受美国高等教育评估政策影响，同时也是校内相关人员坚持学生学习成果评估改革的结果。

（一）JMU 学生学习成果评估启动背景：评估运动

评估运动指自 20 世纪 80 年代中期开始的美国联邦政府、州政府、认证机构、高等教育界全面深入地用绩效评估、学生学习成果评估来检验教育成效、促进学生学习与发展的高等教育质量保障活动。

20 世纪 80 年代，高教界的一些观察、研究都表明美国高等教育质量令人失望。例如，美国前教育部长班尼特指责大学中的人文科学教育被侵蚀[①]；一些知名杂志指责高校的诸多问题，从"贫乏的学生"到"没有质量监控"，乃至"学费欺诈"[②]。类似的激烈批评使美国高等教育质量在当时受到空前关注。与此同时，政府、公众及高等教育界需要高等教育质量的证据用于决策：政府需要高等教育投资有效性的证据作为资源配置的依据；公众需要更多信息用于院校选择，需要知道上涨的学费是否能换来"物有所值"的教育；高等教育界内部也需要教育质量信息确定教学有效性及教育改革举措。1983 年，美国新闻和世界报道（U. S. News & World Report）开始发布全美最佳大学排行榜回应公众的这种需求。

面对社会各界对高等教育质量及高等教育质量证据的需求，几个有影响力的报告都不约而同地建议高校实施学生学习成果评估。1984 年发布的《投入学习》（*Involvement in Learning*）报告指出，实现高质量的学习有三个条件：对学生学习的高期待、学生投入学习、评估学生学习并给予反馈。该报

---

① Bennett W J. To Reclaim a Legacy: A Report on the Humanities in Higher Education ［R］. Washington, DC: National Endowment for the Humanities, 1984: 1.

② 黄海涛. 学生学习成果评估：美国高等教育质量保障研究 ［M］. 北京：教育科学出版社，2014: 61.

告提出了 27 条促进学生发展的建议，其中 5 条建议与学习成果评估相关①。1985 年 1 月发布的《大学课程的整合》（*Integrity in the College Curriculum*）报告指出高校没有真正为其使命承担起责任，认为大学缺乏有效的评估工具是导致这一状况的重要原因②。

1985 年秋季，美国国家教育研究院和美国高等教育协会联合举办了第一届全美高等教育评估会议。这次会议强调了评估信息对促进学生学习的重要性，被认为是美国评估运动开始的重要事件。至 1989 年，美国已有约一半的州出台了高等教育评估政策，要求院校陈述其教育质量保障过程并提供学生学习质量证据③。

（二）JMU 学生学习成果评估的开展

评估运动中，JMU 所在的弗吉尼亚州鼓励各高校探索学生学习成果评估的有效做法。1985 年的 JMU 正处于变化发展之中：学生入学人数快速增长，大量新教师被聘用。JMU 想要探索促进发展新方式，希望能测量学生学习的有效性，而不是像过去那样基于声誉评价学校。1986 年，JMU 成立学生评估办公室，聘请教育测量博士欧文为学生评估办公室主任。

欧文坚信，如果高校自身不积极向外界提供有效证据、不努力改进教育质量，那就是在"邀请"外界的强行干预④。欧文使用以下策略在 JMU 正式启动学生学习成果评估：①将学生学习成果评估聚焦于三个领域——通识教育评估、专业评估、学生发展评估；②制定了五年的发展规划；③和学生学习评估政策制定者（如州认证机构）建立合作关系，而不是"应付上级检查"；④鼓励教师认识到学生学习成果评估是保障高等教育质量发展的趋势，鼓励教师将其在学生学习成果评估改革上的一些做法公开发表；⑤既注重评估的艺术（例如，与政策制定者建立合作关系、鼓励教师积极参与），也注

---

① The Study Group on the Conditions of Excellence in American Higher Education. Involvement in Learning：Realizing the Potential of American Higher Education [R]. Washington, DC：National Institute of Education, 1984：17-21, 25-72.

② Association of American Colleges. Integrity in the College Curriculum：A Report to the Academic Community [R]. Washington, DC：Association of American Colleges, 1985：Foreword.

③ 周廷勇. 美国高等教育评估的演变及其新发展 [J]. 复旦教育论坛, 2009 (03)：21-26.

④ Erwin T D, Knight P A. Transatlantic View of Assessment and Quality in Higher Education [J]. Quality in Higher Education, 1995 (02)：179-188.

重评估的学术（即应用教育测量知识和技术确保评估的科学性）；⑥承认评估工作不完美，同时坚持其有用性。从技术上看，任何评估工作都存在误差，但欧文坚持认为不完美并不等于没有用①。上述举措使 JMU 开启了学生学习成果评估的征程。

1997 年，JMU 学生评估办公室升级为评估研究中心（Center for Assessment and Research Studies，CARS）；1998 年，CARS 设立了美国第一个评估和测量博士点。此后，CARS 的专家团队数量不断壮大，水平不断提高，成为学校学生学习成果评估组织架构中的重要部分。

二、JMU 学生学习成果评估的组织结构

美国高校内部评估组织一般由决策部门、执行部门及监督建议部门构成。JMU 学生学习成果评估组织结构如图 7-1 所示。

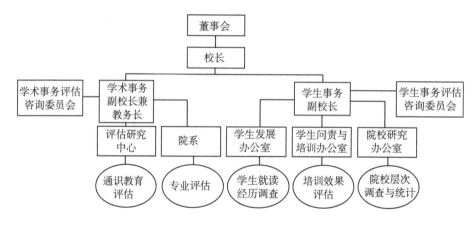

图 7-1 学生学习成果评估组织结构及内容

（一）JMU 学生学习成果评估的领导

董事会在美国高校的内部治理体制中是最高权力机构，校长是最高行政管理人员。学校的事务包括学生学习成果评估都受董事会和校长的领导和管理。JMU 的学生相关工作分为学术事务工作和学生事务工作，分别由学术事务副校长兼教务长和学生事务副校长负责。JMU 的学生学习成果评估包括属

---

① 欧文和第一作者通信时提供。

学术事务的"学生学习评估"和属学生事务的"学生发展评估"。前者负责评估学生与学科相关的知识能力素质，后者负责评估学生与生活相关的知识能力素质。

校领导的主要作用是支持和监管学生学习成果评估。JMU 非常重视学生学习成果评估，其官网公布的概况手册中明确了学生学习成果评估对学校的意义及学校对该项工作的具体安排。概况手册指出，学生学习成果评估能让学生知道"学了"和"没学"有何不同，帮助专业了解是否达到了预定目标，帮助校领导回应教育质量问责。基于上述认识，JMU 视学生学习成果评估为学校重要的发展战略，在资源配置及工作部署上予以大力支持，包括设立评估机构，配备评估专家和相关工作人员，提供经费及工作场所；全力配合学生学习成果评估工作的开展。最典型的例子是，学校每年设置两个评估日专门用于通识教育学生学习成果评估。JMU 采用"前—后测"方案进行通识教育学生学习成果增值评估，"前测"在新生入校后、课程开始前实施，"后测"在学生已获得 45~70 个通识教育学分时实施，每次参加测试的学生约 4000 人。为了确保学生有时间参与评估以及有充足的教室用于评估，学校在评估日不安排课程。校领导的大力支持不仅使学生学习成果评估得以顺利进行，同时强烈地向全校师生传达着"学生学习成果评估对学校发展很重要"这一信息，对学校形成"以评估促发展"的组织文化有重要作用。评估开展情况及评估结果都要向校领导汇报，接受校领导监管。

（二）JMU 学生学习成果评估的执行

在执行层面，由于学生学习成果评估内容的多样性，JMU 由不同的部门负责不同的评估内容（图 7-1 所示圆圈部分）。同时，由于学生学习成果评估对评估专业知识和技术要求很高，评估研究中心因而成为全校学生学习成果评估的核心。评估研究中心除负责通识教育评估外，还从评估专业角度指导和支持其他部门的工作，共承担着学校约 75% 的学生学习成果评估工作。

JMU 的院系、学生发展办公室、学生问责与培训办公室、院校研究办公室均承担了学生学习成果评估工作。院系受学术事务副校长直接领导，负责专业评估；学生发展办公室负责组织学生参加学习投入调查；学生问责与培训办公室用评估的方法确定培训效果；院校研究办公室负责学校层面的各类调查及统计数据的收集与发布，主要包括校友调查和学校产出数据。学生发展办公室、学生问责与培训办公室、院校研究办公室均由学生事务副校长领导。在上述部门的评估工作中，评估研究中心都有不同程度的参与。例如，专业评估以院系为主体，评估研究中心负责评估方案的设计与评估活动的元评估；培训效果评估以学生问责与培训办公室为主体，评估研究中心负责提供量表编制等技术支持。科学实施学生学习成果评估对相关领域知识技能（如学科知识技能）及评估知识技能都有很高的要求，需要各部门发挥所长。在评估研究中心和院系及学生发展部门的合作中，评估研究中心提供评估专业知识和技术的支持，而院系和学生发展部门则提供具体领域知识（如学科知识）和技能的支持。

（三）JMU 学生学习成果评估的监督

JMU 设立了学术事务评估咨询委员会和学生事务评估咨询委员会，分别对学术事务和学生事务中的评估工作进行监督并提出改进建议。该校学术事务评估咨询委员会有 12 名成员，评估研究中心的主任是该委员会的当然成员，1 名成员来自学生事务部门，其他成员来自各院系；学生事务评估咨询委员会有 14 名成员，1 名评估研究中心的教师，1 名学术事务部门代表，其他 12 名成员是来自各学生事务办公室的代表。两个评估咨询委员会都有评估研究中心的人员，体现了对评估专业知识和技术的重视。学术事务部门和学生事务部门分别有代表参加对方的评估咨询委员会，体现了两个部门的密切合作，也体现了学生学习和发展相互影响，密不可分。两个评估咨询委员会均每月召开一次会议。

三、JMU 学生学习成果评估的内容

JMU 学生学习成果评估主要包括学术事务中的通识教育评估、专业评估及学生事务中的学生学习投入调查、学生培训效果评估、校友调查、学校产出数据等。对于 JMU 的专业评估工作，笔者已有文章专题讨论①，本书不再赘述。下面就 JMU 学生学习成果评估中心的其他几项内容做简要介绍。

其一，通识教育评估。通识教育是美国教育的标志性传统，其核心价值

---

① 刘声涛，[美] 凯斯顿·H. 富尔彻. 高校基于学生学习成果的专业评估——以美国詹姆斯麦迪逊大学为例 [J]. 复旦教育论坛，2016（03）：99-105.

是"拓宽眼界，理解更广阔的世界，磨砺分析与沟通技能，以及培养超越自我的责任"①。JMU 通识教育目标由 5 类知识和技能组成，包括 21 世纪所需技能、人文艺术、自然世界、社会文化和个人发展。每类目标对应若干课程。学生在接受通识教育前、后各接受一次评估，以检测学生在通识教育目标上的达成度和增值。通识教育评估工具以标准化测试工具为主。

其二，学生学习投入调查。JMU 使用全美学生学习参与问卷（National Survey of Student Engagement，NSSE）调查学生就读期间在合作学习、师生互动、学业挑战度等方面的经验及对院校环境的感知。虽然 NSSE 在美国有广泛影响，但在 JMU 使用并不多，这主要是因为 JMU 有大量自主开发的、更适合校情的评估工具。

其三，学生培训效果评估。学生问责与培训办公室的职责是帮助学生应对学习、生活中的问题，如缺乏清晰目标感、校园归属感，缺乏决策技能、处理人际冲突技能，违反学校规定等。JMU 设计了针对学生不同问题的多种培训项目，在这些项目中使用特定评估方法检验目标达成情况。评估方法包括量的方法（如使用校园归属感量表、公民责任行为问卷）以及质的方法（如学生用文字清晰表达目标、总结自己的行为）。

其四，校友调查。从 2001 年开始，JMU 每年都进行校友调查。校友调查细分为毕业两个月及毕业两年的校友调查。校友调查询问校友对学校发展的建议，收集学生就业状态信息，如兼职、全职、待业、升学的人数比例及求职渠道。校友调查向管理者、教师、学生、家长提供就业信息，为院系的认证提供数据支持。对照毕业两个月及毕业两年的校友调查数据，可以了解毕业生适应社会与职业发展的相关情况。

其五，学校产出数据。院校研究中心收集的与学生学习成果有关的信息包括学校层面的学生就业率、升学率、职业生涯变动情况、收入等。美国有些高校由院校研究办公室实施学生学习成果评估，JMU 院校研究中心的工作并不涉及学生及院系层面，仅涉及学校层面的学生学习成果评估。

对照尤厄尔的概念，JMU 形成了较完整的学生学习成果评估内容体系

---

① 马彦利，胡寿平，崔立敏. 当今美国高等教育质量评估的焦点：学生学习成果评估［J］. 复旦教育论坛，2012（04）：78-84.

（见表 7-4）。不同语境下学生学习成果评估有不同内容，为便于沟通，尤厄尔用概念分析方法建立学生学习成果概念体系，认为学生学习成果评估可以有不同的分析水平（如院校、专业、学生个体）、不同的学习成果（如认知学习、事业成功、满意度）、不同的角度或观察点（如毕业时或毕业后的水平，大学经历所带来的增值)[①]。除毕业后个体水平的学生学习成果，JMU 在该内容体系的其他部分都有涉及，以便全面评估学生学习和发展情况。

表 7-4　JMU 学生学习成果评估内容体系

项目	学习期间/毕业时			毕业后		
	院校	专业	个体	院校	专业	个体
学习	学校产出数据、学生就读经历调查	专业评估、学生就读经历调查	通识教育评估	学校产出数据	学校产出数据	——
发展	学校产出数据、学生就读经历调查	学生就读经历调查	通识教育评估、培训效果评估	学校产出数据	学校产出数据	——

注：同一评估可以在不同的分析水平分析，表中的学生就读经历调查、学校产出数据就属于这种情况。

四、启示

教育改革中，怎样实施改革的理论比选择什么改革理论更为重要[②]。当前我国政策文本中已经明确了高校要评估学生学习成果，但应该怎样去开展评估尚缺乏系统研究。美国 JMU 学生学习成果评估的组织实施对我国有重要启示。

（一）应高度重视人才培养质量评价，促进高校实施学生学习成果评估

高校的学生学习成果评估是一项系统的、复杂的工作，真正重视人才培养质量的高校才可能会投入大量时间、精力、物力、财力去组织实施。在我

---

① Ewell P T. Accreditation and Student Learning Outcomes：A Proposed Point of Departure［R］. Council for Higher Education Accreditation，2001：5.

② 王伟廉. 不愿丢失的教育感悟（外七篇）［J］. 大学教育科学，2019（01）：115-123.

国，高校重科研、轻教学的现象普遍存在，尽管学生学习成果评估已写入政策文本，实践中依然难以真正推进。高校重科研、轻教学主要受评价体系的影响。人才培养质量评价是评价领域的难点，难以像统计论文发表数量一样得到一个精确的、客观的数字。但是，如果不是用于排名，而是用于提高高校对人才培养质量的关注程度，舆论监督不失为一种重要方式。美国评估运动的导火索就是几个关于高等教育质量的报告，而不是简单的数字。有效的舆论监督要求官方教育媒体真实反映高校人才培养质量，同时，支持媒体真实反映高等教育人才培养质量的民间舆论，因为"对教育改革实际状况与实际效果的最真实的反映永远在民间"①。真实的舆论监督有利于促进高校拿出真举措来解决真问题，促进高校实施学生学习成果评估以保障人才培养质量。

（二）高校应有策略地启动学生学习成果评估

美国目前有很多高校积极实施学生学习成果评估，产生了一批优良实践高校，如美国学习成果评估研究中心（NILOA）评选出的卡内基梅隆大学等10所优质评估实践示范高校。但在启动阶段，美国高校也遇到了挑战，包括学校缺乏明确的人才培养目标、教师学生缺乏参与的动机、缺少评价工具、评价结果得不到应用等。美国高校有意地使用了一些策略来应对学生学习成果评估所面临的挑战。JMU评估研究中心的创始人欧文就使用了选择评估领域、制定评估规划等策略。在学生学习成果评估起步阶段，笔者建议我国高校从以下几方面努力：一是校领导大力支持学校实施学习成果评估，配置相应资源，塑造评估文化；二是设立专门的学生学习成果评估机构，由评估专家负责；三是明确学校使命和教育目标，从教育目标出发设置课程、规划学生发展活动并开展评估；四是评估专家与对学习成果评估有热情、有兴趣的教师合作，通过学习成果评估提高教学质量，用示范作用吸引更多的教师参与学生学习成果评估。

（三）建立分散集中制的高校学生学习成果评估组织模式

在高等教育发展初期，我国行政力量主导的自上而下的评估对于高校达到基本办学条件和质量起到了积极的作用。高等教育进入内涵式发展阶段后，这种方式的弊端日显，主要体现在师生对评估缺乏积极动机，评估的可靠性

---

① 吴康宁. 教育改革的"中国问题"［M］. 南京：南京师范大学出版社，2015：41.

和有效性随之受到影响。JMU 建立了校级领导、多个部门、教师和学生共同治理、协同合作的学生学习成果评估组织架构，在分散集中制的方式下分工协作。"分散"表现在多个部门分别负责不同的工作；"集中"表现在由评估研究中心管理、实施或指导实施全校大部分学生学习成果评估。鉴于学生学习成果评估的复杂性，笔者认为 JMU 的分散集中制是非常有利于高校有效推进学生学习成果评估的组织模式。这种模式一方面给予各部门自主发展的权利和责任，激发其自主发展的积极性；另一方面，在各部门遇到学习成果评估技术难题时，也会有专业评估人员予以指导。

（四）学生学习成果评估要面向学生全面发展

JMU 的学生学习成果评估同时注重对学生进行与学科相关和与生活相关的知识能力素质的评估，引导教和学面向学生全面发展。当前我国高校仍存在重学习评估，轻能力、情感、态度、价值观等的发展评估之现象[①]。这既不符合我国立德树人的人才培养目标要求，也不适应我国社会实际需求。从社会学的角度来看，不同的场域有不同的逻辑。当前我国高校场域中的活动主要建立于学科逻辑之上，这一逻辑并不能保证学生在社会生活场域中足以应对挑战。如企业运行遵循的是市场逻辑，需要能高质量地完成任务的人才。笔者曾面向企业调研，有企业人力资源主管坦言："我们选人时并不仅看学生成绩。重点大学毕业的学生成绩肯定不会差，我们更看重各种能力，如表达能力和社交能力。"联合国教科文组织提出，教育不仅要让学生学会认知，还要学会做事、学会共同生活、学会生存。只有同时重视学习和发展评估，才有利于促进教育培养全面发展的人才。

---

① 夏永庚，彭波，贺晓珍. 核心素养"落地"之困及其支撑 [J]. 大学教育科学，2019（02）：34-42.

第八章　认证背景下高等工程教育学生学习成果评估改进

本书第一、二章梳理了研究相关知识。第三至第六章针对认证背景下高等工程教育学生学习成果评估活动（毕业要求达成度评估、非技术能力评估）以及学生和教师对工程教育专业认证的感知，描述了学生学习成果评估的现状。第七章考察相关国际进展。本章先对现状进行系统梳理，总结问题所在，在此基础上，参考国际进展，结合相关理论与政策要求提出改进思路和具体改进路径。

第一节　改进依据

一、改进依据：现状

在谈改进之前，再次梳理一下本书对认证背景下高等工程教育学生学习成果评估现状的一些发现是有益的，这将使改进的设想因建立在"社会事实"的基础之上而更有针对性与可行性。

高等工程教育中的学生学习成果评估有两种提法，除学生学习成果评估外，另一种就是毕业要求达成度评估。美国 ABET 使用学生学习成果评估的说法，我国和《华盛顿协议》的表述是毕业要求达成度评估，两者是相通的。笔者从四个方面来阐述对我国高等工程教育学生学习成果评估的现状的认识，一是对我国高等工程教育中的毕业要求达成度评估进行内容分析；二是聚焦毕业要求达成度评估中的非技术能力评估；三是面向学生了解他们对认证的感知；四是面向教师了解他们的感知。笔者将从这四个方面了解的现状概括整理成表8-1。学生视角下的工程教育专业认证现状如表8-2所示。每个方面的现状都是认证深层影响因素的体现，相对而言，第一个方面和第二个方面的现状更突出地反映出我国工程教育专业认证面临评估技术这一深层核心问题，第三个方面的现状更突出地反映出专业中成果导向机制建设这一深层核心问题，第四个方面的现状更突出地反映出认证的组织结构、机制建设及评估技术这些深层核心问题。事实上，四个方面的现状可以相互印证。比如，毕业要求达成度评估专项现状分析显示，参加工程教育认证专业的毕业要求达成度评估离高质量评估相去甚远，甚至若干具体工作处于缺失状态。面向教师的调研显示毕业要求达成度评估难度很大，这可以解释为何毕业要求达成度评估质量不高。另外，表8-2显示，参加工程教育认证的专业主要在课程相关工作上优于未参加工程教育认证的专业，而面向教师的调研也显示目前专业认证的影响主要在教育教学的规范性和输入性的"怎么教"方面，而对"学生到底学得怎样"的影响较弱。

表 8-1   认证背景下高等工程教育学生学习成果评估现状与深层问题

分类	现状	深层问题
毕业要求达成度评估	学习目标、学习经验、评估方法、评估结果、结果分享、持续改进等维度上都需要改进	技术
非技术能力评估	缺乏非技术能力评估研究与实践	技术
学生视角下的工程教育专业认证	在环境感知（课程挑战度、环境支持度、教师支持度、资源满意度）、学习投入、学习成果等方面，工程教育专业认证的实效性需进一步提升	机制
教师视角下的工程教育专业认证	有组织结构，但功能不能完全满足认证需求；有培训、激励、监督方面的保障措施，但未能解决能力、积极性、质量保障问题；实施过程中，目标和课程体系无特色、毕业要求达成度评估难、持续改进未落实；认证开始对教育教学理念和实践产生积极影响	结构、机制、技术

表 8-2 学生视角下的工程教育认证现状

分类		参加工程教育认证专业	未参加工程教育认证专业
课程挑战度	知识整合性学习	√	
课程挑战度	检验判断性学习	√	
教师支持	沟通交流类教师支持	√	
课程参与	课程参与	√	
课程挑战度	反思提升性学习挑战度		√
教师支持	态度类教师支持度		√
教师支持	反馈方面教师支持度	——	——
资源满意度	资源满意度	——	——
学习成果	分析和批判思维能力		√
学习成果	清晰有效地写作的能力		√
学习成果	借助图书馆和在线信息进行研究的能力		√
学习成果	其他能力	——	——

注："√"表示显著高于相对照群体，"——"表示两个群体无显著差异。

通过对美国自愿问责制和美国詹姆斯麦迪逊大学学生学习成果评估工作的分析，可以发现两个范例均重视学生学习成果评估的组织结构建设、机制建设及评估技术探索。具体内容如表 8-3 所示。

表 8-3 高校学生学习成果评估国际发展

范例	特点	深层因素
自愿问责制的学生学习成果评估	标准化测验依然是学生学习成果评估重要工具，但是和课程结合的评估越来越成为关注的焦点；学生学习成果评估指向高校系统性改革，而非单一的教育评估方式改进	结构、机制、技术
詹姆斯麦迪逊大学的学生学习成果评估	高度重视人才培养质量评价，促进高校实施学生学习成果评估；建立分散集中制的高校学生学习成果评估组织模式；高校应有策略地启动学生学习成果评估	结构、机制、技术

综合上述对现状的分析，认证背景下高校学生学习成果评估依然面临怎么评估（技术）、怎么组织评估（结构、机制）的问题，当然，解决这两个问题的前提是回答好为什么要评估。

二、改进依据：理论

杜威认为，"科学表明有各种系统的探究方法，当把这些方法运用于一系列的事实时，能使我们更好地了解这些事实，并且明智地、更少偶然性、更少成规地控制这些事实"①。理论研究致力于形成解释现象的框架，借助理论研究成果有助于提出针对性强、系统的解决方案。本研究的改进设计部分主要参考了教育改进科学视角。

教育改进学是"以问题为导向，以个体、组织、国家系统甚至全球体系达至进步的过程和手段为研究对象的一门信息交叉科学"②。2020 年，《清华大学教育研究》第 3 期、第 4 期连续刊登 "教育改进学的创建与中国探索"这一主题的六篇专稿，加拿大韦仕敦大学李军教授团队分别从科学内涵与理论溯源、知识基础与学科框架、方法论、问题与改进方案、专业改进共同体、实践与展望六个方面讨论教育改进学，并思考教育改进学在中国的发展。2022 年，李军教授发文深入论述教育改进学，指出 "改革"存在诸多误区及天生缺陷，"改革"其实是对 "改进"的误用③，并系统地阐述了构建教育改进科学的要点。从历史的角度来看，教育中存在 "教育钟摆"现象，即教育进步的努力 "先是三天热度，然后风靡一时，随后沮丧失望，最终沉寂消失"④。为避免这种现象，教育改进科学提出以下要求。

一是问题导向，循证研究。完整的问题解决流程通常包括发现问题、分

① ［美］杜威. 杜威教育文集：卷五 ［M］. 吕达，刘义德，译. 北京：人民教育出版社，2005：20.

② 李军. 论教育改进科学：迈向改进型组织的艺术 ［J］. 华东师范大学学报（教育科学版），2022（12）：1-13.

③ 李军. 论教育改进科学：迈向改进型组织的艺术 ［J］. 华东师范大学学报（教育科学版），2022（12）：1-13.

④ 李军. 论教育改进科学：迈向改进型组织的艺术 ［J］. 华东师范大学学报（教育科学版），2022（12）：1-13.

析问题、提出假设、检验假设四个阶段。教育改进学对如何高质量完成每个阶段的任务提出了要求，提出将教育问题视为研究问题，通过一定的科学方法、技术，来发现、分析、解决教育问题。在此过程中，要遵循循证研究的方法论原则，持续基于教育真实场景的证据不断发现问题、分析问题、提出假设、检验假设。

二是专业改进共同体。高质量完成问题解决的四个阶段需要专业改进共同体的人力和智力支撑。专业改进共同体是"在改进科学与社会学理论的基础上，基于共识性的愿景、目的、规则和利益建立的，以能力建设为方式、以系统与共享思维及多维视角为科学范式进行改进的专业社群"①。专业改进共同体具有开放与多元、循证与专业、合作与共生、可行与可持续等特征，有利于体制性地培养、提高参与者的能力，有利于系统性地解决个体无法解决的问题②。

三是学科导向，系统思维。高质量完成问题解决的四个阶段需要学科导向、系统思维的智力支撑。教育问题是复杂的，涉及历史、现实，涉及政治、经济、文化，涉及个体、组织、政府、社会，涉及生理、心理，涉及理想、实际，涉及近期目标、远期目标，等等，需要在多学科视角下，用系统化的思维来推动教育进步。教育改进科学的知识体系包括学科内容知识和专业改进知识。认证背景下高等工程教育学生学习成果评估问题首先是教育测量与评价的问题，因此，学科内容知识主要指教育测量与评价的学科知识。另外，认证背景下高等工程教育学生学习成果评估的实施需要解决个体和组织的积极性、能力等问题，因此，专业改进知识涉及心理与组织行为、教育社会与政策的学科知识。

三、改进依据：标准和政策

标准和政策构成了行动者的制度环境。我国的《工程教育认证标准》（2022版）包含工程教育认证的通用要求和各专业类补充要求，其中通用要

① 李茂菊，修旗，李军. 教育改进学的创建与中国探索：专业改进共同体［J］. 清华大学教育研究，2020（4）：18-27.

② 李茂菊，修旗，李军. 教育改进学的创建与中国探索：专业改进共同体［J］. 清华大学教育研究，2020（4）：18-27.

求包括学生、培养目标、毕业要求、持续改进、课程体系、师资队伍、支持条件七大类，充分体现了学生中心、成果导向、持续改进的理念。《工程教育认证标准》（2022 版）中的 12 项毕业要求就是学生学习成果评估标准。教育改进学强调改进是动态的、持续的，《工程教育认证标准》既是教育改进的依据，同时其本身也在不断改进。

2020 年 9 月，中共中央、国务院印发《深化新时代教育评价改革总体方案》（后文简称《总体方案》），该文件在我国教育发展进程中具有重要作用。一是"第一个"，它是新中国第一个关于教育评价系统性改革的文件。二是"纲领性"，它是指导新时代教育评价改革的纲领性文件。《总体方案》明确了教育评价在教育发展中的重要作用——事关教育发展方向，从指导思想、主要原则、改革目标等方面提出总体要求，明确了五类改革评价主体、22 项改革任务，提出了落实改革责任、加强专业化建设、营造良好氛围三方面的组织实施策略。作为我国第一个教育评价改革的纲领性文件，对各类评价（包括专业认证）的改革都具有纲领性作用。

第二节　改进路径

在《课程与教学的基本原理》一书中，泰勒提出课程的四个基本问题，对这四个问题的反思组成了泰勒课程理论。笔者认为，可围绕为什么要评估、如何评估、如何组织评估来反思和构建认证背景下学生学习成果评估改进路径。需要说明的是，因为认证属于教育评价工作的一种，认证改进研究属于教育评价改革，因此本节结合我国新时代教育评价改革讨论工程教育专业认证改进路径。

一、深度理解，凝聚共识，着力解决为什么要评估的问题

本研究的调研显示，认证背景下高等教育学生学习成果评估的参与者总体上并未真正理解为什么要评估，不少参与者更多将其视为自上而下的任务及专业获得某些资质或资源的手段，而非以学生为中心的持续改进的范式，因此，有必要引导参与者在认识层面加以改进。

（一）高度重视对学生学习成果评估的认知

管理学家威廉·爱德华兹·戴明视洞察人性为改进专业知识体系的重要组成部分①。心理学和组织行为学研究的是作为个体和构成群体的人的心理现象和行为，致力于洞察人性。人的改变是教育改进的条件，也是教育改进的结果，心理学与组织行为学中关于认知、动机、态度等的观点为如何改进提供了重要依据。

理念影响态度和行为，这是个众所周知、耳熟能详的表述。从心理学的角度看，这个表述反映了人的心理和行为的底层机制。感觉、知觉是人的心理现象及行为的基础。人的心理现象包括心理过程（认知过程、情感过程、意志过程）及个性心理特征。认知过程包括感觉、知觉、记忆、思维、想象等；情感过程包括情绪与情感；意志过程包括意志；个性心理特征包括动机、性格、气质。作为客观实体，人通过感觉来接收信息，通过知觉来整合信息，感觉、知觉是其他各种更复杂的心理现象及行为的基础。人的知觉的特征并不保证人们可以轻易地认识客观事实本身。人的知觉具有选择性、理解性、整体性、恒常性，人们选择信息，在已有的知识经验的基础上对信息形成整体性的认识，这个过程并不能保证对事实形成实事求是的认识。其原因在于，人们选择信息的时候就很可能遗漏了重要的信息，而"已有的知识经验"本身也可能有局限性，这样形成的整体的认知就可能有偏差。事实上，心理学研究早已证实人类存在多种认知偏差，比如证真偏差、自利偏差等。心理学中关于胜任力的冰山模型、洋葱模型都指出人的认知的重要性。因此，在解决行为问题之前，要高度重视人的认知及其影响。

在认证背景下高等工程教育学习成果评估中，有必要深度理解学习成果评估面临的挑战及其价值，凝聚共识，有必要在理论指导下改变教师认知。

（二）深入理解学生学习成果评估面临的挑战

调研中，不少老师反映工程教育认证很难，尤其是学习成果评估。学习成果评估难不仅是感知，更是事实，教育评估专业人士对此也毫不讳言。我

---

① 蔡心心，秦一鸣，李军. 教育改进学的创建与中国探索：知识基础与学科框架 ［J］. 清华大学教育研究，2020（3）：25-32.

国学者冯晖指出"教育评估是一项复杂而艰难的工作"①，也有国际知名学者认为"评估其（学院）在培养学生能力方面是否成功是一项特别困难的任务"②。

成果导向评估的核心技术是教育测量。我国学者杨向东对测量的定义是"通过某种合适的工具或者仪器（instrument）确定客体（object）在某种属性（attribute）上的量（magnitude）的过程。客体在这种属性上的量通常是通过数值（numerical value）来表示的，而该数值则是在某一特定量表系统（scale system）中比较客体在这种属性上的量，与其他类似的量的量化关系（numerical relationship）而确定的"③。根据这个概念，测量活动包括的要素为：测量对象或者客体、所测量的属性、测量仪器、量表系统以及在该量表系统中蕴含的测量单位。

在现实生活中，需要测量的客体的属性有些是有物理意义的实体的属性，如人的身高；有些不具有物理意义，是人构建出来的，而且是内隐的，如工程专业毕业要求中的沟通能力、工程伦理等。构建本身就内含人的主观性。在此基础上，所研发出的测量仪器（如量表、问卷）也有主观性，这些仪器难以非常准确地引发并量化内隐的构建的外在表现。比起用米尺测量某人身高这样的物理测量，高质量的教育测量面临极大的挑战。2011 年，美国学者发文指出美国学生学习成果评估还处于"艺术"状态④。相较于美国等对学生学习成果评估有大量理论研究和实践的国家来说，我国还处于起步阶段，在鼓励高校"成果导向"时，也必须承认，我国相关研究和实践非常薄弱，未能为实践中应对高质量学习成果评估的挑战提供足够的支撑。尽管面临挑战，但学生学习成果评估依然有其重要价值。

（三）深入理解学生学习成果评估的价值

在高等工程教育认证的改进中，要高度重视的认识问题是对为什么要认

---

① 冯晖. 高质量教育评估的内涵要义与推进策略［J］. 上海教育评估研究, 2023（02）：1-7.

② ［美］弗吉尼娅·N. 戈登，［美］韦斯利·R. 哈伯利，［美］托马斯·J. 格里茨. 学业指导大全［M］. 杨德山，等译. 北京：中国社会科学出版社，2021：405.

③ 杨向东. 教育测量在教育评价中的角色［J］. 全球教育展望, 2007（11）：15-25.

④ Jankowski N A, Provezis S J. Making Student Learning Evidence Transparent：The State Of The Art［R］. National Institute for Learning Outcomes Assessment. 2011.

证的认识。工程教育专业认证是"学生中心、成果导向、持续改进"质量保障活动。学生中心和持续改进的必要性显而易见，关键是为什么要成果导向？

　　在学术界，对于教育中的成果导向其实有不同的声音。成果导向即目标导向，以目标为导向的教育评价一直以来都面临着争议，学者们对争议也不乏讨论。比如安德森等编著的《布卢姆教育目标分类学：分类学视野下的学与教及其测评》中，就集中讨论了四个与目标有关的有争议的问题①。一是目标的具体性和包容性问题。在具体性方面，过于概括的目标无法指导教学和测评，过于具体的目标导致学习支离破碎，只见树木不见树林。在包容性方面，并不是所有重要目标都能陈述为外显的或具体可操作性的学习成果。二是目标的同步性问题。没有预设学生学习成果的活动可能产生个性化的表现性学习结果。三是目标描绘学习还是表现。目标越具体，越能够根据测评的表现推测学习成果；目标越概括，越难根据测评的表现推测学习成果。四是目标使用的局限性。有些学科难以陈述目标，有些学科容易陈述目标，但陈述的目标难以获得广泛认可。尽管面临诸多争议，笔者认为以成果为导向的教学和评估依然有现实必要性，依据有二。

　　一是目标对于人类活动的重要性。比如，北京十一学校原校长李希贵指出，"没厘清目标就开始行动，在生活中是一件可笑的事"②。虽然目标的重要性很容易被感知到，但如果能仔细分析此重要性的来源，则更能提高对目标重要性的认识的意识水平。一个基本事实是人类活动有目的性。马克思指出，"蜘蛛的活动与织工的活动相似，蜜蜂建筑蜂房的本领使许多建筑师相形见绌。但是，最蹩脚的建筑师从一开始就比最灵巧的蜜蜂高明的地方，是他在蜂箱里建筑蜂房以前，已经在自己的头脑中把它建成了。劳动过程结束时得到的结果，在劳动者的想象中已经观念地存在着。他不仅使自然物质发生形式变化，同时他还在自然物质中实现自己的目的，这个目的是他所知道的，是作为规律决定着他的活动的方式的，他必须使他的意志服从这个目的"③。目标对人类行为

　　① ［美］洛林·W. 安德森. 布卢姆教育目标分类学：分类学视野下的学与教及其测评［M］. 蒋小平，张琴美，罗晶晶，译. 北京：外语教学与研究出版社，2009：16-18.
　　② ［美］康妮·M. 莫斯等. 聚焦学习目标：帮助学生看见每天学习的意义［M］. 沈祖芸，译. 福州：福建教育出版社，2020：封底.
　　③ 马克思，恩格斯. 马克思恩格斯选集：第 1 卷［M］. 北京：人民出版社，1995：166.

及行为结果有重要影响。目标设置理论认为目标具有指引和动力功能，它将个体的注意力和努力引导到能够接近目标的行为上，驱动个体持续努力，并使和任务有关的知识和策略更容易到达意识层面而被使用①。

二是在目前的现实条件下，缺乏成果导向易导致混乱。在部分学者看来，学生学习成果评估更多属于控制型，窄化了学习，认为有比可预设的成果更重要的成果。在某些讨论逻辑中，放弃 A 似乎就可以得到与之相对的 B。但是，这个世界并非非黑即白。放弃学生学习成果导向，在目前的现实条件下得到的不一定是教育界努力去追求更有意义的目标，而更可能是陷入混乱。本研究面向教师的调研中，教师们普遍认为参与认证让教育教学更规范了。这说明，参与认证之前，专业的教育教学连"规范"都没做到，教育教学目前还处于需要避免不规范阶段。所谓"没有规矩，不成方圆"，现实生活中因缺乏规范而陷入混乱的现象比比皆是。勒温把领导风格分为控制型、民主型、放任型。简单批判控制，得到的不一定是民主，可能是放任。学生学习成果评估是为了避免放任而采取的有一定控制性的方式。目前工程教育专业认证的成果导向教育模式中推荐了工作流程，教育教学从学生学习成果设定开始，经过培养过程后，评估成果达成情况，再持续改进。专业认证标准中设定的是框架性的毕业要求标准，这一点体现了认证具有"一定控制性"，专业可以而且也应该结合专业特点把毕业要求具体化。

安德森等在阐述与目标有关的有争议的问题时，并没有回避教育以目标或成果为导向所面临的挑战。一方面，安德森等指出，"并不是所有重要的学习结果都能够、应该或必须陈述为先验的目标"②，《布卢姆教育目标分类学：分类学视野下的学与教及其测评》一书中仅关注认知方面的成果，对此，我们可以理解为教育以目标或成果为导向可能有其适用范围，我们需要进一步研究和明晰该适用性。另一方面，正如安德森等所言，面对目标相关争议，"考虑到目标的重要性，我们需要的是克服而不是回避这些问题"③，

---

① 杨秀君. 目标设置理论研究综述 [J]. 心理科学，2004（1）：153-155.
② [美] 洛林·W. 安德森. 布卢姆教育目标分类学：分类学视野下的学与教及其测评 [M]. 蒋小平，张琴美，罗晶晶，译. 北京：外语教学与研究出版社，2009：17.
③ [美] 洛林·W. 安德森. 布卢姆教育目标分类学：分类学视野下的学与教及其测评 [M]. 蒋小平，张琴美，罗晶晶，译. 北京：外语教学与研究出版社，2009：18.

学生学习成果评估之所以有其重要价值就在于目标在人类活动中有重要价值，考虑到这一重要价值，对于教育中适用以目标或成果为导向的活动所面临的挑战应努力去应对，而不是直接放弃以目标或成果为导向本身。

（四）有策略地改变教师对学生学习成果评估的认知

目前教师的认证参与度不高，甚至有部分教师对此很抵触。教育学研究中，经常使用"应该……"这样的表述，比如，教师应该积极参与认证。这样的表述更像是一种倡导，仅倡导难以有实际作用。人的态度和行为的改变有其规律性，对此，组织行为学多有研究，如果在态度改变研究的指导下改变教师对专业认证的认知，将比简单的"倡导"更有效。这样的理论有多个，下面以详尽可能性模型（ELM）及其应用为例进行说明。

心理学家理查德·E.派蒂和约翰·T.卡乔鲍在详尽可能性模型中对消费者信息处理和态度改进进行了描述。详尽可能性模型首先区分了对传播信息做精细加工的可能性。一种情况是对传播信息做精细加工的可能性高，另一种情况是对传播信息做精细加工的可能性低。另外，详尽可能性模型区分了两种不同的说服方法，一种是中心途径，通过理性认知的因素来决定信息的可信度；另一种是周边途径，即通过信息的外围因素，如产品包装、广告代言人等来决定信息的可信度。消费者更倾向于遵从何种途径与广告媒体、参与或动机、知识水平、理解、注意力、情绪、认知需求等因素相关。详尽可能性模型详见表8-4。

表8-4　详尽可能性模型

因素	更倾向于遵从中心途径	更倾向于遵从周边途径
广告媒体	能控制广告展示步骤（如面对纸媒）	难以控制广告展示步骤（如面对电视广播）
参与或动机	兴趣高	兴趣低
知识水平	知识水平高	知识水平低
理解	能理解	难以理解
注意力	注意力集中	注意力分散
情绪	消极情绪	积极情绪
认知需求	认知需求高	认知需求低

参照表8-4，结合教师视角下工程教育认证现状调研，可知部分高校教师知识水平高、认知需求高，对认证兴趣低、有消极情绪、注意力分散，对复杂的认证，尤其是指标点分解和评估，难以理解。因此，要改变教师的态度可以同时采用重理性分析的中心途径及重非理性的周边途径。

另外，按照社会认知学习理论，榜样也能有益于教师改变认知。如果高校能鼓励、支持部分教师投身于学生学习成果评估，这些教师在工作中取得实效，获得认可，则能给更多教师带来积极影响。

二、有组织科研，专业化发展，着力解决如何评估的问题

《总体方案》要求评价"坚持科学有效……提高教育评价的科学性、专业性、客观性"，认证背景下高等工程教育学生学习成果评估"如何评估"需要着力解决评估的科学化、专业化问题。

（一）把提升科学化、专业化水平作为改进重点

认证属于循证（evidence-based）实践，即基于科学可靠的证据进行决策和实践的理念和方法。在认证背景下的学生学习成果评估中，评估活动本身不是目的，其目的在于通过评估来为决策提供依据。美国学者把评估形象地形容为"称猪"，称猪本身对养猪没有作用，而根据称得的猪的体重来进一步合理喂养猪才有作用。从教育测量的角度来看，"科学可靠的证据"就意味着测量的信度和效度。《教育和心理测验标准》（2014版）将效度定义为证据和理论支持测验分数的解释的程度，并提倡收集测验内容、反应过程、内部结构、与其他变量的关系等基于不同来源的效度证据①。学者认为，效度验证过程也是研究过程，测量要达到一定的效度对技术的要求颇高。

认证是高等教育质量保障的手段，是管理工具，但是这一管理工具能否发挥作用的关键是其技术能否支撑管理。调研显示，认证背景下工程教育学生学习成果评估面临的一个非常大的问题是技术问题，教师对认证要求下的学生学习成果评估到底该怎么做感到困惑。事实上，不仅是教师面临这个问

---

① American Educational Research Association, American Psychological Association, National Council on Measurement in Education. Standards for educational and psychological testing [M]. Washington D. C.: American Educational Research Association, 2014: 14.

题，工程教育认证协会及教指委也面临这个问题。

这种状况和教育测量与评价的科学化水平有关。学者叶赋桂撰文《教育评价的浮华与贫困》，直言我国评价基本都是形式评价，实质评价贫困，"其根本原因在于评价科学和技术的贫困。我们评价的科学性、专业性很差，而评价科学和技术的研究又一直不被重视，非常薄弱，应用也就无从谈起了"①。和叶赋桂使用"形式评价"类似的是，林正范用"经验主义"②、刘振天用"象征性评估"③来概括我国评价现状。认证属于评价的一种，学者们对评价的讨论也适用于认证。确实，在专业未清晰阐述何为学生学习成果，学生学习成果评估各环节工作没有做到位的情况下，宣称专业毕业要求达成度达标，在这个过程中，不乏形式主义、经验主义、象征性工作。

加强认证的科学化、专业化水平迫在眉睫。有学者认为我国缺乏以教学、学生为主的文化，缺乏引进学生学习成果评估的生态环境，建议高校管理层对学生学习成果评估暂时观望以免浪费人力物力④。然而在专业认证领域，学生学习成果评估已然如火如荼，巨大的人力、物力、财力正在或已经投入中，此时，技术如果不及时跟上，则是对人力、物力、财力的极大浪费。

（二）加强有组织科研，推进专业化发展

2021 年 3 月，习近平总书记在看望参加全国政协十三届四次会议的医药卫生界、教育界委员时强调："要围绕建设高质量教育体系，以教育评价改革为牵引，统筹推进育人方式、办学模式、管理体制、保障机制改革。"2022 年 10 月，党的二十大报告明确指出要"深入实施科教兴国战略、人才强国战略、创新驱动发展战略"。教育评价改革是服务国家科教兴国战略的重要改革。

虽然教育评价是一个世界性、历史性的难题，但是在一些高等教育发达的国家，相关技术、文化的发展已能在某种程度上支持其高等教育的发展。

---

① 叶赋桂. 教育评价的浮华与贫困［J］. 清华大学教育研究，2019（1）：18-21.

② 林正范，贾群生. 从经验走向科学：高等教育评价制度的改革与发展［J］. 浙江社会科学，2000（2）：66-70.

③ 刘振天. 从象征性评估走向真实性评估——高等教育评估制度的反思与重建［J］. 高等教育研究，2014（2）：27-32.

④ 骆美. 学生学习成果评估的生态研究——高等教育质量保障新路径［M］. 汕头：汕头大学出版社，2018：164.

中央教育工作领导小组秘书组、教育部把深化教育评价改革作为"龙头之战""升级之战""最硬的一仗"来部署和推进。

在工程教育专业认证中，专业是认证的主体。然而，认证相关教育测量与评价技术的发展不能由工程教育专业来承担。教育测量与评价是一个专门的学科领域，其学科建设、专业化发展为工程教育专业认证提供理论和技术支撑。有组织科研是服务国家战略的重要形式，其重要特征是建制化、体系化的科研组织，集中力量办大事。具体举措为：支持学科建设，设置教育测量与评价二级学科，有条件的高校设立教育测量与评价相关学科专业，招收博士生和硕士生；支持期刊发展，扶持教育测量与评价相关专业期刊发展；支持学会建设，如教育测量与评价分会、工程教育专业认证协会等；支持专业团体建设。

三、多元协同，全面支持，着力解决如何组织评估的问题

工程教育认证目前是我国"五位一体"高等教育质量评估体系的重要组成部分，各高校也非常重视，将工程教育专业认证作为重要抓手推进高等教育质量改革，为此还出台了专门政策，比如发布文件明确要求能参加工程教育专业认证的专业全部要参加认证、给予参加认证的专业资助等。由此可见，工程教育专业认证目前在我国是一项重要工作。为了进一步发挥工程教育认证在高等教育中的作用，工程教育认证协会、高校、专业相关工作都有必要加以改进。

（一）相关社会组织和学术团体发挥更大的作用

与工程教育专业认证相关的社会团体/学术团体主要是中国工程教育专业认证协会（CEEAA）、中国高等教育学会教育评估分会。从业务范围来看，两个团体需致力于工程教育认证或评估的科学化、专业化工作，但从两个团体官网的信息来看，该项工作相对薄弱。虽然两个团体的工作并不都呈现在官网中，但是，登录官网查询信息、获取资源是大多数普通教师所能想到、能使用的途径，基于此，笔者重点关注了学术团体是否将官网作为提供信息、资源的重要平台。

中国工程教育专业认证协会章程中，明确了协会的业务范围，即除开展各领域的工程教育专业认证以及研制、修订工程教育专业认证的标准以及相

关文件外，还组织和开展与工程教育专业认证相关的学术活动，开展理论研究、经验交流和研究成果的推广；接受有关组织和机构的委托，组织与开展调查研究、业务培训和咨询服务等工作；依照有关规定，编辑工程教育及其认证工作方面的信息简报、书籍等。可以看出，中国工程教育专业认证协会不仅负责标准及文件研制、修订以及认证，研究、培训、资源支持等认证专业化工作也是其重要业务。

仅从官网呈现的内容来看，CEEAA 的工作重点更多在标准及文件研制、修订以及认证上，认证专业化工作相对而言存在不足。笔者登录中国工程教育专业认证协会官网，找到"认证培训"板块。该板块由五个分板块构成：培训简介，专家招募，培训与管理，学习平台，培训信息，学习资源。

中国高等教育学会教育评估分会是一个群众性学术团体，根据其官网简介，其主要业务为开展学术交流、设立专项课题、开展社会服务、加强对外交流、服务会员发展、编辑出版会刊。

社会团体/学术团体在专业化、科学化上的贡献有限目前在我国较普遍。在这方面，美国的做法值得学习。美国 ABET 的官网上有专门的专业评估资源板块，为学生学习评估、专业评估基础、卓越评估领导力发展、评估持续改进、高级专业评估等主题提供了工作方法，提供了学生学习评估导论、专业评估目标、学生学习成果等主题的在线视频，提供了自我评估、评估计划矩阵、时间表和责任等主题的阅读材料。

教育评估是世界性、历史性难题，我国教育评估科学化、专业化程度不高，评估参与者评估素养不高。与此同时，我国深化教育评价改革已拉开序幕，工程教育专业认证的开展如火如荼。在这种情况下，我国急需构建专业改进共同体，急需相关组织集中力量提升教育评估的科学化、专业化水平。我国的社会团体/学术团体的理事长、秘书长、监事以及重要会员一般都是相关领域的有建树、有影响力的人物，他们有可能影响学科发展。同时，科学化、专业化也是社会团体/学术团体的重要业务内容。因此，我国的相关社会团体/学术团体应在教育评估中发挥更大的作用，不仅为认证提供标准、规范、平台，更为认证参与者的实践提供强大的技术支持。

（二）高校推动认证建制化发展

高校是专业认证的主体，高校中认证参与者的积极性、能力对认证实效

183

起到关键作用。政策工具即政府和行政部门为推动政策目标达成而使用的手段和机制，是治理范式下政府公共管理的重要依托①。政策工具不仅适用于政府，也适用于高校。借助于政策工具理论，结合对高校教师参与认证的了解，可从政策工具使用的角度推动认证建制化发展。

麦克唐奈和埃尔莫尔（Mc Donnell & Elmore）将政策工具分为命令、激励、能力建设和系统变革。施奈德和英格拉姆（Schneider & Ingram）将政策工具分为权威工具、激励工具、能力工具、象征与劝诫工具、学习工具。林小英等结合麦克唐奈和埃尔莫尔、施奈德和英格拉姆的政策工具分类，将政策工具分为六种类型，分别为：权威工具、激励工具、象征与劝诫工具、能力建设工具、系统变革工具、学习工具②。六种政策工具的假设、主要要素、预期结果、成本、收益各异，表8-5结合林小英、吴合文等对政策工具的介绍，整理了六种政策工具的特征。

表8-5　政策工具

	假设	主要要素	预期结果	成本	收益
权威工具	政策执行者和政策对象对领导者—跟从者关系的组织结构高度响应，低层次的组织和个体通常按照接到的指示而行动。政策对象承诺遵守法律和管制，不需要切实的刺激	许可、禁止、规定	服从	发起者：强制。目标对象：服从、避免	使作为一个整体的团体或社会更广泛地受益

---

① 胡仲勋，俞可. 以政策工具创新推进公共教育改革——基于纽约市教育局的经验［J］. 全球教育展望，2016（3）：81-89.

② 侯华伟，林小英. 教育政策工具类型与政府的选择［J］. 教育学术月刊，2010（4）：3-6.

续表

	假设	主要要素	预期结果	成本	收益
激励工具	个体是追求效用最大化的人，如果不是受到影响，得到鼓励或遭到金钱、自由、生命被剥夺或其他有形回报的制约，他们就不会积极地采取与政策相关的行动	激励、收费、制裁	价值的生产，短期回报	发起者：生产、监管、配置 生产者：管理成本、匹配、避免	发起者/生产者：预算权力的增加 委托人：收获价值
象征与劝诫工具	人们是否采取与政策相关行动的动机和决定，是基于他们的信念和价值	象征声明、基本原理、劝诫、贴标签	改变观念	建构信念、价值、符号	群体感知
能力建设工具	缺少必要的信息、技术或其他的资源，使得人们难以做出对政策目标有利的决策和行为	信息、培训教育、资源	技术、能力的增长，长期的回报	政府在短期内的启动成本	接受机构短期的、特定的收益；接受社会的长期的、分散的收益
系统变革工具	在现有激励下工作的现有组织不能产生政策制定者想要的结果	机构调整、制度建设、职能转换	公共传递系统的构成；激励	被新传递者所取代而失去的权威	新的传递者在权威中获益
学习工具	机构和目标人群可能通过学习行为，从其他有效的工具中进行选择	听证、咨询委员会、座谈、评估	理解、一致意见	学习	理解、一致意见

资料来源：①侯华伟，林小英. 教育政策工具类型与政府的选择［J］. 教育学术月刊，2010（4）：3-6.

②吴合文. 改革开放以来我国高等教育政策工具的演变分析［J］. 高等教育研究，2011（2）：8-14.

结合政策工具理论，对认证背景下高等工程教育学生学习成果评估的建制化发展提出以下建议。

第一，避免过度使用权威工具。权威工具主要要素有许可、禁止、规定。目前，高校主要使用权威工具中的"规定"，比如有高校规定所有能参与认证的专业都必须参与认证。权威工具的优点是针对性强、约束力强、成本低、见效快，缺点在于变通性、灵活性差，易抑制政策执行者的主观能动性。权威工具的大量使用会进一步加剧在层级管理中进行外部裁决的质量文化，这种质量文化和强调自我评估的认证背离。

第二，积极进行系统变革。认证背景下高等工程教育学生学习成果的顺利开展需要高校系统变革。一方面，高校要以成果为导向组织教育教学，进一步明晰学校层面、专业层面、课程层面人才培养目标，围绕人才培养目标提供优质课程，课内学习和课外学习共同支撑学生学习成果达成。另一方面，高校调整组织结构，使之具备支持认证的功能。高校中专业外的力量有效支持认证应能做到三点。一是专业化，不是外行指导内行；二是专门化，即认证相关工作就是该专业外力量的"一亩三分地"；三是稳定性，即能有稳定的专业外力量持续支持认证。综合上述条件，高校如果要解决工科一线教师提出的有合适的组织结构支持认证的问题，就需要建立一个稳定的、专业的部门，专门支持认证及相关工作。关于该部门的职责，可从工科认证的实际需求出发，仔细分析哪些需求现有的部门能满足，哪些需求现有部门不能满足，未满足且属于专业的工作，则由该部门完成。

第三，大力加强能力建设。认证背景下高等工程教育学生学习成果对教师的评估素养提出了更高要求。一是高校需视评估素养为教师发展重要目标之一。我国高校教师评估素养水平普遍不高。陈玉华指出，我国教师评估素养的形成和发展之所以受阻，是因为制度的规范和引领不当、职前教育中相关课程缺失、评估实践较随意以及外部评估盛行[①]。由于认证本来就是评估，且学生学习成果的评估很大程度依赖于教师对学生课程学习情况的评估，因此必须提高参加认证专业的教师的评估素养。教师发展中心在高校中承担着重要的教师培训工作，但是目前高校教师发展中心将教师评估素养作为重要培训内容的不多见。二是结合认证为教师提供针对性培训。认证中的学生学习成果评估的各个环节，包括目标撰写、课程/活动和目标匹配、开发和选用评估工具、评估实施、数据分析、结果报告等环节工作都属于复杂的技术工作，需要专门的培训。三是为教师提供信息、资源与咨询。除了专门的培训之外，还要有专门的平台及人员在教师需要时为教师提供信息、资源与咨询

---

① 陈玉华. 新课程的推进急需教师评价素养的跟进——兼议教师评价素养欠缺的原因及应对策略 [J]. 内蒙古师范大学学报（教育科学版），2010（12）：32-34.

支持，这些工作可由学校专门的评估专业部门或人员承担。

第四，探索有效激励方案。本研究的教师调研显示，目前专业在认证中使用的评优评奖的激励措施没能有效激励教师积极参与认证，必须设计新的激励方案。一是改善教师评价。评价就是激励工具，当前的评价重科研轻教学，极大地影响了教师投入教学的时间和精力。学者认为有必要进一步反思教师评价的教育观、教师观，从教育历史文化特殊性的历史阐释、关注权力等社会机制的批判社会科学等多重视角，而不仅仅是从经验分析科学的认识视角认识教育、教学，避免教师评估中对"可量化""可监督"和"可比较"指标的过度依赖，通过分类评估、设立标准等引导教师平衡教学与科研①。二是将教师的发展作为重要的激励。根据双因素激励理论，有些激励导致"没有不满意"，这样的激励一般是工作外的因素，如奖励。这些激励也必不可少，它们至少能导致"没有不满意"，但是"没有不满意"并不等于满意。可令教师满意的激励因素有成就感、个人成长、工作本身等，因此，有必要为教师提供资源、信息、能力发展等方面的支持，让教师在发展中追求卓越。三是从政策和机制上认可优质评估活动，发挥榜样的示范作用，如设立专业卓越评估奖，奖励评估实践优秀专业及个人。

第五，加强学习工具使用。在改进过程中存在不知道或不确定的情况时使用学习工具，包括听证、咨询委员会、座谈、评估、问卷、访谈等。高等教育专业认证中有大量教育事实需要明确。下面以非技术能力评估为例详述。

调研表明，工程教育专业的学生学习成果评估目前更多是课内知识的考试，然而，工程教育毕业要求中除了技术能力还有非技术能力以及技术能力非技术能力的融合，目前国际工程联盟已对《华盛顿协议》做了修订，对非技术能力提出了更高的要求。《华盛顿协议》要求各成员相应修改认证标准，按新认证标准，我国高校势必要加强学生非技术能力的培养。

高校全员、全过程、全方位的教育对学生培养，尤其是非技术能力的培养很重要，这就需要高校加强人才培养目标、课内/外的课程和活动体系的顶层设计。专业课程教学相对而言对学生技术能力的培养和评估更为合适，课外活动有益于学生深入理解与巩固课内学习成果，与此同时，对培养和评价

---

① 操太圣. 高校教师评价标准化的问题及反思［J］. 大学教育科学, 2019（2）：17-18.

学生的非技术能力意义重大。

在我国高校中，学生的多数课外活动由"大学工"负责。"大学工"主要包括学工部、教务处、团委、就业办、国际合作处、创新创业发展中心等和学生发展密切相关的部门。"大学工"的工作属于学生事务。国际上，学生事务经历了全面指导的"替代父母制"时期、应对自由选课制的发轫期、培养完整学生的繁荣期、聚焦学生发展的专业化时期①，良好的学生事务实践原则有利于专业化的学生事务开展。1998年，美国大学人事协会（American College Personnel Association，ACPA）和美国学生人事管理协会（National Association of Student Personnel Administrators，NASPA）联合出版了《良好的学生事务实践原则》，原则中包括"运用系统质询以提升工作绩效"②。这也提醒了我国高校应在学生工作中加强学习工具的使用。

目前我国高校学生事务工作是否有助于切实提升学生技术和非技术能力，促进人才培养目标达成，这需要使用调查研究等学习工具来回答。从现实情况来看，目前这些部门还没有很好地落实"学生中心、成果导向、持续改进"这一理念。首先，各部门没有以明确的一致的学生成果为工作导向。对"大学工"各部门而言，他们认知中的学生学习成果一是学校的人才培养目标，但是人才培养目标概括化程度高，属于长期目标，还不能直接具体指导"大学工"的学生培养和评估工作。因此，"大学工"有必要将学校的人才培养目标具体化，此类工作在实践中缺乏。"大学工"认知中的学生学习成果二是校级层面的学生发展统计指标，如升学率、毕业率、挂科率、出国交流率等，而工程教育认证中关注的是学生个体层面和专业层面的学习成果。其次，各个部门的工作没有以学生为中心协同一致。结构—功能理论认为组织的结构决定其功能。"大学工"各部门在组织中是独立的部门，有各自的工作划分。学生的发展是综合性的，影响因素众多，和多个部门的工作相关。在部门间缺乏高质量协作的体制机制下，学生通过课外活动获得发展的机会呈碎片化状态。再次，各部门缺乏基于实证研究的学生发展工作的持续改进。

---

① 宋春燕. 聚焦学生成功——美国高校学业指导研究［M］. 北京：科学出版社，2018：20-27.
② ［美］Gregory S. Bilimling. 良好的学生事务实践原则——促进学生学习的视角［M］. 储祖旺，等译. 北京：科学出版社，2013：57.

虽然在国际高教界学习投入、学习参与研究的影响下，我国高校也对学生的学习和发展进行了诸多实证研究，但是在学生事务领域，针对性强的专项调研不多。而且，"大学工"目前还主要是以"搞活动""办赛事"的方式开展工作，活动搞完了就代表工作做好了，在搞活动前、中、后都缺乏调研，缺乏信息的收集和分析，没有在工作中不断积累对学生需求的了解。就比赛而言，高校提出以赛促学，将比赛结果作为学生学习成果的证明。确实有小部分同学在参赛中获得发展，但是也有一些需要关注的问题，例如，学生参赛程序繁杂，实践中常因交表、盖章等事宜引发学生不满；学生参赛动机过于功利；学校更多投入资源到有获奖潜力的学生身上，其他学生收获有限；教师指导团队贡献评价；学生比赛结果只是少数学生的成果，不能说明学校整体的学生学习成果；等等。

以上是以非技术能力为例来阐述认证背景下高等工程教育学生学习成果评估要加强学习工具的使用。教育改进的过程也是研究的过程，从明确问题、探索路径到检验成效都需要加强研究，加强学习工具的使用。

至此，本节以为什么要评估、如何评估、如何组织评估为主线反思和构建认证背景下学生学习成果评估改进路径。首先要深度理解，凝聚共识，着力解决为什么要评估的问题，具体要深入理解学生学习成果评估面临的挑战，深入理解学生学习成果评估的价值，并在理解的基础上有策略地改变教师对学生学习成果评估的认知。其次要有组织科研，专业化发展，着力解决如何评估的问题，具体而言需要把提升学生学习成果评估科学化、专业化水平作为改进重点，加强有组织科研，推进学生学习成果评估专业化发展。再次要多元协同，全面支持，着力解决如何组织评估的问题，在这方面中国工程教育专业认证协会、中国高等教育学会教育评估分会等相关社会组织和学术团体应发挥更大的作用，高校应通过避免过度使用权威工具、积极进行系统变革、大力加强能力建设、探索有效激励方案、加强学习工具使用等方面的政策制定和实施推动认证建制化发展。

在改进的过程中，需要有系统思维和精细化管理思维。在现实生活中，二元论、非黑即白的思想观念依然常见。当一种教育教学模式被提倡，赞同者就尽力宣传、论证其有多先进，似乎它就完美无瑕，能包治百病。阅读高教界学生学习成果评估的文献，很多文献在推崇的同时缺乏批判性反思。这其实阻碍了对学生学习成果评估的深入研究，也阻碍了对学生学习成果评估的审慎使用。在笔者看来，高校学生学习成果评估很复杂，但同时又有其现实必要性；学生学习成果评估固然有关注学生、关注学习、目标明确的优点，同时也有窄化教育、对测量的要求高等局限性。若要使学生学习成果评估在教育界发挥更大的作用，就必须建立在对其局限性、风险、成本及实效性影响因素深入研究的基础上，若缺乏这些研究，学生学习成果评估将带来负担、困扰，甚至偏离教育应有的方向，阻碍教育目的的达成，以致这一当前影响广泛的教育改革范式有可能走向被实践抛弃，就如同历史上诸多曾风行一时的教育改革一样。当前，对学生学习成果评估，我们既不能简单地否定、放弃它，也不能一味地推崇、照单全收，我们需要做的是更深入地研究它，更全面地认识它，以及更精心、更有智慧地使用它。

参考文献

一、中文参考文献

［1］［美］杜威. 杜威教育文集：卷五［M］. 吕达，刘义德，译. 北京：人民教育出版社，2005.

［2］［美］Gregory S. Bilimling. 良好的学生事务实践原则：促进学生学习的视角［M］. 储祖旺，等译. 北京：科学出版社，2013.

［3］［美］Robert G. Owens. 教育组织行为学［M］. 8 版. 窦卫霖，温建平，译. 上海：华东师范大学出版社，2007.

［4］［美］弗吉尼娅·N. 戈登，韦斯利·R. 哈伯利，托马斯·J. 格里茨. 学业指导大全［M］杨德山，等译. 北京：中国社会科学出版社，2022.

［5］［美］康妮·M. 莫斯. 聚焦学习目标：帮助学生看见每天学习的意义［M］. 沈祖芸，译. 福州：福建教育出版社，2020.

［6］［美］理查德·格里格，菲利普·津巴多. 心理学与生活［M］. 王垒，等译. 北京：人民邮电出版社，2003.

［7］［美］洛林·W. 安德森. 布卢姆教育目标分类学：分类学视野下的学与教及其测评［M］. 蒋小平，张琴美，罗晶晶，译. 北京：外语教学与研究出版社，2009.

［8］［美］乔迪·L. 菲茨帕特里克，詹姆斯·R. 桑德斯，布莱恩·R. 沃森. 改变未来的方案和评价标准［M］. 4 版. 黄艳，译. 上海：华东师范大学出版社，2020.

［9］［瑞典］胡森. 简明国际教育百科全书：教育测量与评价［M］. 许建铖，译. 北京：教育科学出版社，1992.

［10］［瑞典］胡森. 教育大百科全书 1：教育管理，教育政策与规划，教育

评价［M］. 张斌贤，等译. 重庆：西南师范大学出版社，2006.

［11］毕家驹. 关于中国工程专业认证的所见所思［J］. 高教发展与评估，2009（03）：10-18.

［12］别敦荣. 新一轮普通高校本科教育教学审核评估方案的特点、特色和亮点［J］. 中国高教研究，2021（03）：7-13.

［13］蔡心心，秦一鸣，李军. 教育改进学的创建与中国探索：知识基础与学科框架［J］. 清华大学教育研究，2020（03）：25-32.

［14］操太圣. 高校教师评价标准化的问题及反思［J］. 大学教育科学，2019（02）：17-18.

［15］常桐善. 建构主义教学与学习评估方法的探讨［J］. 高教发展与评估，2008（03）：47-55.

［16］常桐善. 中美本科课程学习期望与学生学习投入度比较研究［J］. 中国高教研究，2019（04）：10-19.

［17］常桐善. 中美研究型大学本科学生基本能力比较研究［J］. 中国高教研究，2018（02）：48-55.

［18］常桐善. 美国大学本科教育学习成果评估［M］. 北京：科学出版社，2020.

［19］陈玉华. 新课程的推进急需教师评价素养的跟进：兼议教师评价素养欠缺的原因及应对策略［J］. 内蒙古师范大学学报（教育科学版），2010（12）：32-34.

［20］陈玉琨. 教育评价学［M］. 北京：人民教育出版社，2019.

［21］戴先中. 对工程教育专业认证标准的再认识［J］. 中国大学教学，2022（11）：4-11.

［22］戴先中. 工程教育专业认证中毕业要求分解指标点的利弊［J］. 高等工程教育研究，2022（03）：60-66.

［23］戴先中. 工程师：工程教育专业认证标准中的“培养目标”［J］. 中国大学教学，2021（12）：28-34.

［24］董云川，徐娟. 真正的“本科教学质量报告”在哪里?：对七所“985工程”高校教学质量报告的文本分析［J］. 上海教育评估研究，2013，2（01）：28-34.

［25］范瑜. 工程教育认证毕业要求达成评价的国际比较［J］. 高等工程教育研究, 2023（02）: 80-86.

［26］冯晖. 高质量教育评估的内涵要义与推进策略［J］. 上海教育评估研究, 2023（02）: 1-7.

［27］龚放. 聚焦本科教育质量: 重视"学生满意度"调查［J］. 江苏高教, 2012（01）: 1-4.

［28］顾佩华, 胡文龙, 陆小华, 等. 从 CDIO 在中国到中国的 CDIO: 发展路径、产生的影响及其原因研究［J］. 高等工程教育研究, 2017（01）: 24-43.

［29］关志康. 政策工具视角下我国新时代教育评价政策研究: 基于《深化新时代教育评价改革总体方案》的分析［J］. 当代教育论坛, 2021（03）: 32-40.

［30］韩晓燕, 张彦通, 王伟. 高等工程教育专业认证研究综述［J］. 高等工程教育研究, 2006（06）: 6-10.

［31］韩宇, 王秀彦. 工程教育非技术能力中职业规范的多源表征研究［J］. 高等工程教育研究, 2022（02）: 74-80.

［32］侯华伟, 林小英. 教育政策工具类型与政府的选择［J］. 教育学术月刊, 2010（04）: 3-6.

［33］胡仲勋, 俞可. 以政策工具创新推进公共教育改革: 基于纽约市教育局的经验［J］. 全球教育展望, 2016（03）: 81-89.

［34］黄海涛. 学生学习成果评估: 美国高等教育质量保障研究［M］. 北京: 教育科学出版社, 2014.

［35］姜国兵. 对公共政策工具五大主题的理论反思［J］. 理论探讨, 2008（06）: 133-136.

［36］李津石. 教育政策工具研究的发展趋势与展望［J］. 国家教育行政学院学报, 2013（05）: 45-49.

［37］李津石. 我国高等教育"教育工程"的政策工具分析［J］. 中国高教研究, 2014（07）: 42-47.

［38］李军. 论教育改进科学: 迈向改进型组织的艺术［J］. 华东师范大学学报（教育科学版）, 2022（12）: 1-13.

［39］李科利，梁丽芝. 我国高等教育政策文本定量分析：以政策工具为视角［J］. 中国高教研究，2015（08）：50-56.

［40］李茂菊，修旗，李军. 教育改进学的创建与中国探索：专业改进共同体［J］. 清华大学教育研究，2020（04）：18-27.

［41］李雁冰. 论教育评价专业化［J］. 教育研究，2013（10）：121-126.

［42］李志义.《华盛顿协议》毕业要求框架变化及其启示［J］. 高等工程教育研究，2022（03）：6-14.

［43］李志义. 对毕业要求及其制定的再认识：工程教育专业认证视角［J］. 高等工程教育研究，2020（05）：1-10.

［44］李志义. 解析工程教育专业认证的成果导向理念［J］. 中国高等教育，2014（17）：7-10.

［45］李志义. 中国工程教育专业认证的"最后一公里"［J］. 高教发展与评估，2020（03）：1-13.

［46］林海，龚放. 求知旨趣：影响一流大学本科生学习经历质量的深层动力：基于中美八所大学 SERU（2017—2018）调研数据的分析［J］. 江苏高教，2019（09）：57-65.

［47］林健，郑丽娜. 从大国迈向强国：改革开放40年中国工程教育［J］. 清华大学教育研究，2018（02）：1-17.

［48］林健. 工程教育认证与工程教育改革和发展［J］. 高等工程教育研究，2015（02）：10-19.

［49］林健. 新工科人才培养质量通用标准研制［J］. 高等工程教育研究，2020（03）：5-16.

［50］林健. 卓越工程师培养质量保障：基于工程教育认证的视角［M］. 北京：清华大学出版社，2017.

［51］林妙真，张佩芬. 工程及科技教育认证制度下的学生核心能力与评估：大学教师、系主任、院长的观点［J］. 教育科学研究期刊，2013（04）：37-68.

［52］林妙真，张佩芬. 国内工程及科技教育认证制度实施之调查研究［J］. 科技与工程教育学刊，2013（02）：30-49.

［53］林小英，侯华伟. 教育政策工具的概念类型：对北京市民办高等教育政

策文本的初步分析 [J]. 教育理论与实践, 2010 (25): 15-19.

[54] 林正范, 贾群生. 从经验走向科学: 高等教育评价制度的改革与发展 [J]. 浙江社会科学, 2000 (02): 66-70.

[55] 刘会娥, 李军, 金鑫, 等. 工程教育中非技术能力培养与评价方法探索 [J]. 中国多媒体与网络教学学报 (上旬刊), 2021 (01): 156-158.

[56] 刘莉, 李毅, 刘勤. 加拿大安大略省高等教育质量保障框架及其思考 [J]. 清华大学教育研究, 2016 (04): 110-116.

[57] 刘欧. 高校学生学习成果测评的历史、现状以及前瞻 [J]. 中国考试, 2016 (11): 13-17.

[58] 刘声涛, [美] 凯斯顿·H. 富尔彻. 高校基于学生学习成果的专业评估: 以美国詹姆斯麦迪逊大学为例 [J]. 复旦教育论坛, 2016, 14 (03): 99-105+112.

[59] 刘声涛, 赵万. 高校学生学习成果评估的组织与实施: 美国詹姆斯麦迪逊大学案例分析 [J]. 大学教育科学, 2019 (06): 96-101.

[60] 刘声涛. 高校学生学习评估国际比较研究 [M]. 长沙: 湖南大学出版社, 2016.

[61] 刘钊. "认知"视角下本科生毕业去向和求职结果的实证研究: 基于 "高等理科教育 (本科) 改革" 调查数据的分析 [J]. 教育学术月刊, 2016 (05): 56-64.

[62] 刘振天. 从象征性评估走向真实性评估: 高等教育评估制度的反思与重建 [J]. 高等教育研究, 2014 (2): 27-32.

[63] 柳亮. "自愿问责系统": 美国高等教育问责制发展的新动向 [J]. 比较教育研究, 2011 (02): 81-85.

[64] 陆根书, 胡文静, 闫妮. 大学生学习经历: 概念模型与基本特征: 基于西安交通大学本科生学习经历的调查分析 [J]. 高等教育研究, 2013 (08): 53-61.

[65] 陆根书, 刘秀英. 大学生能力发展及其影响因素分析: 基于西安交通大学大学生就读经历的调查 [J]. 高等教育研究, 2017 (08): 60-68.

[66] 陆根书, 彭正霞, 胡文静. 不同学科大学生学习经历差异分析 [J]. 苏州大学学报 (教育科学版), 2014 (01): 64-73.

［67］骆美. 学生学习成果评估的生态研究：高等教育质量保障新路径［M］. 汕头：汕头大学出版社，2018.

［68］吕林海，龚放. 中美研究型大学本科生深层学习及其影响机制的比较研究：基于中美八所大学 SERU 调查的实证分析［J］. 教育研究，2018（04）：111-120.

［69］吕林海，龚放. 中美一流大学本科"专业课程深度学习"及其影响机制的比较研究：基于 SERU（2017—2018 年）调查的数据分析［J］. 江苏高教，2021（01）：78-88.

［70］马彦利，胡寿平，崔立敏. 当今美国高等教育质量评估的焦点：学生学习成果评估［J］. 复旦教育论坛，2012（04）：78-84.

［71］孟祥红，齐恬雨，张丹. 从课程支撑到能力整合：工程教育专业认证"毕业要求"指标研究［J］. 高等工程教育研究，2021（5）：64-70.

［72］聂仁仕，陈雄. 论工程教育专业认证课程达成度评价体系之缺陷：以西南石油大学为例［J］. 西南石油大学学报（社会科学版），2017（01）：74-81.

［73］潘海生，姜永松，王世斌. 新工业革命背景下工程教育认证标准变革何以可能：美国 ABET 标准变革的启示［J］. 高等工程教育研究，2020（05）：64-70.

［74］彭江. "学生学习成果"在发达国家高等教育中的使用及其启示［J］. 高等教育研究，2016（12）：103-109.

［75］彭湃. 工程教育学习成果的评价与国际比较：对 AHELO 工程学测评的教育评价学考察［J］. 高等工程教育研究，2016（5）：33-38.

［76］师玉生，林荣日. 我国普通本科教学评估制度改革中的政策工具研究［J］. 高教探索，2015（12）：79-83.

［77］宋春燕. 聚焦学生成功：美国高校学业指导研究［M］. 北京：科学出版社，2018.

［78］宋洁绚. 寻路问径：教师发展中心何以促进教师发展：美国詹姆斯麦迪逊大学教师创新中心的实践［J］. 高等工程教育研究，2021（03）：121-126.

［79］孙国府，张羽. 非认知能力培养对工程师职业发展水平的实证分析：以

工科生大学期间参与学生社工为例［J］. 高等工程教育研究，2014（04）：43-49.

［80］孙慧，夏建国. 国际工程教育认证及其对我国高等教育改革的启示［J］. 职教论坛，2010（07）：33-35.

［81］孙晶，张伟，任宗金，等. 工程教育专业认证毕业要求达成度的成果导向评价［J］. 清华大学教育研究，2017（4）：117-124.

［82］孙旭，杜屏，张言平. 非认知技能在劳动力市场的需求及其对高等教育供给的启示：以计算机程序员岗位为例［J］. 教育经济评论，2021（06）：43-63.

［83］田中耕治. 教育评价学［M］. 高峡，田辉，项纯，译. 北京：北京师范大学出版社，2011.

［84］涂端午. 教育评价改革的政策推进问题与建议：政策文本与实践"对话"［J］. 复旦教育论坛，2020（02）：79-80.

［85］王汉澜. 教育测量学［M］. 开封：河南大学出版社，1987.

［86］王玲，盛敏. 深化认证标准理解，提升自评工作质量［J］. 高等工程教育研究，2014（5）：113-118.

［87］王萍，高凌飚. "教育评价"概念变化溯源［J］. 华南师范大学学报（社会科学版），2009（04）：39-43.

［88］王孙禺，赵自强，雷环. 中国工程教育认证制度的构建与完善：国际实质等效的认证制度建设十年回望［J］. 高等工程教育研究，2014（05）：23-34.

［89］王薇. 美国专业认证制度的起源、组织及特点［J］. 教育评论，2018（04）：150-153.

［90］王伟廉. 不愿丢失的教育感悟（外七篇）［J］. 大学教育科学，2019（01）：115-123.

［91］王秀彦，单晴雯，张景波. 工程教育专业认证指标赋权研究：基于技术能力与非技术能力指标的实证分析［J］. 中国高校科技，2022（C1）：82-86.

［92］王秀彦，张景波，毛江一. 工程教育非技术能力中"个人和团队"的多源多尺度表征［J］. 北京工业大学学报，2021，47（12）：

1395-1402.

[93] 王秀彦，钟名扬，韩宇. 基于工程教育非技术能力终身学习的指标体系研究 [J]. 中国高等教育，2022（01）：47-49.

[94] 王永泉. 工程教育专业认证"底线"问题的解析与释疑：从课程目标达成评价谈起 [J]. 高等工程教育研究，2022（05）：50-56.

[95] 吴康宁. 教育改革的"中国问题" [M]. 南京：南京师范大学出版社，2015.

[96] 吴岩. 高等教育公共治理与"五位一体"评估制度创新 [J]. 中国高教研究，2014（12）：14-18.

[97] 夏永庚，彭波，贺晓珍. 核心素养"落地"之困及其支撑 [J]. 大学教育科学，2019（02）：34-42.

[98] 修光利，郭宇杰，侯丽敏. 工程教育专业认证中非技术能力达成的教学研究：以环境工程专业为例 [J]. 高等工程教育研究，2020（03）：74-79.

[99] 徐丹，蒋婷. 挑战与支持：院校环境感知如何影响中美日研究型大学本科生的学习 [J]. 大学教育科学，2022（04）：74-84.

[100] 杨冬. 从科学范式到工程范式：高质量新工科人才培养的逻辑向度与行动路径 [J]. 大学教育科学，2022（01）：19-27.

[101] 杨向东. 教育测量在教育评价中的角色 [J]. 全球教育展望，2007（11）：15-25.

[102] 杨秀君. 目标设置理论研究综述 [J]. 心理科学，2004（01）：153-155.

[103] 杨志明. 四种教育评价的教育测量学考量 [J]. 教育测量与评价，2020（08）：12-15.

[104] 姚荣. 高等教育领域"放管服"改革缘何如此之难：基于组织分析的新制度主义视角 [J]. 教育发展研究，2020（07）：1-7.

[105] 叶赋桂. 教育评价的浮华与贫困 [J]. 清华大学教育研究，2019（01）：18-21.

[106] 于志海，黄名正，唐维媛，等. 酿酒工程专业开设顶石课程的探索与实践 [J]. 食品与发酵工业，2021，47（04）：317-320.

[107] 余寿文. 工程教育评估与认证及其思考 [J]. 高等工程教育研究, 2015 (03): 1-6.

[108] 余天佐, 顾希垚. 工科毕业生通用能力失配的现状与影响因素 [J]. 高等工程教育研究, 2022 (05): 43-49.

[109] 余天佐, 刘少雪. 工业界视角的工程教育学生学习成果鉴别及分类研究 [J]. 高等工程教育研究, 2017 (02): 97-103.

[110] 袁东敏. 湖南省高等教育专业认证的现状、问题与对策 [J]. 当代教育论坛, 2015 (03): 22-29.

[111] 张端鸿, 刘虹. 中国高等教育改革与发展的政策工具分析 [J]. 复旦教育论坛, 2013 (01): 52-56.

[112] 张明广, 茹宁. 美国高校"卓越评估"认定: 动因、实施及其评价 [J]. 高教探索, 2019 (08): 88-93.

[113] 张男星. 以 OBE 理念推进高校专业教育质量提升 [J]. 大学教育科学, 2019 (02): 11-13.

[114] 张文雪, 王孙禺, 李蔚. 高等工程教育专业认证标准的研究与建议 [J]. 高等工程教育研究, 2006 (05): 22-26.

[115] 赵炬明. 关注学习效果: 建设全校统一的教学质量保障体系: 美国"以学生为中心"的本科教学改革研究之五 [J]. 高等工程教育研究, 2019 (03): 5-20.

[116] 赵勇. 教育评价的几大问题及发展方向 [J]. 华东师范大学学报 (教育科学版), 2021 (04): 1-14.

[117] 周付军, 胡春艳. 政策工具视角下"双一流"政策工具选择研究: 基于政策工具和建设要素双维度的分析 [J]. 教育学报, 2019 (3): 84-93.

[118] 周琪琪. 加拿大安大略省高校学生学习成果评价体系研究 [D]. 西南大学, 2021.

[119] 周廷勇. 美国高等教育评估的演变及其新发展 [J]. 复旦教育论坛, 2009 (03): 21-26.

[120] 周文叶, 董泽华. 表现性评价质量框架的构建与应用 [J]. 课程·教材·教法, 2021, 41 (10): 120-127.

［121］朱军文，邵玲芝. 高等教育评价中的案例指标及其标准化［J］. 高等教育研究，2021（01）：33-38.

二、英文参考文献

［1］ Ahmed F. Software Requirements Engineer：An Empirical Study about Non-Technical Skills［J］. Software，2012（02）：389-397.

［2］ American Educational Research Association，American Psychological Association，National Council on Measurement in Education. Standards for Educational and Psychological Testing［M］. Washington，DC：American Educational Research Association，2014.

［3］ Andersson N，Andersson P H. Teaching Professional Engineering Skills-industry Participation in Realistic Role Play Simulation［C］//In Making Change Last：Sustaining and Globalizing Engineering Educational Reform（Vol. Proceedings of the 6th International CDIO Conference.）. Montréal，Canada：École Polytechnique，2010.

［4］ Association of American Colleges. Integrity in the College Curriculum：A Report to the Academic Community［R］. Washington，DC：Association of American Colleges，1985.

［5］ Astin A W. What Matters in College？Four Critical Years Revisited［M］. Jossey-Bass Higher and Adult Education Series. Jossey-Bass Inc.，1993.

［6］ Astin A W. Principles of Good Practice for Assessing Student Learning［R］. AAHE Bulletin，1992.

［7］ Astin A W，Antonio A L. Assessment for Excellence：the Philosophy and Practice of Assessment and Evaluation in Higher Education［M］. Rowman & Littlefield Publishers，2012.

［8］ Ater-Kranov A，Beyerlein S W，McCormack J P，et al. Using the EPSA Rubric to Evaluate Student Work in a Senior Level Professional Issues Course［C］//2014 ASEE Annual Conference & Exposition. Indianapolis，Indiana：American Society for Engineering Education，2014：1-19.

［9］ Bailey J L. Non-technical skills for success in a technical world［J］. International Journal of Business and Social Science，2014（04）：1-10.

[10] Banta T W. Building a Scholarship of Assessment [M]. The Jossey-Bass, 2002.

[11] Banta T W, Jones E A, Black K E. Designing Effective Assessment: Principles and Profiles of Good Practice [M]. John Wiley & Sons, 2009.

[12] Banta T W, Palomba C A. Assessment Essentials: Planning, Implementing, and Improving Assessment in Higher Education [M]. Jossey-Bass, Inc. San Francisco, 2014.

[13] Beagon Ú, Niall D, Ní Fhloinn E. Problem-Based Learning: Student Perceptions of its Value in Developing Professional Skills for Engineering Practice [J]. European Journal of Engineering Education, 2019 (06): 850−865.

[14] Bennett W J. To Reclaim a Legacy: A Report on the Humanities in Higher Education [R]. Washington, DC: National Endowment for the Humanities, 1984.

[15] Beyerlein S, Kranov A A, McCormack J, et al. Mini Workshop—Exploration of a Direct Method for Measuring ABET Professional Skills [C] //2011 Frontiers in Education Conference (FIE). Rapid City, SD: IEEE, 2011: 1−2.

[16] Borenstein J, Drake M J, Kirkman R, et al. The Engineering and Science Issues test (ESIT): A Discipline-Specific Approach to Assessing Moral Judgment [J]. Science and Engineering Ethics, 2010, 16: 387−407.

[17] Caten C S, Silva D S, Aguiar R B, et al. Reshaping Engineering Learning to Promote Innovative Entrepreneurial Behavior [J]. Brazilian Journal of Operations & Production Management, 2019 (01): 141−148.

[18] Cruz M L, Saunders-Smits G N, Groen P. Evaluation of Competency Methods in Engineering Education: a Systematic Review [J]. European Journal of Engineering Education, 2020 (05): 729−757.

[19] Danaher M, Schoepp K, Kranov A A. A New Approach for Assessing ABET's Professional Skills in Computing [J]. World Transactions on Engineering and Technology Education, 2016 (03): 355−361.

[20] Danaher M, Schoepp K, Kranov A A. Effective Evaluation of the Non-Technical Skills in the Computing Discipline [J]. Journal of Information Technology Education: Research, 2019, 18: 1-18.

[21] Danaher M, Schoepp K, Rhodes A. Reliability and Validity of the Computing Professional Skills Assessment [J]. Global Journal of Engineering Education, 2019 (03): 214-220.

[22] Davis M, Feinerman A. Assessing Graduate Student Progress in Engineering ethics [J]. Science and Engineering Ethics, 2012, 18: 351-367.

[23] Dohaney J, Brogt E, Kennedy B, et al. Training in Crisis Communication and Volcanic Eruption Forecasting: Design and Evaluation of an Authentic Role-play Simulation [J]. Journal of Applied Volcanology, 2015, 4: 1-26.

[24] Earl L M. Assessment as Learning: Using Classroom Assessment to Maximize Student Learning [M]. Corwin Press, 2012.

[25] Eichelman K M, Clark R M, Bodnar C A. Assessing the Impact of Game Based Pedagogy on the Development of Communication Skills for Engineers [C] //2015 ASEE Annual Conference & Exposition. Seattle, Washington: American Society for Engineering Education, 2015: 1-13.

[26] Erwin T D, Knight P A. Transatlantic View of Assessment and Quality in Higher Education [J]. Quality in Higher Education, 1995 (02): 179-188.

[27] Erwin T D. Assessing Student Learning And Development: A Guide to the Principles, Goals, and Methods of Determining College Outcomes [M]. The Jossey-Bass, 1991.

[28] Ewell P T. Accreditation and Student Learning Outcomes: A Proposed Point of Departure [R]. Council for Higher Education Accreditation, 2001.

[29] Fangfang Guo, Jinghuan Shi. The Relationship between Classroom Assessment and Undergraduates' Learning within Chinese Higher Education System [J]. Studies in Higher Education, 2016 (04): 1-22.

[30] Flin R, Patey R, Glavin R, et al. Anaesthetists' Non-Technical Skills [J].

British journal of anaesthesia, 2010 (01): 38-44.

[31] Fulcher K H, Good M R, Coleman C M, & Smith K L. A Simple Model for learning improvement: Weigh pig, feed pig, weigh pig [R]. National Institute for Learning Outcomes Assessment, 2014.

[32] Hadisantono, Rowe G, Giacaman N. Assessment of Engineering Professional Skills through EPSA Rubric Class Administrations [C] //29th Australasian Association for Engineering Education Conference 2018 (AAEE 2018). Hamilton, New Zealand: Engineers Australia, 2018: 277-283.

[33] Hadisantono, Rowe G, Giacaman N. Customizing the EPSA Rubric to Cover Local Curriculum Content for Assessment of Engineering Professional Skills [C] //27th Annual Conference of the Australasian Association for Engineering Education: AAEE 2016. Lismore, NSW: Southern Cross University, 2016: 311-319.

[34] Hadisantono. Formalising and Evaluating the Assessment of Engineering Professional Skills [D]. The University of Auckland, 2020.

[35] Hathcoat J D, Penn J D, Barnes L L B, & Comer J C. A Second Dystopia in Education: Validity Issues in Authentic Assessment Practices [J]. Research in Higher Education, 2016 (07): 1-21.

[36] Hirleman E. GEARE: A Comprehensive Program for Globalizing Engineering Education [C] //2004 Annual Conference. Salt Lake City, Utah: American Society for Engineering Education, 2004: 1-10.

[37] Jankowsk N A, Ikenbery S O, Kinzie J, et al. Transparency and Accountability: An Evaluation of the VSA College Portrait Pilot [R]. National Institute for Learning Outcomes Assessment, 2012.

[38] Jankowski N A, Provezis S J. Making Student Learning Evidence Transparent: The State Of The Art [R]. National Institute for Learning Outcomes Assessment, 2011.

[39] Jankowski N A, Timmer J D, Kinzie J, & Kuh G D. Assessment that Matters: Trending toward Practices that Document Authentic Student Learning [R]. National Institute for Learning Outcomes Assessment, 2018.

［40］ Keller C M, Hammang J M. The Voluntary System of Accountability for Accountability and Institutional Assessment ［J］. New Directions for Institutional Research, 2008 (06): 39-48.

［41］ Kezar A. Institutionalizing Student Outcomes Assessment: The Need for Better Research to Inform Practice ［J］. Innovative Higher Education, 2013 (03): 189-206.

［42］ Kranov A A, Danaher M, Schoepp K. A Direct Method for Teaching and Measuring Engineering Professional Skills for Global Workplace Competency: Adaptations to Computing at a University in the United Arab Emirates ［C］ //2014 International Conference on Interactive Collaborative Learning (ICL). Dubai: IEEE, 2014: 29-36.

［43］ Kranov A A, Hauser C, Olsen R, et al. A Direct Method for Teaching and Assessing Professional Skills in Engineering Programs ［C］ //2008 Annual Conference & Exposition. Pittsburgh, Pennsylvania: American Society for Engineering Education, 2008: 1-20.

［44］ Kranov A A, Williams R L, Pedrow P D, et al. A Direct Method for Teaching and Measuring Engineering Professional Skills: A Validity Study for the National Science Foundation's Research in Evaluation of Engineering and Science Education (REESE) ［C］ //2013 ASEE International Forum. Atlanta, Georgia: American Society for Engineering Education, 2013: 1-18.

［45］ Kranov A A, Zhang M, Beyerlein S W, et al. A Direct Method for Teaching and Measuring Engineering Professional Skills: A Validity Study ［C］ // 2011 ASEE Annual Conference & Exposition. Vancouver, BC: American Society for Engineering Education, 2011: 1-21.

［46］ Kuh G D, Ikenberry S O, Jankowski N A, et al. Using Assessment Evidence to Improve Higher Education ［M］. The Jossey-Bass, 2015.

［47］ Kuh G D, Ikenberry S O. More than You Think, Less than We Need: Learning Outcomes Assessment in American Higher Education ［R］. National Institute for Learning Outcomes Assessment, 2009.

［48］ Kuh G D, Jankowski N, Ikenberry S O, et al. Knowing What Students Know and Can Do: The Current State of Student Learning Outcomes Assessment in US Colleges and Universities [R]. National Institute for Learning Outcomes Assessment, 2014.

[49] Kuh G D. The National Survey of Student Engagement: Conceptual and Empirical Foundation [J]. New Directions for Institutional Research, 2009 (141): 5-20.

[50] Martinez-Mediano C, Lord S M. Lifelong learning competencies program for engineers [J]. International Journal of Engineering Education, 2012 (01): 130-143.

[51] Mazumder A, Bean J. A Global Concentration in Engineering [C] //2001 Annual Conference. Albuquerque, New Mexico: American Society for Engineering Education, 2001: 1-12.

[52] McCormack J P, Beyerlein S W, Kranov A A, et al. Scenario and scoring sheet development for engineering professional skill assessment [C] // 2014 ASEE Annual Conference & Exposition. Indianapolis, Indiana: American Society for Engineering Education, 2014: 1-18.

[53] McCormack J P, Kranov A A, Beyerlein S W, et al. Methods for efficient and reliable scoring of discussion transcripts [C] //2013 ASEE Annual Conference & Exposition. Atlanta, Georgia: American Society for Engineering Education, 2013: 1-19.

[54] Mcpherson P, Shulenburger D. Toward a Voluntary System of Accountability Program (VSA) for Public Universities and Colleges [R]. National Association of State Universities and Land-Grant Colleges, 2006.

[55] Muffo J A. The State of Student Outcome Assessment at Nasulge Member Institutions [J]. Resesrch in Higher Education, 1992 (6): 765-774.

[56] Peterson M W, Einarson M K, Augustine C H, et al. Institutional Support for Student Assessment: Methodology and Results of a National Survey [R]. Accreditation, 1999.

[57] Prados J W, Peterson G D, Lattuca L R. Quality Assurance of Engineering Education through Accreditation: The Impact of Engineering Criteria 2000

and Its Global Influence [J]. Journal of Engineering Education, 2005 (94): 165-184.

[58] Rhodes T L. The Value of Assessment: Transforming the Culture of Learning [J]. Change, 2016 (05): 36-43.

[59] Richards L. Using Case Studies to Teach Engineering Design and Ethics [C] //2004 Annual Conference. Salt Lake City, Utah: American Society for Engineering Education, 2004: 1-7.

[60] Rychen D S, Salganik L H. Definition and Selection of Competencies (DESECO): Theoretical and Conceptual Foundations. Strategy paper [R]. OECD, 2002.

[61] Saltiel F. Gritting it out: The Importance of Non-Cognitive Skills in Academic Mismatch [J]. Economics of Education Review, 2020, 78: 1-15.

[62] Schmeckpeper E R, Kelley M, Beyerlein S. Using the EPSA Rubric to Evaluate Student Work on Ethics Case Studies in a Professional Issues Course [C] // Proceedings of the 2014 Zone 1 Conference of the American Society for Engineering Education. Bridgeport, Connecticut: IEEE, 2014: 1-6.

[63] Schmeckpeper E R, Kranov A A, Beyerlein S W, et al. Using the EPSA rubric and EPSA Score to Evaluate Student Learning at the Course and Program Level [C] //2015 ASEE Annual Conference & Exposition. Seattle, Washington: American Society for Engineering Education, 2015: 1-23.

[64] Shavelson R J. A Brief History of Student Learning Assessment: How We Got Where We Are and a Proposal for Where to Go Next [R]. Association of American Colleges and Universities, 2007.

[65] Shuman L J, Besterfield-Sacre M, McGourty J. The ABET "professional skills" —Can they be taught? Can they be assessed? [J]. Journal of engineering education, 2005 (01): 41-55.

[66] Spady W G. Outcome-Based Education: Critical Issues and Answers [R]. American Association of School Administrators, 1994.

[67] The Study Group on the Conditions of Excellence in American Higher Educa-

tion. Involvement in Learning: Realizing the Potential of American Higher Education [R]. Washington, DC: National Institute of Education, 1984.

[68] Uziak J, Oladiran M T, Walczak M & Gizejowski M. Is Accreditation an Opportunity for Positive Change or a Mirage? [J]. Journal of Professional Issues in Engineering Education & Practice, 2014 (01): 1-5.

[69] Vaz R F, Pedersen P C. Experiential Learning with a Global Perspective: Overseas Senior Design Projects [C] //32nd Annual Frontiers in Education. Boston, MA: IEEE, 2002: 1-4.

[70] Volkwein J F, Lattuca L R, Harper B J, et al. Measuring the Impact of Professional Accreditation on Student Experiences and Learning Outcomes [J]. Research in Higher Education, 2007 (02): 251-282.

[71] Volkwein J F, Lattuca L R, Terenzini P T, et al. Engineering Change: A Study of the Impact of EC2000 [J]. International Journal of Engineering Education, 2004 (03): 318-328.

[72] Warnock J N, Mohammadi-Aragh M J. Case Study: Use of Problem-Based Learning to Develop Students' Technical and Professional Skills [J]. European Journal of Engineering Education, 2016 (02): 142-153.

[73] Zhang M, Kranov A A, Beyerlein S W, et al. Investigating a Scenario-Based Performance Assessment of Engineering Professional Skills [C] //2015 IEEE Integrated STEM Education Conference. Princeton, NJ: IEEE, 2015: 230-235.

附　录

附录一　工程非技术能力评估量表（第一版）①

指标	0—缺失	1—显露	2—发展	3—练习	4—成熟	5—掌握
问题识别	学生们没有识别出情景中的问题	学生们开始定义这些问题，但是定义可能是笼统、狭隘和/或不准确的		学生们能够合理准确地界定问题，并以有限的理由区分这些问题		学生们能够令人信服地、准确地界定问题，并对其加以区分，提供现实的理由
对解决方案的建议	学生们没有对潜在的解决方案提出任何建议	学生们可能会推荐不适合已识别的问题的潜在解决方案。学生们可能会在没有确定问题的情况下提出解决方案的建议		学生们能够为非技术性和技术性的潜在解决方案提出合理可行的建议		学生们能够为非技术性和技术性的潜在解决方案提出详细且可行的建议
利益相关者的观点	学生们没有识别出利益相关者	学生们能够识别出利益相关者以及他们的观点		学生们能够解释主要利益相关者的观点，并合理准确地传达这些观点		学生们能够深入思考不同利益相关方的观点，并清晰准确地表达这些观点
讨论	学生们不参与讨论	学生们注意到其他成员的想法。学生们可能独断专行或争论不休。可能会有一些试探性的但无效的、达成共识的尝试		学生们积极参与到讨论之中，试图达成共识。但是在权衡多种观点方面有一些困难		学生们积极参与讨论之中，并邀请和鼓励其他成员共同参与讨论。通过与其他组员互相交流构建想法来达成共识、解决问题

---

① 笔者综合借鉴 CPSA 及 EPSA 的量规制作。

208

续表

指标	0—缺失	1—显露	2—发展	3—练习	4—成熟	5—掌握
道德、法律、安全方面	学生们没有道德、法律和安全方面的考虑	学生们察觉出道德、法律和/或安全方面相关的问题，可能还有潜在的解决方案		学生们在问题和潜在解决方案的范围中确定相关的道德、法律和安全方面的问题		学生们能够对道德、法律和安全相关的问题进行明确的分类，并在问题和潜在解决方案的范围中对每个方面进行评估
言语方面	学生们没有展示出呈现其观点的能力	学生们能够提出个人观点。学生们基本能够准确使用常见的计算机术语		学生们展示了他们理解、总结和阐明其他学生观点的能力。学生们能够准确无误地使用计算机专业人员应掌握的特定学科词汇		学生们互相补充和阐明观点，最终达成共识。学生们能够始终准确使用工作场所中计算机专业人员所应掌握的符合语境和学科的词汇
非言语方面	学生们在讨论过程中没有使用肢体语言	学生们在发表观点时会使用肢体语言和手势，但这可能无法表达他们对情景中提出的问题的理解		学生们使用肢体语言、手势以及语气和音调来强调他们的想法，试图说服其他成员达成共识		学生们展示了如何使用肢体语言、手势以及语气和音调来有效强调他们的观点，并通过合作达成共识
计算机解决方案的后果	学生们没有考虑现有计算机解决方案的后果	学生们开始尝试分析现有计算机解决方案在地方和全球背景下对个人、组织和/或社会的预期和非预期后果		学生们能够分析现有计算机解决方案在地方和全球背景下对个人、组织和/或社会产生的预期和非预期后果		学生们能够准确地、系统地、全面地分析现有计算机解决方案在地方和全球背景下对个人、组织和/或社会产生的预期和非预期后果
审查信息	学生们不参考或仔细研究情景中呈现的信息	学生们提及情景中呈现的信息（如"文章中说"）。学生开始检查情景中呈现的信息。例子包括但不限于：质疑信息来源的有效性，区分事实和观点		学生们审查情景中呈现的信息，可能审查信息来源。例子包括但不限于：质疑信息来源的有效性及其潜在的偏见，区分事实和观点，识别什么是隐含的，什么是明确的		学生们审查信息及其来源。例子包括但不限于：讨论信息来源可能潜在的偏见，区分事实和观点以确定信息的有效性，分析隐含信息
识别知识状态	学生们不能区分他们知道什么和不知道什么	学生们开始确定他们关于情景呈现出的问题的知识边界。例子包括但不限于：认识到对他们来说是新的信息，开始提出问题		学生们察觉出他们对情景中问题的知识局限。例子包括但不限于：将个人经验或在其他地方读到/听到的信息联系起来，认识到个人经验可能或不可能有利于对问题的分析，考虑相关的历史事件，确定具体的知识缺口和可参考的可靠来源		学生们察觉出他们对情景中问题的具体知识局限，以及这些局限会如何影响他们的分析。例子包括但不限于：检查与个人经历或从其他地方获得信息有关的假设，考虑相关的历史事件，承认他们从情景、彼此和讨论中学到了新的知识，确定具体的知识缺口和各种可供参考信息的可靠来源

附录二　活动体验问卷调查
（第一轮讨论者）

针对以下表述，请选择适合您的选项。1 为非常不同意，2 为不同意，3 为一般，4 为同意，5 为非常同意。

序号	表述	1	2	3	4	5
1	本次活动中所给的情景很容易理解					
2	本次活动中所给的情景能够体现日常生活中的工程问题					
3	本次活动中所给的情景包含了完整的信息					
4	本次活动中所给的情景不包含带有偏见的信息					
5	活动最终的评估结果和小组能力是匹配的					
6	所有参与者都能理解其在评估过程中的角色					
7	评估活动前的相关介绍很充分					
8	评估活动的时间分配充裕且合理					
9	评估活动进展顺利					
10	指示性问题对指导讨论很有帮助					

11. 您喜欢本次评估活动的哪些方面？

12. 您不喜欢本次评估活动的哪些方面？

13. 您希望该评估活动今后有怎样的改进？

附录三　活动体验问卷调查
（第一轮评估者）

针对以下表述，请选择适合您的选项：1 为非常不同意，2 为不同意，3 为一般，4 为同意，5 为非常同意。

序号	表述	1	2	3	4	5
1	所有参与者都能理解其在评估过程中的角色					
2	评估活动前的相关介绍很充分					
3	评估活动的时间分配充裕且合理					
4	评估活动进展顺利					
5	指示性问题对指导讨论很有帮助					
6	本次活动中的评估标准容易理解					
7	本次活动中的评估标准容易使用					
8	本次活动中的评估标准包括了对所有工程非技术能力的评估					
9	基于本次活动中的评估标准能对不同能力水平合理定位					
10	本次活动中使用的评估标准不带有偏见					

11. 您喜欢本次评估活动的哪些方面？

12. 您不喜欢本次评估活动的哪些方面？

13. 您希望该评估活动今后有怎样的改进？

附录四　第一轮工程非技术能力 评估活动导语

大家好，我正在进行学习评估研究，想探索一种新的评估方案在我国的可行性。非常感谢大家抽出时间来和我一起探索。

我先为大家简短地介绍一下我们今天的探索活动。

今天的活动关注的是学生非技术能力的评估。非技术能力是不同于专业技术能力，但对我们的职业发展至关重要的一系列技能。针对计算机专业来说，这些非技术能力包括以下几项：

（1）学生们从计算机的角度解决问题。

（2）作为一个团队共同合作。

（3）能够考虑道德、法律和安全等方面的问题。

（4）具有有效沟通的能力。

（5）在地方和全球背景下分析现有计算机解决方案会带来的后果。

（6）具有需要参与终身学习的意识和能力。

如何评估学生的非技术能力目前在世界范围内是一个挑战。所以我们将在这里一同探索如何应对这个挑战。

今天的评估流程与无领导小组讨论有些相似，这是很多大公司常用的一种群体面试方式。但是在工程领域的非技术能力评估中，这样的评估方法还是比较新颖的。我的研究就是探讨这样的评估方法在中国可不可行、能不能反映出学生的非技术能力。大家参与这次活动不管是对我还是对评估领域来说，都很有意义，同时大家也将收获对自身能力发展的新的认识。

各位手中有一些材料，包括一份活动流程介绍、一份用于讨论的情景。坐在这边的四位同学在这次活动中充当评估者的角色，他们手中还有一份详细的评分标准（即量规），用于评估讨论组的能力表现。其余的同学是讨论者。

在我介绍完活动流程之后，在环节二会邀请一位讨论组同学朗读情景说明及指示性问题。

环节三是讨论者和评估者开始阅读情景。

环节四是讨论组同学用约 3 分钟的时间自行选择讨论角色。其中，各角色有不同的分工。

计时员：负责控制讨论时间。因为我们要讨论 30~40 分钟，需要讨论的问题也比较多，所以计时员可以把握一下每个问题的讨论进程，控制好每个问题的讨论时间，避免超时。

辅助者：负责推动整个讨论进程，补充解决问题的思路和方案，以及顺着小组讨论的方向及时地追加自己的观点和理由。

调停者：负责协调解决分歧矛盾。因为不同的人思考问题的角度不同，所以可能会出现分歧甚至是矛盾。这时候就需要调停者来协调解决这些问题，推动讨论继续。

总结者：负责阶段性总结讨论。可以在讨论一段时间后，就整个小组在哪些问题上已经达成了共识，在哪些问题上还存在着分歧进行阶段性的总结，以便能更好地推动讨论的进行。

对立者：指提出质疑的角色。对立者有助于大家的批判性思考，帮助讨论者们重新考虑提出的方案是否合理，全面地衡量一个方案的预期和非预期后果，思考它是否会在道德、法律、安全等层面上造成影响。

这里我强调一下，所有的讨论者都要参加讨论，讨论者在讨论过程中，可以充当一个或多个角色。虽然有的同学拿到的是计时员的角色，但是他也可以对小组的解决方案提出质疑。那拿到对立者角色的同学也可以完善其他的同学的观点，进行总结。也就是说每个人虽然一开始只扮演一个角色，但是随着讨论的进行，你们是可以灵活转换角色的。角色的存在是为了推动高质量讨论的进行。

环节五是开展讨论。讨论过程中，讨论者可以参考情景材料中的指示性问题逐个开展深入分析和探究，并共同努力让所有组员参与讨论，因为评分是针对整个小组，而不是个人。

环节六需要评估者根据小组的表现评分。评估者在评完分之后，反馈讨论组哪个领域的表现最好，哪个领域有待加强，并给出相应理由。

评估结束后，在环节七需要再麻烦大家填写一下问卷，给予我反馈。

环节八是对整个活动做简短的总结。

另外，向大家声明，本次评估活动的结果不会提交到各位同学所属学院，所以不会对你们有任何影响。为了让我们的讨论过程不被打断，请大家把手机调成静音模式。

附录五 活动体验问卷调查
（第二轮讨论者）

针对以下表述，请选择适合您的选项：1 为非常不同意，2 为不同意，3 为一般，4 为同意，5 为非常同意。

序号	表述	1	2	3	4	5
1	本次活动中所给的情景很容易理解					
2	本次活动中所给的情景能够体现日常生活中的工程问题					
3	本次活动中所给的情景包含了完整的信息					
4	本次活动中所给的情景不包含带有偏见的信息					
5	本次活动中使用的情景让我有效展示了自身的工程非技术能力					
6	活动最终的小组评估结果和小组能力是匹配的					
7	所有参与者都能理解其在评估过程中扮演的角色					
8	评估活动前的相关介绍很充分					
9	评估活动的时间分配充裕且合理					
10	评估活动进展顺利					
11	指示性问题对指导讨论很有帮助					
12	本次活动增加了我关于非技术能力的知识					
13	本次活动提升了我的非技术能力					

14. 您是否在本次活动中充分展示出来了自身的非技术能力？请谈谈哪些因素影响了您的非技术能力的展示。

15. 您喜欢本次评估活动的哪些方面？

16. 您不喜欢本次评估活动的哪些方面？

17. 您希望该评估活动今后有怎样的改进？

附录六　活动体验问卷调查
（第二轮评估者）

针对以下表述，请选择适合您的选项：1 为非常不同意，2 为不同意，3为一般，4 为同意，5 为非常同意。

序号	表述	1	2	3	4	5
1	所有参与者都能理解其在评估过程中的角色					
2	评估活动前的相关介绍很充分					
3	评估活动的时间分配充裕且合理					
4	评估活动进展顺利					
5	指示性问题对指导讨论很有帮助					
6	本次活动中的评估标准容易理解					
7	本次活动中的评估标准容易使用					
8	基于本次活动中的评估标准能对不同能力水平合理定位					
9	本次活动中使用的评估标准不带有偏见					
10	本次活动中所给的情景很容易理解					
11	本次活动中所给的情景能够体现日常生活中的工程问题					
12	本次活动中所给的情景包含了完整的信息					
13	本次活动中所给的情景不包含带有偏见的信息					
14	本次活动增加了我关于非技术能力的知识					
15	本次活动提升了我的非技术能力					

16. 您觉得您给出的评估结果是否符合小组的表现？请谈谈哪些因素影响了您的评估？

17. 您喜欢本次评估活动的哪些方面？

18. 您不喜欢本次评估活动的哪些方面？

19. 您希望该评估活动今后有怎样的改进？

附录七　工程非技术能力评估量表
（第二版）

指标	0—缺失	1—显露	2—发展	3—练习	4—成熟	5—掌握
问题识别	学生们没有识别出情景中的问题	学生们开始定义这些问题，但是定义可能是笼统、狭隘和/或不准确的		学生们能够合理准确地界定问题，并以有限的理由区分这些问题		学生们能够令人信服地、准确地界定问题，并对其加以区分，提供现实的理由
提出解决问题的思路	学生们没有提出任何解决问题的思路	学生们可能会提出不适合已识别问题的解决思路。学生们可能会在没有确定问题的情况下提出解决问题的思路		学生们能够为解决问题提出合理可行的非技术性和技术性方面的思路		学生们能够为非技术性和技术性的解决方案提出详细且可行的建议
利益相关者的观点	学生们没有识别出利益相关者	学生们能够识别出利益相关者以及他们的观点		学生们能够解释主要利益相关者的观点，并合理准确地传达这些观点		学生们能够深入思考不同利益相关方的观点，并清晰准确地表达这些观点
道德、法律、安全方面	学生们没有道德、法律和安全方面的考虑	学生们察觉出部分道德、法律和/或安全方面相关的问题		学生们在问题和解决问题思路的范围中确定相关的道德、法律和安全方面的问题		学生们能够对道德、法律和安全相关的问题进行明确的分类，并在问题和解决问题思路的范围中对每个方面进行评估
言语方面	学生们没有展示出呈现其观点的能力或不参与讨论	学生们能够提出个人观点并注意到其他成员的想法，可能会有一些试探性的却无效的、达成共识的尝试。学生们可能独断专行或争论不休		学生们展示了他们理解、总结和阐明其他学生观点的能力，并积极参与讨论之中，试图达成共识，但是在权衡多种观点的方面有一些困难		学生们相互补充和阐明观点，并邀请和鼓励其他成员共同积极参与讨论。通过互相构建并完善组员的想法来达成共识、解决问题
非言语方面	学生们在讨论过程中没有使用肢体语言	学生们在发表观点时会使用肢体语言、手势以及语气和音调，但这可能无法表达他们对情景中提出的问题的理解		学生们使用肢体语言、手势以及语气和音调来强调他们的想法，试图说服其他成员达成共识		学生们展示了如何使用肢体语言、手势以及语气和音调来有效强调他们的观点，并通过合作达成共识

续表

指标	0—缺失	1—显露	2—发展	3—练习	4—成熟	5—掌握
计算机领域问题解决方案的后果	学生们没有考虑现有计算机领域解决方案的后果	学生们开始尝试分析现有计算机领域解决方案在地方和全球背景下对个人、组织和/或社会的预期和非预期后果		学生们能够分析现有计算机领域解决方案在地方和全球背景下对个人、组织和/或社会产生的预期和非预期后果		学生们能够准确地、系统地、全面地分析现有计算机领域解决方案在地方和全球背景下对个人、组织和/或社会产生的预期和非预期后果
审查信息	学生们不参考或仔细研究情景中呈现的信息	学生们提及情景中呈现的信息（如"文章中说"）。学生开始检查情景中呈现的信息。例子包括但不限于：质疑信息来源的有效性，区分事实和观点		学生们审查情景中呈现的信息，尝试审查信息来源。例子包括但不限于：质疑信息来源的有效性及其潜在的偏见，区分事实和观点，识别什么是隐含的、什么是明确的		学生们能仔细审查信息及其来源。例子包括但不限于：讨论信息来源可能潜在的偏见，区分事实和观点以确定信息的有效性，分析隐含信息
识别知识状态	学生们不能区分他们知道什么和不知道什么	学生们开始确定他们与情景中问题相关的知识边界。例子包括但不限于：认识到对他们来说是新的信息，开始提出问题		学生们察觉出他们与情景中问题相关的知识局限。例子包括但不限于：联系个人经验或在其他地方获得的信息，认识到个人经验对分析问题可能有利或无利，考虑相关的历史事件，可能识别出具体的知识缺口和查找信息的可靠来源		学生们明确他们与情景中问题相关的具体知识局限，以及这些局限会如何影响他们的分析。例子包括但不限于：检查与个人经历或从其他地方获得信息相关的假设，考虑相关的历史事件，承认他们从情景、彼此和讨论中学到了新的知识，明确指出具体的知识缺口和查找信息的可靠来源

附录八　个体评分表

指标				
问题识别				
提出解决问题的思路				
利益相关者的观点				
指标				
道德、法律、安全方面				
指标				
言语方面				
非言语方面				
指标				
计算机领域问题解决方案的后果				
指标				
审查信息				
识别知识状态				

附录九　访谈提纲

1. 请问您参与过学院认证相关工作吗？主要负责什么工作？

2. 您是怎样看待工程教育认证的？

3. 什么原因促使您参与认证工作中？

4. 为迎接认证，您认为教师应该做哪些工作？

5. 实际上，您做了哪些工作？

6. 在认证工作中您遇到过什么困难？

7. 您得到过什么样的支持以应对认证工作？尤其是针对您提到的困难的支持。您认为学校和学院应该加强对哪些方面的支持？

8. 认证工作开展后，针对 12 项毕业要求，您认为学生在哪些方面有明显提升？您是基于什么得出这样的判断？

9. 您对现在的工程教育认证有什么建议吗？

插图索引

图 1-1 "学生学习成果评估"主题不同年份发文量……………………………… 012

图 1-2 "学生学习成果评估"主题的发文作者………………………………… 012

图 1-3 关键词共现图 ………………………………………………………… 015

图 2-1 国际工程联盟、《华盛顿协议》、ABET 认证标准、中国工程教育认
证标准的关系 ………………………………………………………… 026

图 3-1 目标设置理论的基本因素和高绩效循环模型 …………………… 044

图 4-1 EPSA 的评估流程 ………………………………………………… 070

图 7-1 学生学习成果评估组织结构及内容 …………………………… 162

表格索引

表 1-1　阿斯汀学生学习成果分类 ················· 009

表 1-2　文献类型统计 ····················· 011

表 1-3　作者发文量 ······················ 013

表 1-4　文献来源单位 ····················· 014

表 1-5　关键词频次表 ····················· 015

表 2-1　国际工程联盟的协议 ·················· 019

表 2-2　工程人才的分类 ···················· 019

表 2-3　ABET 认证标准（2019—2020 年）中"标准 3"与之前版本比较

················· 020

表 2-4　《华盛顿协议》、中国工程教育认证标准、ABET 认证标准毕业要求

对比 ··········· 022

表 2-5　《华盛顿协议》、中国工程教育认证标准、ABET 认证标准对毕业要

求的表述 ········· 026

表 2-6　ABET 认证标准、《华盛顿协议》、中国工程教育认证标准非技术能

力要求对比 ········· 029

表 2-7　毕业要求的结构 ···················· 032

表 3-1　JMU 专业评估量规结构 ················· 042

表 3-2　目标清晰具体的评价标准 ················ 045

表 3-3　"学生中心"导向的评价标准 …………………………… 047

表 3-4　学习经验的评价标准 ………………………………… 047

表 3-5　测量和目标的关系的评价标准 ……………………… 049

表 3-6　测量类型的评价标准 ………………………………… 051

表 3-7　详细说明期待的结果的评价标准 …………………… 052

表 3-8　数据收集和研究设计一体化的评价标准 …………… 053

表 3-9　更多的效度证据的评价标准 ………………………… 054

表 3-10　结果呈现的评价标准 ……………………………… 055

表 3-11　历年结果的评价标准 ……………………………… 056

表 3-12　三个小组的口头陈述项评估结果 ………………… 056

表 3-13　解释结果的评价标准 ……………………………… 057

表 3-14　结果分享的评价标准 ……………………………… 058

表 3-15　专业改进的评价标准 ……………………………… 059

表 3-16　评估改进的评价标准 ……………………………… 062

表 4-1　工程非技术能力评估活动参与者信息 ……………… 066

表 4-2　情景标准 …………………………………………… 068

表 4-3　ABET 计算机学习成果与 CPSA 量规维度及指标的比较 ………… 074

表 4-4　指示性问题及其对应的非技术能力指标点 ………… 075

表 4-5　培训流程 …………………………………………… 078

表 4-6　工程非技术能力评估（第一轮）活动评估流程设计 ………… 080

表 4-7　第一轮工程非技术能力评估活动问卷结果 ………… 081

表 4-8　第一轮工程非技术能力的评估结果 ………………… 087

表 4-9　ABET 计算机专业学生产出与 EPSA-H 量规维度的对应 ………… 089

表 4-10　工程非技术能力评估（第二轮）活动流程设计 …………… 093

表 4-11　第二轮工程非技术能力评估活动问卷结果 ………… 094

表 4-12　第二轮工程非技术能力的评估结果 ……………………… 101

表 5-1　变量选择 ……………………………………………………… 116

表 5-2　参加、未参加工程教育认证专业学生课程挑战度评价 ………… 118

表 5-3　参加、未参加工程教育认证专业学生教师支持度评价 ………… 119

表 5-4　参加、未参加工程教育认证专业学生资源满意度评价 ………… 121

表 5-5　参加、未参加工程教育认证专业学生课程参与评价 …………… 122

表 5-6　参加、未参加工程教育认证专业学生自评能力增长均值 ……… 124

表 5-7　参加工程教育认证专业的学生自评刚入学、目前能力水平 …… 125

表 7-1　"整合性学习"中的"与经历的联系"维度 ………………… 152

表 7-2　"卓越评估"认定标准 ……………………………………… 154

表 7-3　建立课程、学校层面学习成果联结的量规示例 …………… 155

表 7-4　JMU 学生学习成果评估内容体系 ………………………… 166

表 8-1　认证背景下高等工程教育学生学习成果评估现状与深层问题 … 170

表 8-2　学生视角下的工程教育认证现状 ………………………… 171

表 8-3　高校学生学习成果评估国际发展 ………………………… 171

表 8-4　详尽可能性模型 …………………………………………… 179

表 8-5　政策工具 …………………………………………………… 184

后　记

经过长时间的研究，我才关注到认证背景下高等工程教育学生学习成果评估这个研究问题。

我攻读博士学位期间研究方向为心理统计与测量，进入高校工作后开始关注高校学生学习评估问题。最开始的研究选题很宽泛，缺乏足够的现实针对性。2018年，在申请全国教育科学规划课题时，我一直在思考如何在以往研究的基础上直面我国现实问题，而不是宽泛地谈理论和技术。我发现，工程教育认证的核心工作就是学生学习成果评估，参与认证的工科专业正在投入大量人力、财力、物力做学生学习成果评估相关工作。依据我对学习评估的了解，我判断工科专业会面临不小的挑战，因为我国的学生学习成果评估基础很薄弱。如何基于自己已有的知识储备来为大量正在进行学生学习成果评估同时又面临困境的专业提供基于研究的支撑，成为我特别想做的事情，以此为研究目的的课题也得到了全国教科规划办的立项支持。

我最初研究学习评估主要是把它当技术问题来看待，这和我的心理统计与测量专业方向背景有关。2015年，我来到美国詹姆斯麦迪逊大学学习评估和研究中心访学，亲身经历了高质量的学习成果评估，看到了学习评估和研究中心的专家们为了做好学习成果评估工作，不仅在技术上精益求精，同时非常努力地争取组织支持。因此，在研究认证背景下高等工程教育学生学习成果评估时，我不仅关注到毕业要求达成度评估、非技术能力评估，还关注到组织中的学生和教师，以期在此基础上思考更符合真实问题情境的改进方案。

　　本书的非技术能力评估研究部分由我指导研究生严莉娜完成，赵万初步分析了教师对工程教育认证的感知，欧阳灿协助查询了高校学生学习成果评估文献，并整理了文献计量分析结果，廖敏等研究生对查阅文献、分析数据等工作亦多有贡献。书中参考了前人研究成果，本研究是在他们的贡献基础上的继续探索。虽然笔者努力去靠近认证背景下我国工程教育学生学习成果评估的现实，描述其现状，努力在多学科视野下寻找改进路径，在非技术能力评估领域以行动研究实践改进，但由于时间、能力的限制，以及诸多问题，如工程教育认证文化现状与发展、工科教师评价素养现状与提升等，有待未来进一步研究，书中的不当之处敬请各位同人多多指教。

刘声涛

2023 年 6 月 6 日